es 1321

edition suhrkamp

Neue Folge Band 321

Jürgen Habermas (1929-2026) war zuletzt Professor für Philosophie an der Goethe-Universität in Frankfurt am Main. Sein Werk liegt im Suhrkamp Verlag vor.

Jürgen Habermas

Die Neue Unübersichtlichkeit

Kleine Politische Schriften V

Suhrkamp

10. Auflage 2026

Erste Auflage 1985
edition suhrkamp 1321
Originalausgabe

Umschlaggestaltung nach einem Konzept
von Willy Fleckhaus: Rolf Staudt
Satz: Wagner GmbH, Nördlingen
Druck: C.H.Beck, Nördlingen
Umschlagentwurf: Willy Fleckhaus
Printed in Germany
ISBN 978-3-518-11321-9

Suhrkamp Verlag GmbH
Torstraße 44, 10119 Berlin
info@suhrkamp.de
www.suhrkamp.de

Inhalt

1. Neokonservativismus

Moderne und postmoderne Architektur 11

Die Kulturkritik der Neokonservativen in den USA und in der Bundesrepublik 30

2. Nach der Wende

Konservative Politik, Arbeit, Sozialismus und Utopie heute 59

3. Herbst 83 – oder die moralische Neutralisierung des Rechts

Ziviler Ungehorsam – Testfall für den demokratischen Rechtsstaat 79

Recht und Gewalt – ein deutsches Trauma 100

4. Varianten der Aufklärung

Zwischen Heine und Heidegger 121

Mit dem Pfeil ins Herz der Gegenwart 126

Untiefen der Rationalitätskritik 132

5. Die Neue Unübersichtlichkeit

Die Krise des Wohlfahrtsstaates und die Erschöpfung utopischer Energien 141

6. Klarstellungen

Dialektik der Rationalisierung 167

Bemerkungen zu Beginn einer Vorlesung 209

Ein Interview mit der *New Left Review* 213

7. Noch eine Erblast

Entsorgung der Vergangenheit 261

Nachweise 269

Vorwort

Stellungnahmen des politischen Zeitgenossen zu Themen des Tages bewegen sich in den Formen der Rede, des Interviews, des Zeitungs- oder Zeitschriftenartikels, der Besprechung eines aktuellen Buches usw. Sie gehorchen Spielregeln, die weniger restriktiv sind als die des akademischen Geschäfts. Die vorliegende Sammlung ist die Fortsetzung der 1981 publizierten Kleinen politischen Schriften I–IV. Den ideengeschichtlichen Hintergrund der hier berührten Themen habe ich in meinen Vorlesungen zum »Philosophischen Diskurs der Moderne« behandelt.

Frankfurt, im Mai 1985 J. H.

1. Neokonservativismus

Retrospektiv nimmt der seit der Mitte der siebziger Jahre herrschende, im buchstäblichen Sinne re-aktionäre Zeitgeist klarere Konturen an – im Baustil nicht weniger handfest als im Stil des zeitdiagnostischen Gedankens. Mit der postmodernen Architektur habe ich mich im November 1981, und zwar in einer Rede zur Eröffnung der von der Bayerischen Rück veranstalteten Ausstellung »Die andere Tradition«, auseinandergesetzt. Auf einem von der Friedrich Ebert-Stiftung in Frankfurt kurz vor dem Ende der sozialliberalen Koalition im Herbst 1982 durchgeführten Forum habe ich die nationalen Ausprägungen untersucht, die die neokonservativen Zeitdiagnosen in zwei verschiedenen politischen Kulturen angenommen hatten.

Moderne und postmoderne Architektur

Die Ausstellung gibt Anlaß, über den Sinn einer Präposition nachzudenken. Sie nimmt nämlich unauffällig Partei im Streit um die *post-* oder *nach*moderne Architektur. Mit diesem »nach« wollen sich die Protagonisten von einer Vergangenheit absetzen; der Gegenwart können sie einen neuen Namen noch nicht geben, weil wir auf die erkennbaren Probleme der Zukunft bis jetzt keine Antwort wissen. Formeln wie ›Nachaufklärung‹ oder ›Posthistoire‹ tun denselben Dienst. Solche Gesten der eilfertigen Verabschiedung passen zu Perioden des Übergangs.

Auf den ersten Blick wiederholen die »Postmodernen« von heute nur das Credo der sogenannten »Postrationalisten« von gestern. Leonardo Benevolo, der bedeutende Geschichtsschreiber der modernen Baukunst, charakterisiert diese, zwischen 1930 und 1933 gerade unter jüngeren Architekten verbreitete postrationalistische Richtung folgendermaßen: »Nachdem die moderne Bewegung auf ein System formaler Vorschriften gebracht ist, nimmt man an, daß der Ursprung des Unbehagens in der Enge und Schematik dieser Vorschriften liegt, und man glaubt, das Heilmittel liege wieder in einem formalen Umschwung, in einer Abschwächung des Technischen und der Regelmäßigkeit, in der Rückkehr zu einer menschlicheren, wärmeren Architektur, einer Architektur, die freier und den traditionellen Werten eindeutiger verbunden ist. Die Wirtschaftskrise bewirkt, daß diese Debatte in eine ganz kurze Zeitspanne zusammengedrängt wird. Die nationalsozialistische Diktatur, die folgt, schneidet sie endgültig ab und fungiert gleichzeitig als Prüfstein, indem sie offen zeigt, welche Entscheidungen sich hinter der stilistischen Polemik verbergen.«[1] Ich will keine falschen Parallelen suggerieren, sondern nur daran erinnern, daß die moderne Architektur nicht zum ersten Mal verabschiedet wird – und immer noch lebt.

Nun hat das Präfix, das uns in solchen Gesinnungs- und Richtungsbezeichnungen entgegentritt, nicht immer dieselbe Bedeutung. Gemeinsam ist den mit ›nach‹ oder ›post‹ gebildeten Ismen der Sinn des *Abstandnehmens*. Sie geben einer Erfahrung der Diskontinuität Ausdruck, nehmen aber zu der auf Distanz gebrachten Vergangenheit in verschiedener Weise Stellung. Mit dem Wort ›postindustriell‹ wollen beispielsweise die Soziologen nur sagen, daß sich der Industriekapitalismus *weiterentwickelt* hat, daß sich die neuen Dienstleistungssektoren auf Kosten des unmittelbar produktiven Bereichs ausgedehnt haben. Mit dem Wort ›postempiristisch‹ wollen die Philosophen zu erkennen geben, daß bestimmte normative Begriffe von Wissenschaft und wissenschaftlichem Fortschritt durch neuere Forschungen *überholt* sind. Die ›Poststrukturalisten‹ wollen den bekannten theoretischen Ansatz eher *vollenden* als überwinden. ›Postavantgardistisch‹ nennen wir schließlich die zeitgenössische Malerei, die sich der von der modernen Bewegung geschaffenen Formensprache souverän bedient, während sie die überschwenglichen Hoffnungen auf eine Versöhnung von Kunst und Leben *aufgegeben* hat.

Auch der Ausdruck ›postmodern‹ hat zunächst nur neue Varianten innerhalb des breiten Spektrums der Spätmoderne bezeichnet, als er im Amerika der fünfziger und der sechziger Jahre auf literarische Strömungen angewendet wurde, die sich von den Werken der frühen Moderne absetzen wollten.[2] In einen affektiv aufgeladenen, geradezu politischen Schlachtruf verwandelt sich der »Postmodernismus« erst, seitdem sich in den siebziger Jahren zwei konträre Lager des Ausdrucks bemächtigt haben: auf der einen Seite die *Neukonservativen*, die sich der vermeintlich subversiven Gehalte einer »feindseligen Kultur« zugunsten wiedererweckter Traditionen entledigen möchten; auf der anderen Seite jene radikalen *Wachstumskritiker*, für die das Neue Bauen zum Symbol einer durch Modernisierung angerichteten Zerstörung geworden ist. Nun erst geraten postavantgardistische Bewegungen, die durchaus noch die Bewußtseinsstellung der modernen Architektur geteilt hatten – und mit Recht von Charles Jencks als repräsentativ für die »Spätmoderne« beschrieben worden sind[3] –, in den Sog der konservativen Stimmungslagen der siebziger Jahre und bereiten der intellektuell spielerischen, aber provokativen Absage an die moralischen Grundsätze der modernen Architektur den Weg.[4]

Diese Beispiele der mit ›post‹ gebildeten Ausdrücke erschöpfen nicht das Spektrum der Einstellungen zu einer Vergangenheit, von der man sich distanzieren will. Nur die Voraussetzung ist immer dieselbe: daß man eine Diskontinuität empfindet, den Abstand von einer Form des Lebens oder des Bewußtseins, der man zuvor *»naiv«* oder *»unreflektiert«* vertraut hatte.

Dies nun sind die Ausdrücke, mit denen seinerzeit Schiller und Schlegel, Schelling und Hegel die Diskontinuitätserfahrungen *ihrer* Zeit zu begreifen versuchten. Das Zeitalter der Aufklärung hatte das Kontinuum ihrer Gegenwart mit der Welt unmittelbar gelebter Traditionen, sowohl griechischer wie christlicher Überlieferungen, unwiderruflich durchbrochen. Die historische Aufklärung hat nicht erst das historistische Denken des späten 19. Jahrhunderts bestimmt. Allerdings wollten sich jene im 18. Jahrhundert geborenen Klassiker und Romantiker mit dem Kontinuitätsbruch nicht einfach abfinden: durch eine *reflektierte Aneignung* der Geschichte wollten sie vielmehr ihren *eigenen* Weg finden. Dieser Impuls der idealistischen Versöhnungsphilosophie trägt auch noch die Suche nach einem neuen, synthetischen Baustil, der die erste Hälfte des 19. Jahrhunderts beherrscht hat.[5] Wie ein Nachklang dieses lebhaften Bedürfnisses liest sich das Preisausschreiben, mit dem Maximilian II. von Bayern 1850 die Architekten zu einem Wettbewerb aufforderte, aus dem der ersehnte neue Stil hervorgehen sollte – und aus dem tatsächlich die Maximilianstraße hervorgegangen ist. Erst in der zweiten Hälfte des 19. Jahrhunderts richtete man sich darauf ein, mit dem Pluralismus der kunsthistorisch vergegenwärtigten und vergegenständlichten Stile zu leben.

Nun erst schlagen sich die großen Leistungen der historischen Geisteswissenschaften, die die Vergangenheit, nach der Aufklärung, ein zweites Mal distanziert hatten, in einem janusköpfigen *historistischen Bewußtsein* nieder. Einerseits bedeutet der Historismus eine Fortsetzung und Radikalisierung der Aufklärung, die, wie Nietzsche sofort erkennt, die Bedingungen für die Ausbildung moderner Identitäten noch schärfer, noch unerbittlicher definiert; andererseits macht der Historismus geschichtliche Überlieferungen in idealer Gleichzeitigkeit disponibel und ermöglicht einer unsteten, vor sich selbst fliehenden Gegenwart eine Kostümierung in geliehenen Identitäten. Der Stilpluralismus, an dem man bis dahin eher gelitten hatte, wird nun zur Errungenschaft. Auf diese Situation hat der Jugendstil, hat dann die klassische Moderne eine Antwort gefunden, die bis heute aktuell geblieben ist. In der Kennzeichnung als ›klassisch‹ verrät sich freilich auch der Abstand, den wir inzwischen wiederum von der modernen Bewegung unseres Jahrhunderts gewonnen haben.

Deshalb müssen wir uns die Frage gefallen lassen, wie wir uns zu dieser erneut aufbrechenden Diskontinuität stellen.

Vor zehn Jahren hat Wend Fischer, als Direktor der Neuen Sammlung, eine vielbeachtete Ausstellung initiiert. Mit ihr wollte er einer neohistoristisch gestimmten Verehrung entgegenwirken, einer Nostalgie, die sich damals gerade des kontrastreichen Eklektizismus des 19. Jahrhunderts, des »Maskenfestes der Stile« bemächtigt hatte. Fischer wollte Tendenzen der »verborgenen Vernunft« sichtbar machen, indem er das 19. Jahrhundert als *Vorgeschichte* des modernen Bauens und der funktionalen Gestaltung präsentierte. Trotz des unübersehbaren Glaspalastes und der Schrannenhalle bedarf es einer ungleich anstrengenderen Fährtensuche, um nun in München, in diesem der Moderne eher abgewandten Raum, ähnliche Spuren der Vernunft zu entdecken – und weiterzuverfolgen bis in die Gegenwart. Aber nicht allein die Schwäche der Abdrücke, die die Moderne unter der Sonne der Wittelsbacher hinterlassen hat, kann den veränderten Tenor erklären: im Vergleich mit jener Ausstellung vor zehn Jahren treten heute defensive Züge stärker hervor. Der Streit um die Postmoderne, der nicht mehr nur in den Architekturzeitschriften ausgetragen wird, berührt auch die Bezugspunkte dieser beiden Rekonstruktionsversuche. Umkämpft ist die Warte, von der aus der Blick in die Vorgeschichte der modernen Bewegung schweift.

Die Fronten sind nicht leicht zu entwirren. Denn einig sind sich alle in der Kritik an der seelenlosen Behälterarchitektur, an dem fehlenden Umweltbezug und der solitären Arroganz ungegliederter Bürogebäude, an monströsen Großkaufhäusern, monumentalen Hochschulen und Kongreßzentren, an der fehlenden Urbanität und der Menschenfeindlichkeit der Satellitenstädte, an den Spekulationsgebirgen, den brutalen Nachkommen der Bunkerarchitektur, der Massenproduktion von Satteldachhundehütten, an der autogerechten Zerstörung der Citys usw.[6] – so viele Stichworte, und kein Dissens weit und breit. Von Siegfried Giedion, der sich seit mehr als einem Menschenalter so leidenschaftlich für die moderne Architektur eingesetzt hat, stammen schon aus dem Jahre 1964 Sätze der Kritik, die heute Oswald Matthias Ungers oder Charles Moore schreiben könnten.[7] Freilich, was die einen als *immanente Kritik* vortragen, ist bei den anderen *Opposition zur Moderne*; dieselben Gründe, welche die eine Seite zur kritischen Fortsetzung einer unersetzlichen Tradition ermutigen, genügen der anderen Seite zur Ausrufung eines postmodernen Zeitalters. Und diese Opponenten wiederum ziehen entgegengesetzte Konsequenzen, je nachdem, ob sie das Übel kosmetisch oder systemkritisch angehen. Die *konservativ Gestimmten* begnügen sich mit stilistischen Verkleidungen dessen, was ohnehin geschieht – ob nun, wie Branca, als Traditionalist, oder wie der heutige Venturi als der Pop-Artist, der den Geist der modernen Bewegung in ein Zitat verwandelt und ironisch mit anderen Zitaten zu grellen, wie Neonröhren strahlenden Texten vermischt. Die radikalen *Antimodernisten* hingegen setzen den Hebel tiefer an, wollen die ökonomischen und administrativen Zwänge des industriellen Bauens unterlaufen, zielen auf eine Entdifferenzierung der Baukultur. Was für die eine Seite Stilprobleme sind, versteht die andere als Probleme der Entkolonialisierung zerstörter Lebenswelten. So sehen sich diejenigen, die das unvollendete Projekt der ins Schleudern geratenen Moderne fortsetzen wollen, verschiedenen Gegnern konfrontiert, die nur in der Entschlossenheit, von der Moderne Abschied zu nehmen, übereinstimmen.

Die moderne Architektur, die sich sowohl aus den organischen wie aus den rationalistischen Anfängen eines Frank Lloyd Wright und eines Adolf Loos entwickelt hat, die in den gelungensten Werken eines Gropius und Mies van der Rohe, eines Corbusier und Alvar Aalto zur Blüte gelangt ist, diese Architektur ist immerhin der erste und einzige verbindliche, auch den Alltag prägende Stil seit den Tagen des Klassizismus. Allein diese Baukunst ist dem Geist der Avantgarde entsprungen, ist der avantgardistischen Malerei, Musik und Literatur unseres Jahrhunderts ebenbürtig. Sie hat die Traditionslinie des okzidentalen Rationalismus fortgesetzt und war selber kräftig genug, Vorbilder zu schaffen, d.h. klassisch zu werden und eine Tradition zu begründen, die von Anbeginn nationale Grenzen überschritten hat. Wie sind diese kaum bestreitbaren Tatsachen damit zu vereinbaren, daß nach dem Zweiten Weltkrieg jene einhellig beklagten Deformationen in der Nachfolge, sogar im Namen eben dieses internationalen Stils zustande kommen konnten? Enthüllt sich in den Scheußlichkeiten das wahre Gesicht der Moderne – oder sind es Verfälschungen ihres wahren Geistes? Ich will mich einer provisorischen Antwort nähern, indem ich erstens die Probleme aufzähle, die sich im 19. Jahrhundert der Architektur gestellt haben, indem ich zweitens die programmatischen Antworten nenne, die das Neue Bauen darauf gegeben hat, und drittens zeige, welche Art von Problemen mit diesem Programm *nicht* gelöst werden konnte. Diese Überlegungen sollen viertens dazu dienen, den Ratschlag zu beurteilen, den diese Ausstellung, wenn ich deren Intentionen recht verstehe, geben will. Wie gut ist der Rat, die Tradition der Moderne unbeirrt anzueignen und kritisch fortzusetzen, statt den heute dominierenden Fluchtbewegungen zu folgen – sei es in einen traditionsbewußten Neohistorismus oder in jene ultramoderne Kulissenarchitektur, die sich im vergangenen Jahr auf der Biennale in Venedig dargestellt hat, oder in den Vitalismus des vereinfachten Lebens anonymen, bodenständigen und deprofessionalisierten Bauens?

Erstens: Die industrielle Revolution und die in ihrem Gefolge beschleunigte gesellschaftliche Modernisierung stellen im Laufe des 19. Jahrhunderts Baukunst und Stadtplanung vor eine neue Situation. Erwähnen möchte ich die drei bekanntesten Herausforderungen: den qualitativ neuen Bedarf an architektonischer Gestaltung, die neuen Materialien und Techniken des Bauens, schließlich die Unterwerfung des Bauens unter neue funktionale, vor allem wirtschaftliche Imperative.

Mit dem Industriekapitalismus entstehen *neue Lebenssphären*, die sich der höfisch-kirchlichen Monumentalarchitektur ebenso entziehen wie der alteuropäischen Baukultur in den Städten und auf dem Land. Die Verbürgerlichung der Kultur und die Entstehung eines breiteren, kunstinteressierten und gebildeten Publikums verlangen nach neuen Bibliotheken und Schulen, Opernhäusern und Theatern; aber das sind konventionelle Aufgaben. Anders verhält es sich mit dem durch die Eisenbahn revolutionierten Verkehrsnetz, das nicht nur die Lokomotive zum Sinnbild der Dynamisierung und des Fortschritts erhebt, sondern den bekannten Verkehrsbauten, den Brücken und Tunnels, eine andere Bedeutung gibt, und das mit der Konstruktion von Bahnhöfen eine neue Aufgabe stellt. Die Bahnhöfe sind charakteristische Orte für ebenso dichte und abwechslungsreiche wie anonyme und flüchtige Kontakte, also für jenen Typus der reizüberflutenden, aber begegnungsarmen Interaktionen, die das Lebensgefühl der großen Städte prägen sollten. Wie die Autobahnen, Flughäfen und Fernsehtürme zeigen, hat die Entwicklung des Verkehrs- und Kommunikationsnetzes immer wieder Anstöße zu Innovationen gegeben.

Das gilt damals auch für den Wirtschaftsverkehr, der nicht nur den Lagerhäusern und Markthallen neue Dimensionen abverlangte, sondern unkonventionelle Bauaufgaben mit sich brachte: das Kaufhaus und die Messehalle. Faszinierende Beispiele sind die ersten großen Glaspaläste der Industrieausstellungen in London, München und Paris. Vor allem die industrielle Produktion läßt aber mit den Fabriken, mit den Arbeitersiedlungen und den für den Massenkonsum hergestellten Gütern Lebensbereiche entstehen, in die Formgebung und architektonische Gestaltung zunächst nicht vordringen. Das soziale Elend des Frühindustrialismus überwältigt dessen Häßlichkeit; seine Probleme rufen den Staat, bürgerliche Sozialreformer, schließlich eine revolutionäre Arbeiterbewegung auf den Plan, und nicht die gestalterische Phantasie der Architekten – wenn man von den utopischen Entwürfen für die neue Industriestadt (von Robert Owen bis Tony Garnier) absieht.

In der zweiten Jahrhunderthälfte werden als erstes die Massenprodukte des täglichen Gebrauchs, die der stilprägenden Kraft der traditionellen Handwerkerkunst entglitten sind, als ein ästhetisches Problem wahrgenommen. John Ruskin und William Morris wollen die Kluft, die im Alltag der industriellen Lebenswelt zwischen Nützlichkeit und Schönheit aufgebrochen ist, durch eine Reform des Kunstgewerbes schließen. Diese Reformbewegung läßt sich von einem erweiterten, zukunftsweisenden Architekturbegriff leiten, der mit dem Anspruch zusammengeht, die *gesamte* physische Umwelt der bürgerlichen Gesellschaft architektonisch zu formen. Insbesondere Morris sieht den Wiederspruch zwischen den demokratischen Forderungen, die auf eine universelle Teilhabe an Kultur hinauslaufen, und der Tatsache, daß sich im industriellen Kapitalismus immer weitere Lebensbereiche den prägenden kulturellen Mächten entfremden.

Eine zweite Herausforderung ergibt sich für die Architektur aus der Entwicklung *neuer Materialien* (wie Glas und Eisen, Gußstahl und Zement) und *neuer Produktionsmethoden* (vor allem der Verwendung von Fertigteilen). Die Ingenieure treiben im Laufe des 19. Jahrhunderts die Bautechnik voran und erschließen damit der Architektur Gestaltungsmöglichkeiten, die die klassischen Grenzen der konstruktiven Bewältigung von Flächen und Räumen sprengen. Die aus dem Gewächshausbau hervorgegangenen, mit standardisierten Teilen konstruierten Glaspaläste haben den faszinierten Zeitgenossen einen ersten Eindruck von neuen Größenordnungen und Konstruktionsprinzipien vermittelt; sie haben Sehgewohnheiten revolutioniert und das Raumgefühl der Betrachter nicht weniger dramatisch verändert als die Eisenbahn die Zeiterfahrung der Reisenden. Das Innere des mittelpunktlosen, repetitiven Londoner Kristallpalastes muß auf die Zeitgenossen wie eine Entschränkung aller bekannten Dimensionen des gestalteten Raumes gewirkt haben.

Die dritte Herausforderung ist schließlich die kapitalistische *Mobilisierung* von Arbeitskräften, Grundstücken und Bauten, großstädtischen *Lebensverhältnissen* überhaupt. Diese führt zur Konzentration großer Massen und zum Einbruch der Spekulation in den Lebensbereich des privaten Wohnens. Was heute die Proteste in Kreuzberg und anderswo auslöst, hat damals begonnen: in dem Maße, wie der Hausbau zur amortisierbaren Investition wird, lösen sich die Entscheidungen über den Kauf und Verkauf von Grundstücken, über Bebauung, Abriß und Neubau, über Vermietung und Kündigung aus Bindungen der familiären und der lokalen Tradition, sie machen sich, mit einem Wort, von Gebrauchswertorientierungen unabhängig. Die Gesetze des Bau- und Wohnungsmarktes verändern die Einstellung zu Bauen und Wohnen. Wirtschaftliche Imperative bestimmen auch das unkontrollierte Wachstum der Städte; daraus ergeben sich die Erfordernisse einer Art von Stadtplanung, die mit dem Ausbau der barocken Städte nicht zu vergleichen ist. Wie diese beiden Sorten von funktionalen Imperativen, die des Marktes und die der kommunalen und staatlichen Planung, zusammenwirken, einander durchkreuzen und die Architektur in ein neues System von Abhängigkeiten verstricken, zeigt sich in großem Stil bei der Umgestaltung von Paris durch Haussmann unter Napoleon III. An diesen Planungen hatten die Architekten keinen nennenswerten Anteil.

Wenn man den Impuls verstehen will, aus dem die moderne Architektur entstanden ist, muß man sich vergegenwärtigen, daß die Architektur in der zweiten Hälfte des 19. Jahrhunderts nicht nur von dieser dritten Herausforderung des Industriekapitalismus überwältigt worden ist, sondern daß sie auch die beiden anderen Herausforderungen zwar empfunden, aber nicht bewältigt hat.

Die willkürliche Disposition über wissenschaftlich objektivierte, aus ihrem Entstehungszusammenhang herausgerissene Stile setzt den Historismus instand, in einen ohnmächtig gewordenen Idealismus auszuweichen und die Sphäre der Baukunst von den Banalitäten des bürgerlichen Alltags *abzuspalten*. Die Not der neuen, architektonischer Gestaltung entfremdeten Lebensbereiche wird in die Tugend umgemünzt, die Nutzarchitektur von künstlerischen Ansprüchen freizusprechen. Die Chancen der neuen technischen Gestaltungsmöglichkeiten werden nur ergriffen, um die Welt aufzuteilen zwischen Architekten und Ingenieuren, zwischen Stil und Funktion, zwischen prächtiger Fassade außen und verselbständigter Raumdisposition im Inneren. Deshalb hat die historistisch gewordene Architektur auch der Eigendynamik des Wirtschaftswachstums, der Mobilisierung der großstädtischen Lebensverhältnisse, dem sozialen Elend der Massen nicht viel mehr entgegenzusetzen als die Flucht in den Triumph von Geist und Bildung über die (verkleideten) materiellen Grundlagen. Zum eindrucksvollen Symbol wird die Berliner Mietskaserne – »das Vorderhaus, dessen historisierende Fassade den Prestigewert der Wohnungen verbürgen und nebenbei auch den Feuerkassenwert des Hauses steigern sollte, war dem mittleren Bürgertum vorbehalten, während in den Hinterhäusern die ärmere Bevölkerung hauste«.[8]

Zweitens: Mit der historistischen Baukunst hat der Idealismus seine ursprünglichen Intentionen preisgegeben. Gewiß, auch Schelling und Hegel hatten die Architektur zur untersten in der Hierarchie der Künste erklärt, »denn das Material dieser ersten Kunst ist das an sich selbst Ungeistige – die nur nach den Gesetzen der Schwere gestaltbare Materie«.[9] Deshalb meint Hegel, daß »die geistige Bedeutung nicht ausschließlich in das Bauwerk selbst hineingelegt ist, sondern daß ... diese außerhalb der Architektur schon ihr freies Dasein gewonnen hat«.[10] Aber diesen Zweck, dem die Architektur dienen soll, begreift er als das Ganze des gesellschaftlichen Kommunikations- und Lebenszusammenhangs – »als menschliche Individuen, als Gemeinde, Volk«.[11] Diese Idee der Versöhnung gibt die historistische Architektur preis – der Geist, nicht länger Kraft der Versöhnung, speist nun die Dynamik der Kompensation einer verputzten, hinter Fassaden versteckten Wirklichkeit. In den lebensreformerischen Tendenzen des Jugendstils, aus dem die moderne Architektur hervorgeht, meldet sich bereits der Protest gegen diese Unwahrhaftigkeit, gegen eine *Baukunst der Verdrängung* und der Symptombildung. Nicht zufällig entwickelt zur gleichen Zeit Sigmund Freud die Grundzüge seiner Neurosenlehre.

Die moderne Bewegung nimmt die Herausforderungen an, denen die Architektur des 19. Jahrhunderts nicht gewachsen war. Sie überwindet den Stilpluralismus und jene Abtrennungen und Aufteilungen, mit denen sich die Baukunst arrangiert hatte.

Der Entfremdung der industriekapitalistischen Lebensbereiche von der Kultur begegnet sie mit dem Anspruch eines Stils, der nicht nur Repräsentationsbauten prägt, sondern die Alltagspraxis durchdringt. Der Geist der Moderne soll sich der Totalität der gesellschaftlichen Lebensäußerungen mitteilen. Dabei kann die industrielle Formgebung an die Reform des Kunstgewerbes anknüpfen, die funktionale Gestaltung der Zweckbauten an die Ingenieurskunst der Verkehrs- und Wirtschaftsbauten, die Konzeption der Geschäftsviertel an die Vorbilder der Schule von Chicago. Darüber hinaus ergreift die neue Formensprache Besitz von den exklusiven Bereichen der Monumentalarchitektur, von Kirchen, Theatern, Gerichten, Ministerien, Rathäusern, Universitäten, Kurhäusern usw.; und andererseits erstreckt sie sich auf die Kernbereiche der industriellen Produktion, auf Siedlungen, sozialen Wohnungsbau und Fabriken.

Der neue Stil hätte freilich nicht auf alle Lebensbereiche durchschlagen können, wenn die moderne Architektur nicht die zweite Herausforderung, den immens erweiterten Spielraum technischer Gestaltungsmöglichkeiten, mit *ästhetischem Eigensinn* verarbeitet hätte. Das Stichwort »Funktionalismus« umschreibt bestimmte Leitvorstellungen, Grundsätze für die Konstruktion von Räumen, für die Materialverwendung, die Methoden der Herstellung und der Organisation; der Funktionalismus ist von der Überzeugung getragen, daß die Formen die Funktionen der Benutzung ausdrücken sollen, für die ein Bau geschaffen wird. Aber so neu ist das nicht; schließlich heißt es sogar bei dem klassizistisch gesonnenen Hegel: »Das Bedürfnis bringt in der Architektur Formen hervor, die ganz nur zweckmäßig sind und dem Verstand angehören: das Geradlinige, Rechtwinklige, die Ebenheit der Flächen.«[12] Der Ausdruck »Funktionalismus« legt zudem falsche Vorstellungen nahe. So verschleiert er, daß die mit ihm assoziierten Eigenschaften moderner Bauten das Ergebnis einer konsequent verfolgten ästhetischen Eigengesetzlichkeit sind. Was fälschlich dem Funktionalismus zugeschrieben wird, verdankt sich einem ästhetisch motivierten, aus neuen Problemstellungen der Kunst selbst hervorgegangenen Konstruktivismus. Mit ihm ist die moderne Architektur dem experimentellen Zug der avantgardistischen Malerei gefolgt.

Die moderne Architektur befindet sich in einer paradoxen Ausgangssituation. *Auf der einen Seite* war Architektur stets zweckgebundene Kunst. Anders als Musik, Malerei und Lyrik, kann sie sich aus praktischen Bewandtniszusammenhängen so schwer lösen wie die literarisch anspruchsvolle Prosa von der Praxis der Umgangssprache – diese Künste bleiben im Netz von Alltagspraxis und Alltagskommunikation hängen: Adolf Loos sah sogar die Architektur mit allem, was Zwecken dient, aus dem Bereich der Kunst ausgeschlossen. *Auf der anderen Seite* steht die Architektur unter Gesetzen der kulturellen Moderne – sie unterliegt, wie die Kunst überhaupt, dem Zwang zur radikalen Autonomisierung, zur Ausdifferenzierung eines Bereichs genuin ästhetischer Erfahrungen, den eine von den Imperativen des Alltags, von Routinen des Handelns und Konventionen der Wahrnehmung freigesetzte Subjektivität im Umgang mit ihrer eigenen Spontaneität erkunden kann. Adorno hat die avantgardistische Kunst, die sich vom perspektivisch wahrgenommenen Gegenstand und der Tonalität, von Nachahmung und Harmonie löst und die sich auf ihre eigenen Medien der Darstellung richtet, durch Schlüsselworte wie Konstruktion, Experiment und Montage gekennzeichnet. Die exemplarischen Werke, so meint er, frönen einem esoterischen Absolutismus »auf Kosten der realen Zweckmäßigkeit, in der Zweckgebilde wie Brücken oder industrielle Anlagen ihr Formgesetz aufsuchen ... Das autonome, einzig in sich funktionelle Kunstwerk dagegen möchte durch seine immanente Teleologie erreichen, was einmal Schönheit hieß.«[13] Adorno stellt also das »in sich« funktionelle Kunstwerk dem für »äußere Zwecke« funktionalen Gebilde gegenüber. In ihren überzeugendsten Beispielen fügt sich jedoch die moderne Architektur der von Adorno bezeichneten Dichotomie nicht.

Ihr Funktionalismus trifft vielmehr mit der inneren Logik einer Kunstentwicklung zusammen. Vor allem drei Gruppen bearbeiten die Probleme, die sich aus der kubistischen Malerei ergeben hatten – die Gruppe der Puristen um Corbusier, der Kreis der Konstruktivisten um Malevitch, vor allem die De Stijl-Bewegung (mit van Doesburg, Mondrian und Oud). Wie damals Saussure die Strukturen der Sprache, so untersuchen die holländischen Neoplastizisten, wie sie sich nennen, die Grammatik der Ausdrucks- und Gestaltungsmittel, der allgemeinsten Techniken der bildenden Künste, um diese im Gesamtkunstwerk einer umfassenden architektonischen Gestaltung der Umwelt aufzuheben. »In Zukunft«, sagt van Doesburg, »wird die Verwirklichung des reinen darstellerischen Ausdrucks in der greifbaren Realität unserer Umwelt das Kunstwerk ersetzen.«[14] An den sehr frühen Hausentwürfen von Malevitch und Oud kann man sehen, wie aus dem experimentellen Umgang mit den Gestaltungsmitteln Gebilde wie die der funktionalistischen Bauhausarchitektur hervorgehen. Van Doesburg zieht 1922 nach Weimar, um in polemischen Auseinandersetzungen mit den Dozenten des Bauhauses die konstruktivistischen Grundlagen des funktionalistischen Bauens und Gestaltens einzuklagen. Trotz dieser Kontroversen ist die Entwicklungslinie deutlich, auf der auch Gropius die »neue Einheit von Kunst und Technik« anstrebt; in Bruno Tauts Schlagwort – »was gut funktioniert, sieht gut aus« – geht gerade der *ästhetische Eigensinn des Funktionalismus* verloren, der in Tauts eigenen Bauten so deutlich zum Ausdruck kommt.

Während die moderne Bewegung die Herausforderungen des qualitativ neuen Bedarfs und der neuen technischen Gestaltungsmöglichkeiten erkennt und im Prinzip richtig beantwortet, begegnet sie den systemischen Abhängigkeiten von Imperativen des Marktes und der planenden Verwaltung eher hilflos.

Drittens: Der erweiterte Architekturbegriff, der die moderne Bewegung seit William Morris inspiriert und zur Überwindung eines von der Alltagswirklichkeit abgehobenen Stilpluralismus ermutigt hat, war nicht nur ein Segen. Er hat die Aufmerksamkeit nicht nur auf wichtige Zusammenhänge zwischen der industriellen Formgebung, der Inneneinrichtung, der Architektur des Hausbaus und der Stadtplanung gerichtet, er hat auch Pate gestanden, als die Theoretiker des Neuen Bauens Lebensstile und Lebensformen *im ganzen* dem Diktat ihrer Gestaltungsaufgaben unterworfen sehen wollten. Aber Totalitäten wie diese entziehen sich dem planerischen Zugriff. Als Corbusier seinen Entwurf für eine ›unité d'habitation‹ endlich realisieren, dem Gedanken einer ›cité jardin verticale‹ endlich konkrete Gestalt geben konnte, blieben gerade die Gemeinschaftseinrichtungen ungenutzt – oder wurden abgeschafft. Die Utopie einer vorgedachten Lebensform, die schon die Entwürfe Owens und Fouriers getragen hatte, konnte sich nicht mit Leben füllen. Und dies nicht nur wegen einer hoffnungslosen Unterschätzung der Vielfalt, Komplexität und Veränderlichkeit moderner Lebenswelten, sondern auch, weil modernisierte Gesellschaften mit ihren Systemzusammenhängen über Dimensionen einer Lebenswelt, die der Planer mit seiner Phantasie ausmessen konnte, hinausreichen. Die heute sichtbar gewordenen Krisenerscheinungen der modernen Architektur gehen weniger auf eine Krise der Architektur zurück als vielmehr darauf, daß diese sich bereitwillig hat überfordern lassen.

Mit den Unklarheiten der funktionalistischen Ideologie war sie zudem schlecht gewappnet gegen Gefahren, die der Wiederaufbau nach dem Zweiten Weltkrieg, die Periode, in der sich der internationale Stil erst breitenwirksam durchgesetzt hat, mit sich brachte. Gewiß, Gropius betonte immer wieder die Verflechtung von Architektur und Städtebau mit Industrie, Wirtschaft, Verkehr, Politik und Verwaltung. Er sieht auch schon den Prozeßcharakter der Planung. Aber im Rahmen des Bauhauses tauchten diese Probleme in einem auf didaktische Zwecke zugeschnittenen Format auf. Und die Erfolge der modernen Bewegung verleiteten die Pioniere zu der unbegründeten Erwartung, daß sich eine »Einheit von Kultur und Produktion« auch in einem *anderen* Sinne herstellen ließe: die ökonomischen und politisch-administrativen Beschränkungen, denen die Gestaltung der Umwelt unterliegt, erscheinen in diesem verklärenden Licht bloß als Fragen der Organisation. Als die Vereinigung der amerikanischen Architekten 1949 in ihre Satzung die Bestimmung aufnehmen will, daß sich Architekten nicht als Bauunternehmer betätigen sollen, protestiert Gropius nicht etwa gegen die Unzulänglichkeit dieses Mittels, sondern gegen Zweck und Begründung des Antrags. Er beharrt auf seinem Credo: »Die zum allgemeinen Bildungsfaktor gewordene Kunst wird imstande sein, der sozialen Umwelt jene Einheit zu verleihen, welche die echte Basis einer Kultur ist, die jedes Ding, vom einfachen Stuhl bis zum Haus des Gebets, umfaßt.«[15] In dieser großen Synthese gehen die Widersprüche unter, die die kapitalistische Modernisierung gerade auf dem Gebiet der Stadtplanung kennzeichnen – Widersprüche zwischen den Bedürfnissen einer geformten Lebenswelt auf der einen, den über die Medien Geld und Macht mitgeteilten Imperativen auf der anderen Seite.

Dem kam wohl auch ein linguistisches Mißverständnis, besser: ein Kategorienfehler, zu Hilfe. »Funktional« nennen wir die Mittel, die für einen *Zweck* geeignet sind. In diesem Sinne versteht sich ein Funktionalismus, der die Bauten nach Maßgabe der Zwecke der Benutzer konstruieren will. »Funktional« nennen wir aber auch Entscheidungen, die einen anonymen Zusammenhang von Handlungsfolgen stabilisieren, ohne daß der Bestand dieses *Systems* von irgendeinem der Beteiligten gewollt oder auch nur beachtet werden müßte. Was in diesem Sinne *systemfunktional* ist für Wirtschaft und Verwaltung, beispielsweise eine Verdichtung der Innenstadt mit steigenden Grundstückspreisen und wachsenden Steuereinnahmen, muß sich im Horizont der Lebenswelt der Bewohner wie der Anlieger keineswegs als »funktional« erweisen. Die Probleme der Stadtplanung sind nicht in erster Linie Probleme der Gestaltung, sondern Probleme der versagenden Steuerung, Probleme der Eindämmung und Bewältigung von anonymen Systemimperativen, die in städtische Lebenswelten eingreifen und deren urbane Substanz aufzuzehren drohen.

Heute ist die Besinnung auf die alteuropäische Stadt in aller Munde; aber Camillo Sitte, einer der ersten, der die mittelalterliche mit der modernen Stadt verglichen hat, warnte bereits im Jahre 1889 vor *erzwungenen Ungezwungenheiten*: »Kann man«, so fragt er, »Zufälligkeiten, wie sie die Geschichte im Laufe der Jahrhunderte ergab, nach einem Plane eigens erfinden und construieren? Könnte man denn an solcher *erlogenen Naivität*, an einer solchen *künstlichen Natürlichkeit* wirkliche, ungeheuchelte Freude haben?«[16] Sitte geht von der Idee der *Wiederherstellung der Urbanität* aus. Aber nach einem Jahrhundert der Kritik an der Großstadt, nach einem Jahrhundert zahlloser, immer wieder enttäuschter Versuche, die Städte im Gleichgewicht zu halten, Citys zu retten, den städtischen Raum in Wohnquartiere und Geschäftsviertel, Industrieanlagen und Grünviertel, private und öffentliche Bereiche zu gliedern, bewohnbare Satellitenstädte zu bauen, Slumgebiete zu sanieren, den Verkehr sinnvoll zu kanalisieren usw., drängt sich die Frage auf, ob nicht der *Begriff* der Stadt selber überholt ist. Die Spuren der okzidentalen Stadt, wie Max Weber sie beschrieben hat, der Stadt des europäischen

Bürgertums im hohen Mittelalter, des städtischen Adels im Oberitalien der Renaissance, der von fürstlichen Barockbaumeistern erneuerten Residenzstadt, diese historischen Spuren sind in unseren Köpfen zu einem diffusen, vielschichtigen Begriff von Stadt zusammengelaufen. Er gehört zu der Sorte von Begriffen, die Wittgenstein in den Gewohnheiten und dem Selbstverständnis der eingespielten Alltagspraxis aufspürt: mit unserem Begriff von Stadt verbindet sich eine Lebensform. Diese hat sich unterdessen aber so verwandelt, daß ihr der angestammte Begriff nicht mehr nachzuwachsen vermag.

Als eine überschaubare Lebenswelt konnte die Stadt architektonisch gestaltet, sinnlich repräsentiert werden. Die gesellschaftlichen Funktionen des städtischen Lebens, politische und wirtschaftliche, private und öffentliche, die der kulturellen und der kirchlichen Repräsentation, des Arbeitens, des Wohnens, der Erholung und des Feierns konnten in Zwecke, in Funktionen der zeitlich geregelten Benutzung von gestalteten Räumen *übersetzt* werden. Aber spätestens im 19. Jahrhundert wird die Stadt zum Schnittpunkt funktionaler Zusammenhänge *anderer* Art. Sie wird in abstrakte Systeme eingebettet, die als solche nicht mehr ästhetisch in eine sinnfällige Präsenz eingeholt werden können. Daß die großen Industrieausstellungen, von der Jahrhundertmitte an bis in die späten achtziger Jahre, als architektonische Großereignisse geplant worden sind, verrät einen Impuls, der heute rührend anmutet, an den heute allenfalls die Olympiaden erinnern. Indem die Regierungen den internationalen Vergleich der Erzeugnisse ihrer industriellen Produktion in großartigen Hallen festlich-anschaulich vor der breiten Öffentlichkeit arrangierten, haben sie den Weltmarkt buchstäblich inszenieren und in die Grenzen der Lebenswelt zurückholen wollen. Aber nicht einmal mehr die Bahnhöfe konnten die Funktionen des Verkehrsnetzes, an das sie die Reisenden anschlossen, so visualisieren wie die Stadttore einst die konkreten Verbindungen zu umliegenden Dörfern und zur nächsten Stadt.

Ohnehin liegen heute die Flughäfen, aus guten Gründen, weit draußen. Und den gesichtslosen Bürohäusern, die die Innenstadt beherrschen, den Banken und Ministerien, den Gerichten und Konzernverwaltungen, den Verlags- und Pressehäusern, den privaten und öffentlichen Bürokratien kann man die Funktionszusammenhänge, deren Knotenpunkte sie bilden, nicht ansehen.

Die Schrift der Firmenzeichen und Leuchtreklamen zeigt, daß Differenzierungen in einem *anderen* Medium als dem der Formensprache der Architektur stattfinden müssen. Daraus hat ja Venturi Konsequenzen gezogen – mit dem »dekorierten Schuppen«, dem zum Programm erhobenen »duck-house« an der Autobahn, das der von der modernen Architektur geforderten Einheit von Außen und Innen, von Schönheit und Nützlichkeit Hohn spricht. Ein anderes Indiz dafür, daß die städtische Lebenswelt durch *nicht gestaltbare Systemzusammenhänge* immer weiter mediatisiert wird, ist der Fehlschlag des wohl ehrgeizigsten Projektes des Neuen Bauens: bis heute konnten der soziale Wohnungsbau und die Fabrik der Stadt nicht integriert werden. Die städtischen Agglomerationen sind dem alten Konzept der Stadt, dem unsere Herzen gehören, entwachsen; das ist kein Versagen der modernen, oder irgendeiner Architektur.

Viertens: Wenn diese Diagnose nicht ganz falsch ist, bestätigt sie zunächst nur die herrschende Ratlosigkeit und die Notwendigkeit, nach neuen Lösungen zu suchen. Freilich weckt sie auch Zweifel an den Reaktionen, die das Desaster der gleichzeitig überforderten und instrumentalisierten Architektur des Neuen Bauens auf den Plan gerufen hat. Um mich auf dem unübersichtlichen Terrain der Gegenströmungen wenigstens vorläufig zu orientieren, habe ich eine, gewiß übervereinfachende, Typologie eingeführt und drei Tendenzen unterschieden, die eines gemeinsam haben: im Gegensatz zu der selbstkritischen Fortsetzung der Moderne, für die diese Ausstellung unausgesprochen plädiert, sprengen sie den modernen Stil, indem sie die Verklammerung von avantgardistischer Formensprache und unnachgiebigen funktionalistischen Grundsätzen auflösen. Programmatisch treten Form und Funktion wieder auseinander. Das gilt trivialerweise für einen Neohistorismus, der Kaufhäuser in eine mittelalterliche Häuserzeile verwandelt und U-Bahn-Entlüftungsschächte in das Taschenbuchformat einer palladianischen Villa. Diese Rückkehr zum Eklektizismus des vergangenen Jahrhunderts verdankt sich, wie damals, kompensatorischen Bedürfnissen. Dieser Traditionalismus ordnet sich dem Muster des politischen Neukonservatismus insofern ein, als er Probleme, die auf einer *anderen* Ebene liegen, in Stilfragen umdefiniert und damit dem öffentlichen Bewußtsein entzieht. Die Fluchtreaktion verbindet sich mit dem Zug zum Affirmativen: alles *übrige* soll bleiben, wie es ist.

Die Trennung von Form und Funktion trifft ebenso auf eine Postmoderne zu, die den Definitionen von Charles Jencks entspricht und von Nostalgie ganz frei ist – ob nun Eisenmann und Grave das formale Repertoire der zwanziger Jahre artistisch verselbständigen, oder ob Hollein und Venturi, wie surrealistische Bühnenbilder, die modernen Gestaltungsmittel einsetzen, um den aggressiv gemischten Stilen malerische Effekte zu entlokken.[17] Die Sprache dieser kulissenhaften Architektur verschreibt sich einer Rhetorik, die den architektonisch nicht mehr gestaltbaren Systemzusammenhängen immerhin in Chiffren Ausdruck zu verleihen sucht.

Auf andere Weise sprengt die Einheit von Form und Funktion schließlich jene Alternativarchitektur, die von Fragen der Ökologie und der Erhaltung historisch gewachsener Stadtquartiere ausgeht. Diese, gelegentlich als »vitalistisch« gekennzeichneten Bestrebungen[18] zielen in erster Linie darauf ab, die architektonische Gestaltung eng an Kontexte der räumlichen, kulturellen und geschichtlichen Umgebung anzuschließen. Darin lebt etwas von den Impulsen der modernen Bewegung fort, nun freilich ins Defensive gewendet. Bemerkenswert sind vor allem die Initiativen zu einer Gemeindearchitektur, die die Betroffenen nicht nur deklamatorisch in den Planungsprozeß einbezieht und Stadtteile im Dialog mit den Klienten plant.[19] Wenn in der Stadtplanung die Steuerungsmechanismen des Marktes und der Verwaltungen so funktionieren, daß sie für die Lebenswelt der Betroffenen dysfunktionale Folgen haben – und den »Funktionalismus», der einmal gemeint war, durchkreuzen –, dann ist es nur konsequent, die willensbildende Kommunikation der Beteiligten mit den Medien Geld und Macht in Konkurrenz treten zu lassen.

Freilich gibt die Sehnsucht nach entdifferenzierten Lebensformen diesen Tendenzen oft den Anstrich eines Antimodernismus. Dann verbinden sie sich mit dem Kult des Bodenständigen und der Verehrung für's Banale. Diese Ideologie der Unterkomplexität schwört dem vernünftigen Potential und dem Eigensinn der kulturellen Moderne ab. Das Lob des anonymen Bauens und einer Architektur ohne Architekten nennt den Preis, den dieser systemkritisch gewendete Vitalismus zu zahlen bereit ist, auch wenn er einen anderen Volksgeist meint als den, dessen Verklärung seinerzeit den Monumentalismus der Führerarchitektur aufs Trefflichste ergänzt hatte.

In dieser Opposition zur Moderne steckt ein gutes Stück Wahrheit; sie nimmt die ungelösten Probleme auf, die die moderne Architektur ins Zwielicht gerückt haben – ich meine die Kolonialisierung der Lebenswelt durch Imperative verselbständigter wirtschaftlicher und administrativer Handlungssysteme. Aber aus allen diesen Oppositionen werden wir nur etwas lernen können, wenn wir eines nicht vergessen. In der modernen Architektur hat sich, in einem glücklichen Augenblick, der ästhetische Eigensinn des Konstruktivismus mit der Zweckgebundenheit eines strengen Funktionalismus getroffen und zwanglos verbunden. Nur von solchen Augenblicken leben Traditionen, lebt auch, was sich aus Münchner Perspektive als »die andere« Tradition darstellt.

Anmerkungen

1 L. Benevolo, *Geschichte der Architektur des 19. und 20. Jahrhunderts*, 2 Bde., München 1978, Bd. 2, S. 192.
2 M. Köhler, *Postmodernismus*, in: *Amerikastudien* 22, 1977, S. 8 ff.
3 Ch. Jencks, *Spätmoderne Architektur*, Stuttgart 1980.
4 Ch. Jencks, *Die Sprache der postmodernen Architektur*, Stuttgart 1980.
5 M. Brix, M. Steinhauser, *Geschichte im Dienste der Baukunst*, in: M. Brix, M. Steinhauser, *Geschichte allein ist zeitgemäß*, Gießen 1978, S. 255.
6 Diese Kennzeichnungen entnehme ich H. Klotz, *Tendenzen heutiger Architektur in der Bundesrepublik*, in: *Das Kunstwerk* 32, 1979, S. 6 ff.; und J. Paul, *Kulturgeschichtliche Betrachtungen zur deutschen Nachkriegsarchitektur*, ebd. S. 13 ff.
7 S. Giedion, *Raum, Zeit, Architektur*, Zürich und München 1978, S. 22 ff.; Ch. Moore, *Eine persönliche Erklärung*, in: G. R. Blomeyer, B. Tietze, *In Opposition zur Moderne*, Braunschweig 1977, S. 64 ff.
8 M. Brix, M. Steinhauser, a.a.O., S. 220.
9 G. W. F. Hegel, *Vorlesungen über die Ästhetik*, Theorie-Werkausgabe Bd. 14, Frankfurt 1970, S. 258 f.
10 Hegel, *Vorlesungen* (s. Anm. 9), S. 303 f.
11 Hegel, *Vorlesungen* (s. Anm. 9), S. 296.
12 Hegel, *Vorlesungen* (s. Anm. 9), S. 196.
13 T. W. Adorno, *Ästhetische Theorie*, Ges. Werke 7, Frankfurt 1970, S. 96.
14 Zit. nach Benevolo, *Geschichte der Architektur* (s. Anm. 1), Bd. 2, S. 34.

15 Zit. nach Benevolo, *Geschichte der Architektur* (s. Anm. 1), Bd. 2, S. 506.
16 C. Sitte, *Der Städtebau*, Leipzig 1889.
17 V. M. Lampugnani, *Theorie und Architektur in den USA*, in: *Architekt* 5, 1980, S. 252 ff.
18 W. Pohl, *Plädoyer für eine unbefriedete Tradition*, in: *Bauwelt* 19/20, 1981, S. 768 ff.
19 L. Kroll, *Stadtteilplanung mit den Bewohnern*, in: Blomeyer, Tietze, *In Opposition zur Moderne* (s. Anm. 7), S. 160 ff.

Die Kulturkritik der Neokonservativen in den USA und in der Bundesrepublik

In der jüngsten Ausgabe des *Monat* (Juli–September 1982) nimmt Norman Podhoretz, der Herausgeber von *Commentary* und neben Irving Kristol, dem Herausgeber von *Public Interest*, der publizistisch einflußreichste Meinungsführer der Neokonservativen in den USA, für sich und seine Freunde ein doppeltes Verdienst in Anspruch. Jene Gruppe von Intellektuellen, die als »neokonservativ« bezeichnet wird, habe die Positionen der Linken und der Liberalen »in der Welt der Ideen« erschüttert und damit Ronald Reagan den Weg zur Präsidentschaft freigeschaufelt. Freilich bilden die Neokonservativen nur eine von drei Gruppen im ideologischen Klientel des neuen Präsidenten – neben den eher katholisch orientierten Konservativen, die sich bereits in der Phase des kalten Krieges um Aktivisten wie William Buckley geschart haben, und neben den protestantischen Fundamentalisten, die sich während der siebziger Jahre als Sprachrohr der schweigenden Mehrheit zur Neuen Rechten formiert haben. Anders als diese beiden Gruppen sind die Neokonservativen kein Massenphänomen. Die Neokonservativen setzen sich insbesondere vom Populismus der Neuen Rechten ab, auch von dem Versuch, Religion und Politik zu vermischen. Ihr Einfluß ist leichter an der intellektuellen Börse als in Wählerstimmen zu messen.

Tatsächlich haben sie dafür gesorgt, daß der Konservativismus in den USA, erstmals seit einem halben Jahrhundert, ein intellektuell ernstzunehmendes Phänomen geworden ist. Den Neokonservativen kommt das Verdienst zu, daß sich eine konservative Regierung auf mehr als auf Pragmatik plus Stimmungslage, nämlich auf theoretische Perspektiven stützen kann. Das erklärt auch das Interesse, das diese Intellektuellenbewegung bei den konservativen Parteien in Europa gefunden hat; ein Beispiel für das Interesse der CDU ist die im September 1981 von der Konrad Adenauer-Stiftung veranstaltete Tagung, die deutsche mit amerikanischen Neokonservativen zusammengeführt hat.[1]

In beiden Ländern handelt es sich um lockere Intellektuellenbünde auf der Basis gemeinsamer Gesinnungen. Gemeinsam ist den amerikanischen und den deutschen Neokonservativen ein Bündel von kritischen Einstellungen und Auffassungen, die aus ähnlichen Enttäuschungen resultieren. Seit der Mitte der sechziger Jahre sahen sich diese Sozialwissenschaftler und Philosophen wirtschaftlich-politischen und geistigen Entwicklungen konfrontiert, die mit ihrem eher affirmativen Bild westlicher Industriegesellschaften nicht übereinstimmten. Insofern ist der Neokonservatismus das Ergebnis einer Enttäuschungsverarbeitung. In den USA und in der Bundesrepublik unterscheiden sich freilich die Profile neukonservativen Denkens ebenso sehr wie die Theorien und die Zeitdiagnosen, von denen diese Intellektuellen hier und dort in den fünfziger Jahren ausgegangen sind. Lassen Sie mich zunächst die amerikanische Seite charakterisieren.

I

Den theoretisch produktiven Kern der Neokonservativen bilden bekannte, wissenschaftlich ausgewiesene Soziologen wie Daniel Bell, Peter Berger, Nathan Glazer, Seymour Martin Lipset, Robert Nisbet und Edward Shils. Sie machen aus ihrer politischen Vergangenheit als Linke und Liberale kein Hehl. In den fünfziger Jahren gehörten viele von ihnen zu dem strikt antikommunistischen Kreis um das »American Committee for Cultural Freedom«, nahmen an den Kongressen für kulturelle Freiheit teil und publizierten in der Hauszeitschrift *Encounter*, dem englischen Gegenstück zu *Preuves* und *Monat*. Damals hat die amerikanische Regierung dieses wohlorganisierte Netz von Unternehmungen unterstützt, die darauf gerichtet waren, die liberalen Grundlagen der freien Welt gegen den imperialistischen Machtanspruch der Sowjetunion und gegen alle Spielarten des theoretischen Marxismus zur Geltung zu bringen. Vor diesem politischen Hintergrund tritt die Kontinuität im Denken der amerikanischen Neokonservativen hervor. Diese halten auch heute noch an zwei wichtigen Positionen fest, die sie in den fünfziger Jahren vertreten haben.

Das gilt einerseits für den Antikommunismus, der sich auf das Konzept des *Totalitarismus* berufen konnte, und andererseits für einen Antipopulismus, der mit der *Theorie der demokratischen*

Eliteherrschaft begründet wurde. Beide Theorien waren in der Sozialwissenschaft der fünfziger Jahre zwar nicht unkontrovers, aber weithin akzeptiert. Die Totalitarismustheorie hat die negativen Züge des politischen Systems der gegnerischen Seite beleuchtet, indem sie die Ähnlichkeiten zwischen der faschistischen und der kommunistischen Einparteienherrschaft hervorhob; die andere Theorie hat die Vorzüge des eigenen politischen Systems damit erklärt, daß der repräsentative Charakter des gewaltenteilenden Verfassungsstaates sowohl den Pluralismus gesellschaftlicher Interessen als auch eine optimale Auslese des Führungspersonals sichert. Dies war der gemeinsame Nenner von liberalen Gesellschaftstheorien, die die Modernisierungsprozesse derart auf den Begriff brachten, daß die industriell fortgeschrittenste, eben die amerikanische Gesellschaft implizit als vorbildlich gelten konnte.

Diese normative Auszeichnung des Status quo konnte sich freilich gegen den Augenschein der Realitäten der sechziger und siebziger Jahre nicht behaupten. Daraus erklärt sich das Selbstverständnis von Irving Kristol, der sich für einen von der Realität gebeutelten Liberalen hält. Peter Glotz hat diese Definition in freier Übersetzung wiedergegeben: »Der Neokonservatismus ist das Netz, in das sich der Liberale fallen lassen kann, wenn er vor seinem eigenen Liberalismus Angst bekommt.« Was hat den Liberalen Angst gemacht?

Auf die sozialen und die ökonomischen Veränderungen, die das Ende der New-Deal-Epoche herbeigeführt und die alte New-Deal-Koalition (teilweise durch sozialen Aufstieg) zerstört haben, kann ich nicht eingehen. Handgreiflicher waren die Veränderungen in der Außenpolitik; die Neokonservativen haben auf die Niederlage in Vietnam und auf Kissingers Entspannungspolitik mit dem Gefühl reagiert, daß Amerikas Widerstand gegen den Weltkommunismus durch eine Art moralische Entwaffnung gelähmt wird. So wenig wie die internationalen Entwicklungen ins antikommunistische Konzept paßten, so wenig paßte im Inneren die Mobilisierung, die die Gesellschaft im Gefolge der Bürgerrechtsbewegung, des Studentenprotests, der Neuen Linken, der Frauenbewegung und der eskapistischen Gegenkulturen ergriffen hatte, in die heile Welt einer ideologiefreien Eliteherrschaft.

Ferner gab es mit der Problematisierung der Armut Mitte der sechziger Jahre einen Riß in dem eher harmonistischen Bild von der Wohlstandsgesellschaft. Alsbald zeigten sich auch die unerwünschten Nebenfolgen der unter Johnson bürokratisch ins Werk gesetzten sozialstaatlichen Programme. Wo sie dennoch funktionierten, war es nur um so schlimmer; denn dann gefährdeten sie den formalen Grundsatz der Chancengleichheit zugunsten einer kollektiven Startchancenverbesserung von ethnischen Minderheiten oder von Frauen. Alle diese Tendenzen faßte McGovern 1972 in einer Koalition gegen die Gewerkschaften zusammen; das gab auch den Neokonservativen, die bis dahin mit der Demokratischen Partei noch nicht gebrochen hatten, den letzten Anstoß zum Absprung.

Die neokonservativ gewordenen Liberalen gingen aber nicht einfach von der Fahne. Sie haben vielmehr versucht, die Fakten, die sie beunruhigten, unter Aufbietung ihrer sozialwissenschaftlichen Talente zu erklären. Ich kann nur den Tenor dieser weitverzweigten Analysen wiedergeben. Frappierend sind die Übereinstimmungen der neokonservativen Lehre mit gesellschaftskritischen Ansätzen in der Auswahl der erklärungsbedürftigen Phänomene. Natürlich treten die Krisenphänomene jeweils unter anderen Beschreibungen auf. Die Neokonservativen suchen die Krisenursachen nicht in der Funktionsweise der Ökonomie und des Staatsapparates, sondern in kulturell bedingten Legitimationsproblemen, überhaupt in dem gestörten Verhältnis von Demokratie und Kultur. Sie sind von dem angeblichen Autoritätsverlust der tragenden Institutionen, insbesondere des politischen Systems beunruhigt. Dieses Phänomen wird unter Stichworten wie Unregierbarkeit, Vertrauensschwund, Legitimitätsverlust usw. suggestiv dargestellt. Die Erklärung setzt dann bei einer »Inflation« von Erwartungen und Ansprüchen ein, die durch Parteienkonkurrenz, Massenmedien, Verbandspluralismus usw. angetrieben wird. Dieser Erwartungsdruck der Bürger »explodiert« in einer drastischen Erweiterung des staatlichen Aufgabenvolumens. Die Steuerungsinstrumente der Verwaltung werden dadurch überlastet. Die Überlastung führt zumal dann zu Legitimitätsverlusten, wenn der staatliche Handlungsspielraum durch vorparlamentarische Machtblöcke eingeschnürt wird und wenn die Bürger die Regierung für spürbare ökonomische Einbußen verantwortlich machen. Das ist um so gefährlicher, je mehr die Loyalität der Bevölkerung von materiellen Entschädigungen abhängig wird.

Interessanterweise stehen am Anfang und am Ende dieser Spirale kulturelle Ressourcen: die sogenannte *Anspruchsinflation* und das *Fehlen* einer durch Tradition und Wertkonsens getragenen, gegen Leistungsschwankungen immunisierten *Zustimmungs-* und *Folgebereitschaft*. Diese Pointe bringt Peter Steinfels auf die Formel: »Die gegenwärtige Krise ist in erster Linie eine Kulturkrise ... Das Problem ist, daß unsere Überzeugungen durchlöchert, unsere Moral und unser Anstand korrumpiert sind.«[2]

Die Vorschläge zur Therapie ergeben sich aus dieser Analyse. Die staatlichen Bürokratien bedürfen der Entlastung. Dem dient die Rückverlagerung der Probleme, die die öffentlichen Haushalte belasten, vom Staat auf den Markt. Da gleichzeitig die Investitionstätigkeit gefördert werden soll, muß sich die Reduktion des Aufgabenvolumens auf die staatlichen Sozialleistungen, die konsumptiven Ausgaben überhaupt erstrecken. An dieser Stelle fügen sich die Anregungen für eine angebotsorientierte Wirtschaftspolitik, welche die Investitionstätigkeit über Steuererleichterungen anregen will, zwanglos der neokonservativen Vorstellungswelt ein. Je stärker sich der Staat, z. B. durch eine Privatisierung öffentlicher Dienste, aus dem Wirtschaftsprozeß zurückzieht, um so besser kann er sich auch den Legitimationszumutungen, die ihm aus seiner Generalzuständigkeit für die Folgelasten eines störanfälligen Kapitalismus erwachsen, entwinden.

Andere Konzepte zielen unmittelbar auf die vermuteten Ursachen. Die Neokonservativen empfehlen eine stärkere Entkoppelung der Exekutive von der breiten politischen Willensbildung, überhaupt eine Ermäßigung jener demokratischen Prinzipien, die das Legitimationsniveau zu hoch schrauben. »Demokratien leben ständig in der Gefahr, durch ihre eigenen normativen Prämissen überfordert zu werden.«[3] Hinter der utopischen Überdehnung des demokratischen Rechtfertigungsniveaus, hinter dem luxurierenden Erwartungsdruck, der über demokratisierte, nach unten weit geöffnete Entscheidungskanäle an den Staat weitergegeben wird, stehen letztlich kulturelle Orientierungen. Für diese Überreizung kultureller Ressourcen muß schließlich ein Gegner namhaft gemacht werden – die »Neue Klasse« der Intellektuellen. Diese entbinden fahrlässig oder absichtlich die explosiven Gehalte der kulturellen Moderne; sie sind die Advokaten einer aus der Sicht der Funktionsnotwendigkeiten von Staat und Ökonomie »feindseligen Kultur«. So bieten sich die Intellektuellen als sichtbarste Zielscheibe der neokonservativen Kritik dar: »Die neue Klasse und ihre feindselige Kultur müssen gezähmt oder aus allen empfindlichen Milieus verdrängt werden«.[4]

Ich will mich mit der Kritik der Unregierbarkeitsforschung nicht lange aufhalten. Die theoretische Schwäche dieser Analysen besteht, wie Joachim Heidorn zu Recht feststellt, in der Verdrehung von Ursachen und Wirkungen: »Nicht die weltpolitisch auf der Tagesordnung stehende Neuordnung der wirtschaftlichen und politischen Beziehungen zwischen den hochindustrialisierten westlichen Nationen und besonders den Elends- und Katastrophenregionen der ›Dritten‹ Welt; nicht die Funktionsschwächen und die sich kumulierenden Folgeprobleme der kapitalistischen Wirtschaftssysteme; nicht die prekäre Balance zwischen den östlichen und westlichen Militärblöcken; nicht die Ablösung von historisch überholten Wachstumsideologien und die Entwicklung eines nicht-instrumentellen Verhältnisses der Menschen zu ihren natürlichen Lebens- und Umweltbedingungen, um nur einige der im nächsten Jahrzehnt zu bewältigenden Aufgaben und Herausforderungen zu nennen, stehen im Zentrum der Unregierbarkeitsanalysen. Statt dessen werden die politischen Organisationsformen der parlamentarischen Demokratie, Freiheits- und Bürgerrechte, sowie die auf die größere soziale Gerechtigkeit zielenden Bewegungen vor den usurpierten Richterstuhl der Unregierbarkeitsuntersuchungen gezerrt.«[5] Interessanter als diese politikwissenschaftliche Argumentation ist die im Hintergrund stehende Kulturtheorie, vor allem jene Deutung der Kulturkrise, die Daniel Bell in seinem Buch über *Die kulturellen Widersprüche des Kapitalismus*[6] vorgelegt hat.

II

Bell knüpft an Max Weber an, der ja behauptet hatte, daß die kapitalistische Entwicklung mit der Protestantischen Ethik ihre eigenen motivationalen Bestandsvoraussetzungen aufzehrt. Bell führt das selbstdestruktive Muster dieser Entwicklung auf einen Bruch zwischen Kultur und Gesellschaft zurück. Er analysiert den Widerstreit zwischen einer *modernen* Gesellschaft, die sich nach Maßgabe ökonomischer und administrativer Rationalität entfaltet, und einer *modernistischen* Kultur, die zur Zerstörung der moralischen Grundlagen der rationalisierten Gesellschaft beiträgt. Hier wie dort verdankt sich die Moderne dem Vorgang der Säkularisierung; aber was für die *säkularisierte* Gesellschaft gut ist, eben die kapitalistische Modernisierung, schlägt der Kultur zum Verhängnis aus. Eine *profanisierte* Kultur bringt nämlich subversive Einstellungen zum Zuge; sie kontrastiert jedenfalls mit den religiös verankerten Leistungs- und Gehorsamsbereitschaften, auf die eine effiziente Wirtschaft und eine rationale Staatsverwaltung funktional angewiesen sind.

Die affirmative Einstellung zur *gesellschaftlichen* Moderne und die Abwertung der *kulturellen* Moderne sind typisch für das Bewertungsmuster, das *allen* neukonservativen Zeitdiagnosen zugrunde liegt. Aber Daniel Bell ist ein komplexer Geist und ein guter Gesellschaftstheoretiker – ganz und gar nicht neokonservativ verfährt er in der Analyse der Ursachen der Kulturkrise.

Bell weist das Konzept der »Neuen Klasse«, die ja das Prinzip der schrankenlosen Selbstverwirklichung nach neukonservativer Lesart erst zur Herrschaft bringen soll, als konfus zurück. Die sogenannte neue Klasse besteht aus Individuen, die in ihrer radikalen Lebenshaltung die »Logik des Modernismus« zu Ende führen, die aber keineswegs eine nennenswerte Macht ausüben. Die Entwicklung des Kapitalismus ist durch ganz andere Faktoren bestimmt: durch militärische Bedürfnisse, technische Neuerungen, ökonomische Umwälzungen usw. Zusammen mit diesen Strukturwandlungen hat sich auch ein neuer Hedonismus ausgebreitet, der sich mit Vorbildern der ästhetischen Moderne rechtfertigt. Allein, »die Maschine des modernen Kapitalismus hat diese (gegenkulturellen) Lebensstile aufgenommen und kommerzialisiert. Ohne diesen durch Massenkonsum stimulierten Hedonismus würde die Konsumgüterindustrie zusammenbrechen. Der kulturelle Widerspruch des Kapitalismus besteht am Ende nur darin: der Kapitalismus hat, nachdem er seine ursprünglichen Legitimationen eingebüßt hat, die Legitimationen einer einstmals antibürgerlichen Kultur übernommen, um den Bestand der eigenen ökonomischen Institutionen zu erhalten«.[7]

Bell macht sich in diesem Aufsatz aus dem Jahre 1979 keineswegs der üblichen Vertauschung von Ursachen und Wirkungen schuldig. Er will den Bruch zwischen Kultur und Gesellschaft nicht so verstanden wissen, daß die Autoritätskrise umstandslos einer Kultur zugerechnet werden könnte, deren intellektuelle Wortführer die Feindseligkeit gegen die Konventionen und Tugenden eines von Wirtschaft und Verwaltung rationalisierten Alltags schüren. Trotzdem bleibt seine Analyse des Modernismus in Vorurteilen befangen.

Auf der einen Seite begreift Bell die Entwicklung der modernen Kunst und Literatur, seit der Mitte des 19. Jahrhunderts, durchaus als eine konsequente Herausarbeitung des Eigensinns, der, in Max Webers Worten, der ästhetischen Wertsphäre innewohnt. Der avantgardistische Künstler verleiht Erfahrungen authentischen Ausdruck, die er im Umgang mit einer dezentrierten, von den Zwängen des Erkennens und Handelns freigesetzten Subjektivität macht. Der Eigensinn des Ästhetischen zeigt sich im Ausscheren aus den Raum- und Zeitstrukturen des Alltags, im Bruch mit den Konventionen der Wahrnehmung und der Zwecktätigkeit, in jener Dialektik von Enthüllung und Schock, die die Enttabuisierung, die gezielte Verletzung moralischer Grundnormen auslöst.

Auf der anderen Seite interessiert sich Bell weniger für die neuen Sensibilitäten und Erfahrungsgewinne der ästhetischen Moderne; er starrt wie gebannt auf die subversive Kraft eines Bewußtseins, das sich gegen die Normalisierungsleistungen der Tradition auflehnt. Bell sieht nicht, daß die Neutralisierung des Guten, des Nützlichen und des Wahren, daß die Rebellion gegen alles Normative nur die Folge einer radikalen Ausdifferenzierung dieser Wertsphäre ist – die Avantgarde reinigt sozusagen die ästhetische Erfahrung von den Beimischungen anderer Elemente. Der Blick des Soziologen ist allein auf die beunruhigend anarchistischen Lebensstile gerichtet, die sich überall ausbreiten, wo der neue Erfahrungsmodus zum Mittelpunkt einer subjektivistischen, auf Selbsterfahrung und Selbstverwirklichung konzentrierten Lebensform gemacht wird. Ganz auf neokonservativer Argumentationslinie liegen drei zentrale Behauptungen. Erstens: die Avantgarde ist am Ende, der Modernismus hat seine schöpferischen Impulse erschöpft; zweitens: gerade deshalb verbreiten sich die in der Bohème vorexerzierten Lebensstile mit ihren hedonistischen, schrankenlos subjektiven Wertorientierungen und untergraben die Disziplin des bürgerlichen Alltags; drittens: nur die Erneuerung eines religiösen Bewußtseins, die Überwindung der profanisierten Kultur, kann die sittlichen Grundlagen der säkularisierten Gesellschaft wieder herstellen.

Bei Licht betrachtet, kann sich die Klage über die anomischen Auswirkungen der avantgardistischen Kunst nur auf die von den Surrealisten verkündeten Programme einer *unvermittelten* Transformation von Kunst in Leben beziehen. Diese Versuche einer falschen Aufhebung der Kunst sind längst gescheitert. Auf dasselbe Mißverständnis geht die massenhafte Kopie außeralltäglicher Lebensstile zurück – als könnte man auf diesem Wege die explosiven Erfahrungsgehalte der modernen Kunst entbinden und damit eine verdinglichte Alltagspraxis geschmeidiger machen. Das sind eher marginale Erscheinungen. Wenn man sich auf die empirischen Forschungen zum Wertwandel in westlichen Gesellschaften einläßt, kann man am Einstellungswechsel, an der Verschiebung im Wertspektrum, insbesondere der jüngeren Generation, etwas ganz anderes beobachten.

Hier treten die »materialistischen« Sicherheits- und Versorgungsbedürfnisse, wie aus den Untersuchungen von Ronald Inglehart hervorgeht[8], hinter »postmaterialistischen« Bedürfnissen zurück. Unter diesem Etikett verbergen sich in der Tat ein Interesse an erweiterten Spielräumen der Selbstverwirklichung und der Selbsterfahrung, eine gesteigerte Sensibilität für die Schutzbedürftigkeit natürlicher und historisch gewachsener Umwelten, auch ein geschärfter Sinn für verletzbare, interpersonale Beziehungen. Daniel Bell könnte diese expressiven Einstellungen gewiß mit dem ästhetischen Erfahrungsbereich in Verbindung bringen. An dieser Stelle rächt sich aber die Gleichsetzung der Kultur mit Kunst und Literatur; denn die um Expressivität und Selbstverwirklichung kristallisierten Wertorientierungen verweisen *auch* auf Ideale der Selbstbestimmung und der Moral. In der postmaterialistischen Wertskala finden sich ebenso Orientierungen, die eine moralische Empfindlichkeit verraten – vor allem das Interesse an der Wahrung und der extensiven Nutzung individueller Freiheitsrechte und politischer Teilhaberechte. Expressive Selbstverwirklichung und moralisch-praktische Selbstbestimmung sind *zwei gleichrangige*, einander ergänzende Komponenten, die in der kulturellen Moderne *gleichursprünglich* angelegt sind. Bell sieht nicht, daß die moderne Kultur durch eine Universalisierung von Recht und Moral nicht weniger gekennzeichnet ist als durch die Autonomisierung der Kunst.

Die durch und durch profanen Gerechtigkeitsideen, die ans rationale Naturrecht und an die Kantische Ethik anschließen, sind aus *demselben* Profanisierungsprozeß hervorgegangen wie die nachauratischen Werke des Modernismus. Bell selber nutzt diese Ideen am Ende seines Buches, wo er meint, daß die an den öffentlichen Haushalten ablesbaren ökonomischen Widersprüche des Kapitalismus nur mit Hilfe eines erneuerten Sozialvertrages gelöst werden könnten. Bell begnügt sich nicht mit der neokonservativen Forderung, die Demokratie zu ermäßigen, damit den Imperativen eines in seinem Antriebsmechanismus unveränderten Wirtschaftswachstums Genüge getan werden könne. Als ein konsequenter Liberaler hält er vielmehr ein konsensfähiges *Konzept von Gleichheit* für nötig, »das allen Personen das Gefühl gibt, fair und als ein gleichberechtigtes Mitglied der Gesellschaft behandelt zu werden«.[9] Auf dieser Grundlage müßten die naturwüchsig eingespielten Proportionen, in denen das Sozialprodukt erarbeitet, verteilt und genutzt wird, von neuem ausgehandelt werden.

III

Auf einer solchen Plattform ließen sich die gesellschaftlichen Fragen der achtziger Jahre, für deren Lösung niemand ein einfaches Rezept anbieten kann, diskutieren. Aber in der Bundesrepublik geben nicht jene Neukonservativen den Ton an, die man, wie Richard Löwenthal oder Kurt Sontheimer, als ein Pendant zu den geistesverwandten amerikanischen Kollegen ansehen könnte. Ideenpolitik und Rhetorik bestimmen bei uns die Auseinandersetzung stärker als die sozialwissenschaftliche Analyse. Neben einigen Historikern sind vor allem Philosophen die Wortführer. Soziologen bekehren sich, unter dem Eindruck neukonservativer Einsichten, zu »Antisoziologen« – ein sehr deutsches Phänomen.

Die Unterschiede im Denk- und Darstellungsstil hängen freilich weniger mit den Herkunftsdisziplinen als mit den Traditionslinien der beiden politischen Kulturen zusammen. Die philosophischen Wortführer des deutschen Neokonservativismus – und auf diese artikulierte Kerngruppe will ich mich im folgenden beschränken – haben ihre Identifikation mit der gesellschaftlichen Moderne nicht in Begriffen einer unzweideutig liberalen Theorie vollzogen – die dann enttäuscht worden wäre. Die Theorien, von denen sie *ausgegangen* sind, hatten vielmehr einen jungkonservativen Einschlag und damit einen spezifisch deutschen Hintergrund. In der *Süddeutschen Zeitung* (vom 19. August 1982) beschreibt Hans Heigert aus Anlaß der Goethe-Preis-Verleihung an Ernst Jünger die Mentalität der Jungkonservativen – jener »verdrängten Rechtsintellektuellen« der Weimarer Zeit –, indem er zwei Komponenten hervorhebt: auf der einen Seite »Ablehnung des bloß zivilisatorischen Fortschritts, daher Antikapitalismus, Anti-Amerikanismus, Entwicklung und Verherrlichung des Elitären ... Die heroische Tat sollte das Gemeine überwinden, die Aktion an sich der Befreiung dienen«; und auf der anderen Seite »Treue zum Eigenen, Wahrnehmung der Wurzeln, Einfügung in den Strom der Geschichte, in die Tiefe des Volkes ... Die Propagierung der Sekundärtugenden durchzog die ganze Pädagogik: Gehorsam, Pflicht, Dienst, Opferbereitschaft – Glaube.« Die Überlebenden und die Erben dieser Revolutionäre von rechts haben nach 1945 eine Operation vorgenommen, die die beiden erwähnten Komponenten trennt: sie haben sich mit dem zivilisatorischen Fortschritt ausgesöhnt, aber die Kulturkritik beibehalten. Es ist dieser Kompromißcharakter einer halbherzigen Aussöhnung mit der Moderne, der die deutschen von den amerikanischen, die ehemals jungkonservativen von den ehemals liberalen Neukonservativen trennt.

Seit den Tagen Hegels war unter deutschen Intellektuellen der Sinn für den Preis, den die gesellschaftliche Modernisierung der alteuropäischen Welt abverlangt hat, schärfer ausgeprägt als im Westen. Die Einsicht in die Dialektik des Fortschritts hat freilich die Linken, seit Marx, nicht davon abgehalten, auf die produktiven Kräfte der modernen Welt zu setzen, während die Konservativen in Ablehnung und Melancholie verharrten. Auf dieser Seite der europäischen Bürgerkriegsfronten ist ein differenziertes »Ja« zur Moderne erst in unserem Jahrhundert nachgeholt worden. Die Jungkonservativen hatten mit heroischer Geste und vielen Vorbehalten diesen Schritt immerhin *vorbereitet* – Autoren wie Joachim Ritter, Ernst Forsthoff und Arnold Gehlen, die aus der Vorkriegszeit in die Nachkriegszeit hineinragen, haben diesen Schritt dann tatsächlich getan, und zwar in der Form eines Kompromisses.

Der Kompromiß besteht darin, daß sie die gesellschaftliche Moderne nur unter Bedingungen akzeptiert haben, die ein »Ja«

zur kulturellen Moderne ausschlossen. Nach wie vor erscheint der Industriekapitalismus, auf dem Wege zur postindustriellen Gesellschaft, in einem solchen Lichte, daß erklärt werden muß, wie die Zumutungen dieser Gesellschaft kompensiert werden können – sei es durch substantielle, nicht angreifbare Traditionen, sei es durch die autoritäre Substanz einer staatlichen Hoheitsgewalt oder durch die sekundäre Substantialität von sogenannten Sachgesetzlichkeiten. Diese theoretisch durchaus anregenden Positionen sind während der fünfziger Jahre ausgearbeitet worden – und zwar im Zuge einer konservativen Aussöhnung mit der gesellschaftlichen Moderne, die zur gleichen Zeit auf seiten der amerikanischen Liberalen nicht nötig war. Ich will drei dieser Argumentationsstränge skizzieren (den vierten, von Konrad Lorenz verfolgten ethologischen Strang lasse ich beiseite, weil er eher zur Neuen Rechten in Frankreich als zum deutschen Neokonservatismus hinführt).

(a) *Joachim Ritter* hat auf dem Wege einer ebenso faszinierenden wie einflußreichen Interpretation von Hegels politischen Schriften die moderne, aus der Französischen Revolution hervorgehende »bürgerliche Gesellschaft« als den Ort von beidem, Emanzipation und Entzweiung, beschrieben. Die Entwertung der traditionalen Welt, die Entzweiung mit den geschichtlich überkommenen Lebensordnungen wird positiv als die Form gesehen, in der die Bürger der modernen Welt ihre subjektive Freiheit allein gewinnen und erhalten können. Andererseits beschränkt die moderne Wirtschaftsgesellschaft die *Menschen* auf den Status von Trägern der Produktion und der Konsumtion. Weil ihr die Tendenz innewohnt, die *Personen* auf ihre bloße Bedürfnisnatur zu reduzieren, würde eine absolute, ihre eigenen geschichtlichen Voraussetzungen negierende Vergesellschaftung auch die Errungenschaften der subjektiven Freiheit vernichten. Freiheit im Modus der Entzweiung kann gegen diese Gefahr einer totalen Vergesellschaftung nur gesichert werden, wenn die entwerteten Mächte der Tradition »als Mächte des persönlichen Lebens, der Subjektivität und der Herkunft«[10] gleichwohl die Kraft behalten, um die notwendigen Abstraktionen der bürgerlichen Gesellschaft zu kompensieren. Die gesellschaftliche Moderne bedarf also zu ihrer Stabilisierung der Vergegenwärtigung der eigenen historischen Substanz, mit anderen Worten: der verzweifelten, weil paradoxen Leistung eines historistisch aufgeklärten Traditionalismus.

(b) Einen anderen Ausweg sucht die konservative Staatsrechtslehre in Anlehnung an Carl Schmitts Begriff der Souveränität. In den frühen fünfziger Jahren war eine Diskussion über die Frage entstanden, welches Gewicht der Sozialstaatsklausel unseres Grundgesetzes für die Verfassungsinterpretation zukommt. *Ernst Forsthoff* vertrat damals die Auffassung, daß die Normen, die den rechtsstaatlichen Charakter der Bundesrepublik festlegen, absoluten Vorrang vor der als politische Empfehlung zu verstehenden Sozialstaatsklausel behalten müßten. Dieser rechtsdogmatische Streit[11] wird in seinem geschichtsphilosophischen Gehalt erst verständlich, wenn man die Prämisse im Auge behält, an die Ritters Hegelinterpretation erinnert: daß die Gesellschaft, die das Substrat der wohlfahrtsstaatlichen Massendemokratie darstellt, aus sich selbst heraus nicht stabilisierungsfähig sei und Kompensationen verlangt. Ihre Dynamik will Forsthoff allerdings nicht durch das Gegengewicht einer rhetorisch beschworenen Tradition, sondern durch den souveränen Staat eingedämmt sehen. Auch die rechtsstaatliche Ordnung hat als ihren substantiellen Kern die Hoheitsgewalt eines Souveräns. Der Staat kann die zur Stabilisierung der gesellschaftlichen Moderne erforderliche Kraft nur entfalten, wenn er im Ernstfall gegen Gründe, die im Namen gesellschaftlicher Interessen vorgebracht werden, immun ist. Der Hüter des Allgemeinwohls muß die politische Macht haben, *nicht* zu argumentieren und statt dessen zu entscheiden.

Dieses Konzept lebt von Carl Schmitts Theorie insoweit, als dieser die Fähigkeit, zwischen Freund und Feind zu unterscheiden, als Kriterium benützt hatte, um einen reinen Begriff des Politischen zu gewinnen – gereinigt von allen evaluativen Beimengungen des Nützlichen, Wahren, Schönen oder Gerechten, und dies vor allem. Das Politische sollte von Gesichtspunkten der moralischen Rechtfertigung unberührt bleiben. Aus dieser Sicht verliert die gesellschaftliche Moderne ihren Schrecken allein für eine Staatsgewalt, deren Souveränität nicht durch moralische Entwaffnung bedroht ist. In späteren Arbeiten hat sich Forsthoff technokratischen Vorstellungen geöffnet.[12]

(c) Dieser dritten Linie der Argumentation folgt *Arnold Gehlen*. In seiner bedeutenden Anthropologie hatte er Anfang der vierziger Jahre die unwahrscheinliche Plastizität und Versehrbarkeit des menschlichen Wesens betont, das nicht durch Instinkte festgelegt und daher auf die regulierende Kraft archaisch-naturwüchsiger Institutionen angewiesen ist.[13] Aus diesem Blickwinkel muß der Abbau sakraler Institutionen, muß der Autoritätsverlust von Kirche, Militär und Staat, auch das Dahinschmelzen seiner hoheitlichen Substanz, als Zeichen einer pathologischen Entwicklung gelten. Daraus erklärt sich die harsche Kulturkritik, die Gehlen nach dem Kriege zunächst geübt hat.[14] In die entinstitutionalisierten Freiräume schießt die psychische Energie einer aufgeblähten Innerlichkeit ein, die Subjektivität des Erlebens und die Reflexivität des Selbstgenusses. Jeder Schritt zur Emanzipation beraubt den Einzelnen automatischer Handlungssteuerungen, liefert ihn seinen vagierenden Antrieben schutzlos aus, überfordert ihn durch Entscheidungszumutungen, macht ihn um so unfreier, je weiter die Ideale von Selbstbestimmung und Selbstverwirklichung um sich greifen. Die wachsende Komplexität der Gesellschaft läßt zudem den Spielraum verantwortlichen Handelns schrumpfen, während sie gleichzeitig das Innere mit irritierenden Reizen, Emotionen und Erfahrungen aus zweiter Hand überschwemmt. Dieser Tenor ändert sich im Laufe der fünfziger Jahre, als sich Gehlen mit einer Technokratiethese vertraut macht, die es ihm ermöglicht, die moderne Gesellschaft in einem anderen Licht zu sehen.

Dieser Idee zufolge verbinden sich Ökonomie und Staatsverwaltung, Technik und Wissenschaft im stählernen Gehäuse der Moderne zu unbeeinflußbar erscheinenden Funktionsgesetzen, die nun an Stelle der abgebauten Institutionen die Führung übernehmen. In diesen Sachzwängen kann sich die anthropologisch beruhigende Tendenz zur Entlastung fortsetzen, weil gleichzeitig die Uhr der kulturellen Moderne abgelaufen ist: die Prämissen der Aufklärung, heißt es, sind tot, nur ihre Konsequenzen laufen weiter. Nicht die traditionalistische Erweckung der Herkunftsmächte liefert das Rezept für die Entschärfung der modernen Ideen, das Stichwort ist vielmehr »Kristallisation«. »Kristallisiert« nennt Gehlen die moderne Kultur, weil »die darin angelegten Möglichkeiten in ihren grundsätzlichen Beständen alle entwickelt sind«.[15] 1960 hat Gehlen diese These an der Entwicklung der modernen Malerei zu belegen versucht. Sein ganzes Interesse richtet sich auf den Nachweis, daß die Avantgarde ihre Melodien durchgespielt hat, sich nur noch selbst zitiert, die Ernsthaftigkeit ihres Impulses verloren hat, daß sie als harmlose Oase subjektiver Beliebigkeiten von den sozialen Prozessen abgehangen und durch Institutionalisierung unschädlich gemacht worden ist. Die Reflexionskunst ist »gegnerschaftsunfähig« geworden.[16]

IV

Vor diesem Hintergrund wird klar, daß die in den sechziger Jahren verwandelte Szene – mit der Erneuerung einer militanten Gesellschaftskritik und einer auf ganzer Breite mobilgemachten Aufklärungstradition, mit einer antiautoritären Bewegung, mit einem neuen Aufbruch der Avantgarde in der bildenden Kunst und einer ästhetisch inspirierten Gegenkultur – alles zum Leben erweckte, was die konservativen Theoretiker totgeglaubt hatten. Theoretiker wie Ritter, Forsthoff und Gehlen hatten sich gerade auf der Basis einer *stillgestellten* kulturellen Moderne mit der gesellschaftlichen Moderne ausgesöhnt. Während damals die amerikanischen Liberalen für eine unvorhergesehene Situation neue Argumente suchen mußten, hatten es die Philosophen unter den deutschen Neukonservativen vergleichsweise einfach. Sie konnten sich aus dem Argumentationspotential ihrer Lehrer die Munition holen, um das, was deren *Theorie* widersprach, als die Machenschaften eines inneren Feindes *praktisch* zu bekämpfen. Für jene unliebsamen Erscheinungen, die die Grundlagen des behaupteten Kompromisses zu erschüttern schienen, brauchten sie nur die Agenten namhaft zu machen, die eine Kulturrevolution vom Zaune gebrochen hatten. Diese Wendung ins Praktische und Polemische erklärt, warum die deutschen Neokonservativen auf ausgetretenen Pfaden wandeln konnten und theoretisch so gar nichts Neues zu bieten brauchten. Neu ist allenfalls der Typus des Professors, der an der semantischen Bürgerkriegsfront tapfer seinen Mann steht.

Die neukonservative Lehre, die bei uns im Laufe der siebziger Jahre über die Presse in den politischen Alltag eingesickert ist, folgt einem einfachen Schema. Ihm zufolge beschränkt sich die moderne Welt auf technischen Fortschritt und kapitalistisches Wachstum; modern und wünschenswert ist jede soziale Dynamik, die letztlich auf private Investitionen zurückgeht; schutzbedürftig sind auch die Motivbestände, von denen diese Dynamik zehrt. Gefahr droht hingegen von kulturellen Wandlungen, von

Motiv- und Einstellungswechseln, von Verschiebungen in den Wert- und Identitätsmustern, die kurzschlüssig auf den Einbruch kultureller Innovationen in die Lebenswelt zurückgeführt werden. Deshalb sollte der Traditionsbestand nach Möglichkeit eingefroren werden.

Die therapeutischen Vorschläge, die bis in die Tagespolitik vorgedrungen sind, lassen sich auf drei Elemente zurückführen.

Erstens: Alle Erscheinungen, die sich nicht dem von Autoren wie Ritter, Forsthoff oder Gehlen entworfenen Bild einer kompensatorisch befriedeten Moderne fügen, werden personalisiert und moralisiert, d.h. den Linksintellektuellen in die Schuhe geschoben; diese betreiben eine Kulturrevolution, um ihre eigene Herrschaft, die »Priesterherrschaft der neuen Klasse«, zu sichern.

Zweitens: Die explosiven Gehalte der kulturellen Moderne, aus denen sich diese Kulturrevolution speist, müssen entschärft werden, am besten dadurch, daß man sie für passé erklärt. Wir haben das rettende Ufer des Posthistoire, der Nachaufklärung oder der Postmoderne in Wahrheit schon erreicht – nur die im dogmatischen Schlummer eines »Humanitarismus« befangenen Nachzügler haben das noch nicht bemerkt.

Drittens: Die sozial unerwünschten Nebenfolgen eines politisch richtungslosen Wirtschaftswachstums werden auf die Ebene einer »geistig-moralischen Krise«[17] verschoben und bedürfen der Kompensation durch unverbildeten common sense, Geschichtsbewußtsein und Religion.

Ich möchte diese drei Empfehlungen der Reihe nach kommentieren.

Ad 1). Die *Intellektuellenkritik*, der Arnold Gehlen die Arbeit seines letzten Lebensjahrzehnts gewidmet hat[18] und die von H. Schelsky zu einer Theorie der »Neuen Klasse« ausgeweitet worden ist, schöpft aus drei Quellen. Zunächst mobilisiert sie jene Klischees, die sich in der »Geschichte eines Schimpfwortes«, seit den Tagen der Kampagne gegen den jüdischen Hauptmann Alfred Dreyfus (1894), angesammelt haben. Dietz Bering hat diese Geschichte verfolgt[19] und seiner Studie ein Hieb- und Stichwortverzeichnis beigegeben, das von »abstrakt«, »abstrus« und »aufwieglerisch« über »dekadent«, »formalistisch«, »freischwebend«, »kritizistisch«, »mechanistisch«, »opportunistisch«, »parasitär«, »radikal«, »rassefremd«, »revolutionär«, »schneidend«, »schnöde«, »seelenlos«, »selbstherrlich« und »substanzlos« bis zu

»verkümmert«, »weltfremd«, »wurzellos«, »zersetzend«, »zuchtlos« und »zynisch« reicht. Wer sich in diesem Register mit seinen beinahe tausend Eintragungen orientiert hat, dem kann die neueste Intellektuellenkritik so viel Neues nicht sagen.

Zweitens stützt sich die Behauptung einer Priesterherrschaft der Intellektuellen auf bestimmte Trends. So beispielsweise wächst in postindustriellen Gesellschaften der Anteil der akademischen Berufe, allgemein nimmt die Bedeutung des Wissenschafts- und des Erziehungssystems zu. Schelsky greift freilich aus den intellektuellen Berufen nur die Lehrer und Publizisten, die Pfarrer und Sozialbetreuer, die Humanwissenschaftler und Philosophen heraus, um sie zu einer ausbeuterischen Klasse von Sinnvermittlern zu stilisieren – während die anderen die Arbeit tun. Diese abenteuerliche Konstruktion paßt auf niemanden – es sei denn auf die neukonservativen Intellektuellen selber. Aber nicht einmal sie glauben daran. Richard Löwenthal kritisiert einleuchtend die Kurzschlüsse, denen sich das Konzept der »Neuen Klasse« verdankt: »Die erste falsche Gleichsetzung ist die zwischen einem gesellschaftlichen Sektor und einer Klasse. Die zweite falsche Gleichsetzung ist die zwischen Einfluß und Macht. Die dritte falsche Gleichsetzung ist die zwischen einem von Endzeithoffnungen getragenen und deshalb notwendig kurzfristigen chiliastischen Glaubensausbruch und einer langfristig zur kulturellen Formung des gesellschaftlichen Alltags befähigten Religion.«[20]

Das dritte Element ist die Verbindung der Intellektuellen mit den Krisen des Bildungssystems. Die von gesellschaftsstrukturellen Veränderungen erzwungenen, in der Bundesrepublik lange verzögerten Bildungsreformen haben tatsächlich zu einer Zeit stattgefunden, als die Bildungspolitik unter dem Einfluß liberaler und gemäßigt linker Zielvorstellungen stand. Und tatsächlich hat erst die Reformpraxis selbst die Gefahren der Verrechtlichung und der Bürokratisierung, auch Gefahren einer Verwissenschaftlichung der Pädagogik, eines ungenügend professionalisierten Tätigkeitsbereichs, voll zu Bewußtsein gebracht. Aber die Neokonservativen fälschen diese nicht-intendierten Folgen in kulturrevolutionäre Absichten um; und sie konnten diese allgemein als mißlich empfundenen Nebenfolgen zum Vorwand für eine Mobilisierung mittelständischer Ressentiments nutzen, weil die Intellektuellenhetze das Bindeglied abgab, um einen fatalen Zusammenhang zwischen Gesellschaftskritik, Bildungsreform und

Linksterrorismus herzustellen.[21] Die inzwischen an terroristischen Karrieren durchgeführten Lebenslaufanalysen haben dieses Hirngespinst in nichts aufgelöst.[22] Im übrigen werden sich jene eilfertigen Autoren heute selber fragen, was denn wohl herauskäme, wenn man den Versuch machen würde, den Rechtsterrorismus nach demselben Muster objektiver Verantwortlichkeit zu erklären, das heute nur noch im stalinistischen Herrschaftsbereich Anklang findet.

Ad 2). Die These von der *Erschöpfung der kulturellen Moderne* bezieht sich auf alle drei Komponenten: auf die technisch erfolgreichen Wissenschaften, auf die avantgardistische Kunst, auf die universalistische, von Rousseau und Kant auf den Begriff gebrachte Moral.

In Ansehung der *Wissenschaft* ist die Botschaft einfach. Wenn der wissenschaftliche Fortschritt »ideenpolitisch uninteressant« geworden ist, wenn die Lösung wissenschaftlicher Probleme unsere Lebensprobleme gar nicht mehr berührt[23], ist von den eingekapselten Expertenkulturen für den Alltag nichts mehr zu erwarten – außer technischen Neuerungen und sozialtechnischen Empfehlungen. Nach der Aufklärung sollen sich wissenschaftliche Erkenntnisse nur noch für den technischen Fortschritt, allenfalls für die ökonomische und die administrative Planung gebrauchen lassen. Handlungsorientierende Kraft wird allein historischen Wissenschaften zugestanden, die mit erzählerischen Mitteln Traditionen vergegenwärtigen und Kontinuitäten sichern. Das erklärt die Aufwertung der narrativ verfahrenden Geisteswissenschaften, zugleich das Mißtrauen gegen Geschichte als Sozialwissenschaft und eine Abwertung der Soziologie, überhaupt der zeitdiagnostisch fruchtbaren Sozialwissenschaften. Den amerikanischen Neukonservativen wäre das schon deshalb nicht in den Sinn gekommen, weil ihre Wortführer fast ausschließlich Soziologen sind. Verständlich wird aus dieser Perspektive auch der Widerstand gegen Schulreformen, die darauf hinauslaufen, sozialwissenschaftliche Materien in die Lehrpläne aufzunehmen. Auf diesen sozialwissenschaftlichen Schub in der Gestaltung der Lehrpläne, der in den USA einige Jahrzehnte früher stattgefunden hatte, könnte man freilich mit größerer Gelassenheit reagieren, wenn man sich des Streites erinnerte, der am Ende des 19. Jahrhunderts zwischen den Verfechtern der Humaniora und der naturwissenschaftlichen Realien ausgetragen worden ist.

Im übrigen ist die These der Nachaufklärung alles andere als einleuchtend. Gewiß, die metaphysischen und religiösen Weltbilder sind zerfallen. Dafür bieten die Erfahrungswissenschaften keinen Ersatz. Aber schon der hohe Absatz populärwissenschaftlicher Synthesen spricht dafür, daß kosmologische Erkenntnisse über Ursprung und Entwicklung des Weltalls, daß biochemische Erkenntnisse über den Mechanismus der Vererbung, daß vor allem anthropologische und ethologische Erkenntnisse über die Naturgeschichte des menschlichen Verhaltens und die Evolution unserer Gattung, daß ferner psychologische Erkenntnisse über die Intelligenzentwicklung des Kindes, über die Entwicklung seines moralischen Bewußtseins, seiner Affekte und Antriebe, daß die Psychologie der Geisteskrankheiten, daß die sozialwissenschaftlichen Erkenntnisse über Entstehung und Entfaltung moderner Gesellschaften – daß dies alles das Selbstverständnis handelnder Subjekte immer noch berührt. Diese Erkenntnisse verändern auch die Standards für die Erörterung von Lebensproblemen, für die die Erfahrungswissenschaften selbst eine Antwort nicht parat haben. Schließlich müßte man die Neokonservativen, die die Wissenschaft so auf Distanz bringen möchten, fragen, wie sie denn selbst ihre durchaus beredten Antworten auf die beklagte Orientierungskrise ausweisen wollen – wenn nicht mit Argumenten, die wissenschaftlicher Nachprüfung standhalten sollen.

Wichtig ist allerdings die Einübung von Kautelen im klugen Umgang mit hypothetischen, d.h. vorläufigen Erkenntnissen; geboten ist auch ein gutes Maß an Skepsis gegenüber der Reichweite und der Leistungsfähigkeit von Wissenschaften, die auf einen hermeneutischen Zugang zu ihrem Objektbereich angewiesen sind; und berechtigt ist gewiß die Sorge, daß die lebensweltliche Autonomie der Alltagspraxis vor den unvermittelten, professionell noch weitgehend ungesicherten Zugriffen der Experten geschützt werden muß – in Familie und Schule nicht weniger als in den grauen Zonen oft genug fragwürdiger Lebenshilfen.

Im Hinblick auf die *bildende Kunst* hatte Gehlen noch 1960 die These vertreten, daß die Avantgarde ihre Ansteckungskraft verloren habe – wir, so meinte er, haben gelernt, *neben* der heutigen Kunst zu leben. Im Rückblick auf die beiden letzten Jahrzehnte kommt Hans Sedlmayr zu anderen Schlüssen. Er ist überzeugt, daß »der ästhetische Anarchismus viel gefährlicher (sei) als der politische«.[24] Sedlmayr sieht die Jenaer Frühromantik durch eine über Baudelaire und den Surrealismus führende »schwarze Linie« mit der avantgardistischen Kunst der Gegenwart verbunden. Er beschwört die Gefahren einer Kunstpraxis, die zunächst von allen außerästhetischen Ordnungen abstrahiert, die das Gerechte und Wahre mit dem Schönen aus der Kunst vertreibt, um dann die Grenzen des ästhetischen Werkes zu sprengen und im bürgerlichen Alltag subversiv wirksam zu werden. Die Uniformität des Neuen Bauens erscheint nur als die Kehrseite dieses Anarchismus in Malerei, Musik und Literatur: »Die Absage an die Kunst, die Logik, die Ethik, die Scham; an die Kirche, den Staat, die Familie; an die klassische Tradition Europas wie an jede Religion – ist in die Tages- und Bildzeitungen, in Film und Fernsehen, auf das Theater und in die Happenings, in die Praxis des Lebens eingedrungen«.[25] Neokonservativ ist freilich nicht diese Klage, sondern die Reaktion darauf – die programmatische Verabschiedung der Moderne, die Ausrufung der »Postmoderne«. Dieser Ausdruck impliziert ja die Behauptung, daß die avantgardistische Kunst am Ende ist, ihre Kreativität verbraucht hat, sich unproduktiv im Kreise dreht.

»Postmoderne« ist auch das Stichwort für eine Debatte, die in den letzten Jahren auf dem Felde der Architektur geführt wird (vgl. z. B. *Der Architekt*, Februar 1982). Nicht zufällig hier, denn gerade die moderne Architektur war mit ihrer funktionalistischen Ideologie schlecht gewappnet gegen die ökonomischen Imperative, die der Wiederaufbau nach dem Kriege, in der Periode also, in der sich der internationale Stil erst breitenwirksam durchsetzen konnte, mit sich brachte. Das Desaster einer gleichzeitig instrumentalisierten und überforderten Architektur hat aber bis heute keine Alternative auf den Plan gerufen, die nicht entweder in einen unschöpferischen Historismus zurückführte oder selber noch von der Kreativität einer scheinbar überwundenen Moderne zehrte. Gewiß, heute gehen von der postavantgardistischen Kunst, die die surrealistischen Träume hinter sich gelassen hat, keine deutlichen Signale aus; aber weit und breit entdeckt man keine Produktionen, die das in Negation verharrende Schlagwort der »Postmoderne« mit positivem Gehalt ausfüllen würden.

Aus neokonservativer Sicht muß freilich nicht nur das Sensibilisierungspotential der Gegenwartskunst, nicht nur das Aufklärungspotential der Wissenschaft weginterpretiert oder heruntergespielt werden; vor allem in die *universalistischen Grundsätze* der *Moral* sind Sprengsätze eingebaut, die entschärft werden müssen. Universalistisch nennen wir eine Moral dann, wenn sie nur solche Normen gelten läßt, die jeweils die wohlerwogene und ungezwungene Zustimmung *aller* Betroffenen finden könnten. Dagegen wird, unter uns, niemand etwas einwenden. Auch die Grundrechte, überhaupt die Prinzipien unserer Verfassungen sind ja Normen, von denen wir annehmen, daß sie der Bedingung allgemeiner Zustimmungsfähigkeit genügen. Ich will auch nicht auf die Probleme eingehen, die sich ergeben, wenn wir solche abstrakten Grundsätze auf konkrete Lebensverhältnisse anwenden. Nur *ein* Aspekt im Verhältnis von Moralität und Sittlichkeit soll uns interessieren, der vor allem den Argwohn der Neokonservativen weckt. Eine universalistische Moral kennt von Haus aus keine Schranken; sie stellt auch politisches Handeln, freilich nicht so unvermittelt wie unsere persönlichen Beziehungen, unter moralische Gesichtspunkte. Gerade diese Moralisierung kann, im Extremfall, sogar zu terroristischen Aktionen ermutigen – so lautet ein alter Topos der Gegenaufklärung. Auch der Terrorist, der sich als einen letzten, isolierten Anwalt der Gerechtigkeit versteht, könnte im Namen allgemeiner Prinzipien die angestrebte Freiheit durch direkte Gewalt verwirklichen wollen.[26] Nun dürfte es nicht schwerfallen, die Inkonsequenz oder den Irrtum in den fiktiv angenommenen moralischen Überlegungen gerade des individuellen Terroristen nachzuweisen. Aber die Neokonservativen stellen diesen Extremfall nur darum heraus, um das allgemeinere Problem der Begrenzung moralischer Beweggründe in der Politik ins rechte Licht zu rücken. Sie wollen die moralischen Begründungslasten der staatlichen Ordnung minimieren.

Dabei gehen sie entweder, mit Hobbes und Carl Schmitt, davon aus, daß sich der Staat in erster Linie daran zu legitimieren hat, wie er die zentrale Aufgabe der Friedenssicherung, der Abwehr äußerer und innerer Feinde bewältigt. Aus dieser Sicht erklärt sich der Vorrang des Problems der inneren Sicherheit, überhaupt die Stilisierung einer angeblichen Konkurrenz zwischen Rechtsstaat und Demokratie. Andere gehen, im Anschluß an die Technokratiethese, davon aus, daß der Staat in erster Linie die schiedsrichterliche Funktion erfüllen muß, über die sachdienliche Verteilung von Kompetenzen zu wachen, damit die Sachgesetzlichkeiten der funktional spezifizierten Teilbereiche »unabhängig von der allgemeinen politischen Willensbildung« zum Zuge kommen können.[27] Aus dieser Sicht erklärt sich der Vorrang entpolitisierter Steuerungsinstitutionen, überhaupt die Stilisierung einer angeblichen Konkurrenz zwischen Gewaltenteilung und Demokratie. In beiden Fällen laufen die Argumentationen darauf hinaus, daß die staatliche Ordnung vom demokratischen Meinungsstreit über gesellschaftspolitische Zielsetzungen entlastet werden soll. Das moralisch-praktische Element, von dem die Politik Abstand gewinnen soll, ist eine Demokratisierung von Entscheidungsprozessen, die das politische Handeln unter kontroverse Gesichtspunkte der sozialen Gerechtigkeit, überhaupt wünschenswerter Lebensformen stellen müßte.

Die Aktualität dieser Überlegungen liegt auf der Hand in einer Situation, wo es um die Grundsatzfrage geht, welches Maß an sozialer Ungerechtigkeit wir in Kauf zu nehmen bereit sind, um angesichts der Finanzkrise der öffentlichen Haushalte ein in seinem Antriebsmechanismus unverändertes Wirtschaftswachstum wieder in Gang zu setzen. Dieser kapitalistische Antriebsmechanismus verlangt beispielsweise, daß die Verteilung der Arbeitsplätze auch dann allein über den Arbeitsmarkt erfolgt, wenn die Reservearmee der Arbeitslosen immer weiter wächst.

Ad 3). Die programmatische Verabschiedung von der kulturellen Moderne soll Platz machen für ein *gesundes Traditionsbewußtsein*. Sobald die kulturelle Moderne alle Schleusen, die zur Alltagspraxis hin geöffnet sind, schließt, sobald die Expertenkulturen von der Alltagspraxis hinreichend abgeschottet sind, können *die haltenden Mächte* des common sense, des Geschichtsbewußtseins und der Religion in ihr Recht treten. Die Geburt der Nachaufklärung bedarf freilich der neokonservativen Nachhilfe. Diese konzentriert sich auf den »Mut zur Erziehung«, also auf eine Bildungspolitik, die die Grundschulerziehung auf elementare Fertigkeiten und auf sekundäre Tugenden (wie Fleiß, Disziplin und Sauberkeit) zuschneidet. Sie konzentriert sich gleichzeitig auf den »Mut zur Vergangenheit« in Schule, Familie und Staat. Die Neokonservativen sehen ihre Aufgabe einerseits in der Mobilisierung der Vergangenheiten, zu denen man sich zustimmend verhalten kann, andererseits in der moralischen Neutralisierung anderer Vergangenheiten, die nur Kritik und Ablehnung herausfordern könnten. Walter Benjamin hat die »Einfühlung in den Sieger« ein Kennzeichen des Historismus genannt. Das ist es, was uns Neokonservative heute empfehlen. Gustav Heinemann, der im Geiste Benjamins daran gemahnt hatte, auch die Perspektive der Besiegten, der *unterlegenen* Aufständischen und Revolutionäre einzunehmen, muß sich sagen lassen, daß diese Orientierung am Wunschbild der eigenen Vergangenheit ein »Fixativ der Unreife« sei.[28] Im gleichen Zusammenhang stehen die Versuche, die nationalsozialistische Herrschaft kunstvoll so zu deuten, daß jede Bezugnahme auf den Faschismus als Zeichen einer »universal gewordenen Herrschaft der Sophistik« abgetan werden kann.[29]

Die einfachen Wahrheiten des common sense und die geschichtlichen Kontinuitäten können freilich nicht allein die Bürde der erhofften geistig-moralischen Erneuerung tragen. Am wichtigsten ist der Appell an die bindenden Kräfte der Religion. Tatsächlich hat die Aufklärung eines nicht vermocht: das Bedürfnis nach Trost sei es zu stillen oder zum Versiegen zu bringen. Auch hat sie die zentrale Frage nicht beantwortet, ob denn von den religiösen Wahrheiten, nachdem die religiösen Weltbilder zerfallen sind, nicht mehr und nicht anderes als nur die profanen Grundsätze einer universalistischen Verantwortungsethik gerettet – und das heißt: mit guten Gründen, aus Einsicht, übernommen werden können.

Mit dieser Fragestellung bewegen wir uns freilich immer noch im Umkreis der Moderne – auch der modernen Theologie. Diese Fragestellung führt weg von einer traditionalistischen Erneuerung des religiösen Bewußtseins und verpflichtet dazu, das ganze Spektrum der Bewegungen und Impulse zu verstehen, das heute beispielsweise die Kirchentage füllt. Einerseits speist sich der religiöse Fundamentalismus aus sehr verschiedenen Quellen; andererseits entbinden die nicht-fundamentalistischen Strömungen genau die, auch politisch wirksamen Kräfte der Problematisierung, die die Neukonservativen doch eindämmen möchten. Gerade hier sammeln sich Schelskys Sinnvermittler oder Lübbes ideologische Wegweiser, Horizonteröffner, Zielreflexionsexperten und Pfadfinder. Während Daniel Bell die verschiedenen Orientierungen, die eine neue Gemeinde- und Gemeinschaftsreligiosität innerhalb und außerhalb der Kirchen tragen, unvoreingenommen analysiert[30], haben die deutschen Neokonservativen oft nur eines im Blick: die sozialintegrative Funktion einer Glaubensüberlieferung, die sie sich als substantielle, von Begründungsforderungen freigesetzte Tradition vorstellen. Diese funktionalistische Deutung der Religion als einer »Kontingenzbewältigungspraxis« hält Lübbe gerade deshalb für einen Vorzug, weil sie den Aspekt der Gültigkeit des religiösen Glaubens ausblendet: »Die funktionale Definition erlaubt ... die Schwierigkeiten einer hermeneutischen Vergegenwärtigung des dauernden Sinns ihrer alten Lehren weitgehend auf sich beruhen zu lassen. Die Funktion in einem praktischen Lebenszusammenhang ist nichts, was wir als ›wahr‹ oder ›falsch‹ prädizieren würden. Vielmehr nennen wir Funktionserfüllungen praktischer Art ›zweckmäßig‹ oder ›unzweckmäßig‹.«[31] Aber Traditionen erweckt man nicht dadurch wieder zum Leben, daß man zeigt, was sie Gutes bewirken könnten. Der Rückzug in den Funktionalismus beseitigt nicht die Verlegenheit, in der, nach der historistischen Aufklärung, jeder bloße Traditionalismus gefangen ist. Horkheimer hat schon 1946 darauf aufmerksam gemacht: »Gerade die Tatsache, daß Tradition heute beschworen werden muß, zeigt, daß sie ihre Macht über die Menschen verloren hat.«[32]

Ich möchte nicht mißverstanden werden: die nicht-regenerierbaren Bestände unserer natürlichen Umwelt und die symbolischen Strukturen unserer Lebenswelt – der historisch gewachsenen wie der modernen Lebensformen – bedürfen des Schutzes. Aber sie können nur geschützt werden, wenn wir wissen, wodurch die Lebenswelt bedroht ist. Die Neukonservativen vertauschen Ursache und Wirkung. An die Stelle der ökonomischen und der administrativen Imperative, der sogenannten Sachzwänge, die immer weitere Lebensbereiche monetarisieren und bürokratisieren, immer weitere Beziehungen in Waren und in Objekte der Verwaltung verwandeln – an die Stelle der wirklichen Krisenherde der Gesellschaft rücken sie das Gespenst einer subversiv überbordenden Kultur. Diese falsche Analyse erklärt, daß den Neukonservativen, wenn sie zu wählen haben, die Lebenswelt, auch die familiäre, keineswegs so heilig ist, wie sie es vorgeben. Während die Christdemokraten keine Hemmung haben, die Bundesrepublik zu verkabeln, sind die Sozialdemokraten, in Fragen der Medienpolitik, wohl eher die Hüter der Tradition. Wir müssen mit der Substanz bewährter Lebensformen, soweit sie von der Wachstumsdynamik der gesellschaftlichen Modernisierung noch nicht zerstört sind, schonend umgehen. Es fragt sich nur, *wer* diese Bestände im *Ernstfall* schont.

V

Die politische Kultur der Bundesrepublik stünde heute schlechter da, wenn sie nicht in den ersten Jahrzehnten nach dem Kriege Anregungen aus der politischen Kultur Amerikas aufgenommen und verarbeitet hätte. Die Bundesrepublik hat sich dem Westen zum ersten Mal vorbehaltlos geöffnet; wir haben uns damals die politische Theorie der Aufklärung angeeignet, haben die mentalitätsprägende Kraft des zunächst von religiösen Sekten getragenen Pluralismus begriffen, den radikaldemokratischen Geist des amerikanischen Pragmatismus von Peirce bis Mead und Dewey kennengelernt. Die deutschen Neokonservativen wenden sich von diesen Traditionen ab, schöpfen aus anderen Quellen. Sie greifen auf einen deutschen Konstitutionalismus zurück, der von der Demokratie nicht viel mehr als den Rechtsstaat übrigbehalten hat; auf Motive des lutherischen Staatskirchentums, das in einer pessimistischen Anthropologie verwurzelt ist; auf Motive eines Jungkonservativismus, dessen Erben sich nur zu einem halbherzigen Kompromiß mit der Moderne durchringen konnten. Bismarck hat dem politischen Liberalismus in Deutschland das Rückgrat gebrochen. Daß der nationalliberale Flügel der FDP die innenpolitische Wende zum Neokonservativismus herbeigeführt hat, ist kein historischer Zufall; in diesen Tagen zeigt es sich, daß die Sozialliberalen nicht stark genug waren, um sich der fragwürdigen Hypotheken des deutschen Liberalismus zu entledigen.

Für die politische Kultur unseres Landes bringt jene Wende auch die Gefahr mit sich, daß sich ein fataler Teufelskreis schließt. Der Abgesang auf die kulturelle Moderne und die Verehrung für die kapitalistische Modernisierung können nur diejenigen bestätigen, die mit ihrem pauschalen Antimodernismus das Kind mit dem Bade ausschütten. Hätte die Moderne nichts anderes als die Anpreisungen der neokonservativen Apologetik zu bieten, es wäre zu verstehen, warum die intellektuelle Jugend dann nicht doch lieber über Derrida und Heidegger zu Nietzsche zurückkehrt und in den bedeutungsschwangeren Stimmungen eines kultisch erneuerten, eines authentischen, noch nicht von Kompromissen entstellten Jungkonservatismus ihr Heil sucht.

Anmerkungen

1 H. Rühle u. a. (Hg.), *Der Neokonservatismus in den Vereinigten Staaten*, St. Augustin 1982. Vielfältige Anregungen verdanke ich H. Dubiel. Vgl. jetzt seine soeben erschienene Studie *Was ist Neokonservatismus?*, Frankfurt 1985.
2 P. Steinfels, *The Neoconservatives*, New York 1979, S. 55.
3 P. Graf Kielmannsegg, *Demokratieprinzip und Regierbarkeit*, Stuttgart 1977, S. 122.
4 Steinfels, *The Neoconservatives* (s. Anm. 2), S. 65.
5 J. Heidorn, *Legitimität und Regierbarkeit*, Berlin 1982, S. 249.
6 D. Bell, *The Cultural Contradictions in Capitalism*, New York 1976.
7 D. Bell, *The New Class: A Muddled Concept*, in: ders., *The Winding Passage*, Cambridge 1980, S. 163 f.
8 H. Klages, P. Kmiecak (Hg.), *Wertwandel und gesellschaftlicher Wandel*, Frankfurt 1979, S. 179-365.
9 Bell, *Cultural Contradictions* (s. Anm. 6), S. 282.
10 J. Ritter, *Hegel und die französische Revolution* (1956), in: ders., *Metaphysik und Politik*, Frankfurt 1969, S. 183 ff.
11 E. Forsthoff (Hg.), *Rechtsstaatlichkeit und Sozialstaatlichkeit*, Darmstadt 1968.
12 E. Forsthoff, *Der Staat in der Industriegesellschaft*, München 1971.
13 A. Gehlen, *Der Mensch*, Berlin 1940.
14 A. Gehlen, *Urmensch und Spätkultur*, Frankfurt, Bonn 1956; ders., *Die Seele im technischen Zeitalter*, Hamburg 1957.
15 A. Gehlen, *Über kulturelle Kristallisationen*, in: ders., *Studien zur Anthropologie und Soziologie*, Neuwied 1963, S. 321.
16 A. Gehlen, *Zeitbilder*, Frankfurt 1965, S. 202-233.
17 Vgl. die Rede von Helmut Kohl in der Sitzung des Bundestages vom 9. IX. 82.
18 A. Gehlen, *Moral und Hypermoral*, Frankfurt 1969; ferner die Aufsätze in: ders., *Einblicke*, Frankfurt 1978, S. 253-530.
19 D. Bering, *Die Intellektuellen*, Stuttgart 1978.
20 R. Löwenthal, *Gesellschaftswandel und Kulturkritik*, Frankfurt 1979, S. 38.
21 G. Rohrmoser, *Ideologische Ursachen des Terrorismus 1, Ideologien und Strategien*, Köln 1981, S. 273 ff.
22 H. Jäger, G. Schmidtchen, L. Süllwold, *Analysen zum Terrorismus 2, Lebenslaufanalysen*, Köln 1981.
23 H. Lübbe, *Wissenschaft nach der Aufklärung*, in: ders., *Philosophie nach der Aufklärung*, Düsseldorf 1980, S. 45 ff.
24 H. Sedlmayr, *Ästhetischer Anarchismus in Romantik und Moderne*, in: *Scheidewege*, 8, 1978, S. 174 ff., hier S. 195.
25 Ebd.

26 H. Lübbe, *Freiheit und Terror*, in: ders., *Philosophie nach der Aufklärung*, Düsseldorf 1980, S. 239 ff.
27 H. Schelsky, *Systemüberwindung, Demokratisierung, Gewaltenteilung*, München 1973, S. 58.
28 H. Lübbe, *Zwischen Trend und Tradition*, Zürich 1981, S. 17.
29 G. Rohrmoser, *Zäsur*, Stuttgart 1980, S. 27.
30 D. Bell, *The return of the sacred*, in: *The Winding Passage* (s. Anm. 7), S. 324 ff.
31 H. Lübbe, *Religion nach der Aufklärung*, in: *Philosophie nach der Aufklärung*, Düsseldorf 1980, S. 69.
32 M. Horkheimer, *Kritik der instrumentellen Vernunft*, Frankfurt 1974, S. 41.

2. Nach der Wende

Das am 2. April 1983 mit Hans-Ulrich Reck geführte Gespräch ist von der Befürchtung bestimmt, daß der durch die Märzwahlen bestätigte neokonservative Umschwung einen Einschnitt bedeuten könnte, der tiefer greift als ein bloßer Regierungswechsel.

Konservative Politik, Arbeit, Sozialismus und Utopie heute

RECK In den letzten Jahrzehnten begnügt sich die Philosophie zunehmend mit einer defensiven Position. Einer Rolle, die auch Sie in einem Aufsatz *Wozu noch Philosophie?* 1971 begründet haben. Heute trauen Sie ihr zwar wieder mehr zu, und doch: die Stimmen mehren sich, die das »Ende der Philosophie« beklagen oder gar beschwören. Nun gibt es dafür allerdings Gründe und eine lange Tradition. Mit der Aufklärung hat die Philosophie ihre Kraft als positives Weltbild bewußt eingebüßt. Später hat sie als Mittel der Weltdeutung gegen die einzelnen Wissenschaften immer mehr verloren.

Sie haben immer das Anliegen verteidigt, philosophisches und wissenschaftliches, im besonderen soziologisches Denken zu verknüpfen, gegenseitig zu erhärten und zu erproben mit der Absicht, auf philosophischen Zielsetzungen zu bestehen, die nicht mehr aus sich selber einfach behauptet werden können. Von 1971 an haben Sie für gut zehn Jahre das Max-Planck-Institut zur »Erforschung der Lebensbedingungen der wissenschaftlich-technischen Welt« in Starnberg geleitet. Die Arbeiten des Institutes umfassen theoretische Grundlagenforschung und empirische Programme.

Welche Chancen hat in einer so anspruchsvollen Verknüpfung und auf dem Hintergrund einer brüchigen Situation die Philosophie, worin besteht ihr Impuls, worauf kann nicht verzichtet werden in dieser Tradition?

HABERMAS Die Philosophie ist heute nicht mehr im Besitze metaphysischer Wahrheiten. Sie ist beinahe ebenso wie die Wissenschaften in den Fallibilismus eines Forschungsprozesses hereingezogen, der sich auf dem schwankenden Boden einer niemals revisionsfreien Argumentation abspielt. Heute drängen philosophierende Verhaltensforscher oder Physiker zu weltbildhaften Popularsynthesen, denen gegenüber die Philosophen eine gewisse Skepsis nicht unterdrücken. Insofern sind die traditionellen Rollen eher vertauscht. Andererseits bewahrt die Philosophie zum gesunden Menschenverstand und zur Lebenswelt immer noch eine intimere Beziehung als die Wissenschaften. Ihr fällt immer noch eine Interpretenrolle im Austausch zwischen den verselbständigten Expertenkulturen und dem Alltag zu.

Weil Wissenschaft, Moral und Kunst als Expertenkulturen eine große Unabhängigkeit gewonnen und ein institutionelles Eigenleben entwickelt haben, ist, als Reaktion auf diese Abspaltung, das Bedürfnis immer dringlicher geworden, Theorie und Praxis, Moral und Sittlichkeit, Kunst und Leben zu vermitteln – wobei unter den verschiedenen Titeln wie Praxis, Sittlichkeit und Leben derselbe Bezugspunkt der kommunikativen Alltagspraxis gemeint ist. Das hat man früher das Bedürfnis nach Aufklärung genannt, nach Aufklärung über kollektive und eigene Interessenlagen; und dafür scheint die Philosophie immer noch besser als andere Disziplinen ausgerüstet zu sein. Im übrigen kann die Philosophie innerhalb der Humanwissenschaften die Rolle eines Statthalters übernehmen, der universalistische Fragestellungen offenhält, auf kühne Theoriestrategien drängt, Zuarbeiten für eine Analyse der rationalen Grundlagen des Erkennens, Sprechens, Handelns leistet usw. In diesem Sinne sind philosophische Überlegungen auch in den Forschungsarbeiten meines Arbeitsbereichs am Starnberger Institut präsent geblieben.

RECK Nun gibt es in den letzten Jahren, und nicht allein in Frankreich mit seiner stärkeren kulturellen Tradition, sondern auch in Deutschland einen erstarkten lebensweltlichen Einfluß bestimmter philosophischer Strömungen. Dabei geht es um die Frage nach Lebensorientierung, die Frage nach Bedeutung oder Gefahr der Vernunft. Es verwundert immerhin, daß in vielen dieser sonst sehr kontroversen Versuche Nietzsche eine wichtige Rolle spielt. Sie haben 1968 – als Herausgeber von erkenntnistheoretischen Schriften Friedrich Nietzsches – lakonisch bemerkt, von ihm gehe keine Ansteckung mehr aus ...

HABERMAS ... da habe ich mich geirrt ...

RECK Weckt diese Renaissance Nietzsches nicht extrem zwiespältige Erinnerungen, z. B. an seine nationalsozialistische Wirkungsgeschichte, auch wenn man schon damals hat beobachten können, daß einige Denkfiguren Nietzsches für den »ganzen Nietzsche« zurechtgerückt worden sind?

HABERMAS Durch die Rezeption von Autoren wie Foucault und Derrida ist hier in der Bundesrepublik Nietzsche zum ersten Mal wieder weltanschaulich virulent geworden. Akademisch war er natürlich in den letzten Jahrzehnten immer präsent, aber nun wirkt er nicht mit einzelnen ideologiekritischen oder erkenntnistheoretischen Einsichten, sondern auch als der Autor des *Zarathustra*, vor allem als Autor der *Geburt der Tragödie*, also als der dionysische Denker, der mit dem Abendland abrechnet. Wieweit der Nietzsche des *Willens zur Macht*, sagen wir besser: der Aphorismen aus dem Nachlaß, die ja nur durch die Kompilation von Elisabeth Förster-Nietzsche eine solche Wirkungsgeschichte haben entfalten können, wieweit also dieser ideologisch ausgebeutete Nietzsche heute eine Rolle spielt, wage ich nicht zu beurteilen. Es ist wohl so, daß einige von den alten Nietzsche-Fans aus ihren Löchern kriechen, um jetzt öffentlich auszusprechen, was sie an elitären Phantasien immer schon im Kopf hatten. Aber der durch Frankreich vermittelte Nietzsche ist eher der ästhetizistische, spielerische, im Habitus durchaus kritische, wenn auch in der Konsequenz vernunftfeindliche Nietzsche. Das ist ja ein anderer Nietzsche als der, mit dem die Nazis leben konnten. Ich nehme diese Rezeption durchaus ernst. Das ist einer der Gründe, warum ich jetzt in Frankfurt mit einer Vorlesung beginne über den »Diskurs der Moderne«, in der ich mich auch mit den ja sehr produktiven französischen Kollegen auseinandersetzen will. Ich habe das in den letzten 10 Jahren meiner Existenz in einem Forschungsinstitut nicht so ganz ernst genommen, aber das war ein Fehler.

RECK Die Frage nach dem möglichen Einfluß der Philosophie stellt sich noch von einer anderen, primitiveren, aber nicht unbedingt weniger wirksamen Seite. Nach und neben der Preisgabe universaler Weltdeutungen gibt es einen weiteren Prüfstein für kritisches Denken: der neue Konservativismus, der – auf breiter Linie vor allem in der BRD – die Ansprüche der Aufklärung mit zuweilen militanten Forderungen zurücknehmen und am liebsten überhaupt keine kritische Verständigung über – seien das lebensweltliche oder theoretische – Probleme mehr zulassen möchte. Die Bestrebungen dieser Gegenaufklärung gehen in Richtung eines Denkverbots. Kritisches Denken erscheint als eine Art Krankheit, eine Pathologie, die eben immer dort zum Zuge komme, wo man nicht mehr regelkonform denkt ...

HABERMAS Solche Umschwünge im geistigen Klima, wie sie sich ja seit Mitte der siebziger Jahre in der ganzen westlichen Hemisphäre vollzogen haben, sind keine autonomen Ereignisse, sondern Reflexe von Verschiebungen im politischen und gesellschaftlichen Kontext.

RECK Mit welchen Argumenten soll hier ein Feld für die zulässigen Denkweisen abgesteckt werden?

HABERMAS Es gibt extreme Beispiele. Ich erinnere mich an den Herbst 1977, als der »Bund Freiheit der Wissenschaft« auf einer Pressekonferenz eine Liste mit Namen von Professoren bekannt machte, von denen man phantasiereich und denunziatorisch behauptete, sie würden Fäden zum terroristischen Untergrund spinnen. Das sind so Hilfsfunktionen für den Verfassungsschutz, die die Neokonservativen im allgemeinen, unter weniger dramatischen Umständen als damals, mit etwas subtileren Mitteln erfüllen. Im übrigen sind die publizistisch wirksam gewordenen neokonservativen Thesen darauf zugeschnitten, die durch die kapitalistische Modernisierung geschaffene Lebensform zu rechtfertigen. Die Ideologieplanung, die dafür vorgesehen ist, hat Peter Sloterdijk auf die Formel gebracht: Reflexionsstopp und feste Werte. Es fällt mir im Moment schwer, dieses ganze Thema, das ich ja an anderem Ort ausführlich behandelt habe, wieder aufzuwärmen.

RECK Fragen wir nach den sozialen und politischen Hintergründen solcher neukonservativen Umschwünge, danach, was der Regierungswechsel der BRD bedeutet. Drückt sich hier eine Veränderung sozialer Einstellungen aus, eine Veränderung der politischen Orientierung? Was gibt es an Erklärungen für den parlamentarischen Rechtsrutsch?

HABERMAS Vordergründig muß man sagen, daß Regierungswechsel in Zeiten großer ökonomischer Schwierigkeiten ganz normal sind. Ohne die Kandidatur von Strauß hätte die Ablösung wahrscheinlich schon zwei Jahre früher stattgefunden. Interessanter ist die Schwächung der sozialdemokratischen Partei. Ich finde deren innere Zerrissenheit durchaus nicht unrühmlich. Sie ist die einzige der etablierten Parteien mit geöffneten Wahrnehmungsorganen; sie ist noch sensibel für eine Sorte von Problemen, die die reinen Machterwerbs- und Machterhaltungsagenturen an den Rand drücken. Die Schwäche der SPD ist auch eine Folge ihrer demokratischen Stärke, die darin liegt, daß sie einen zentralen gesellschaftlichen Konflikt nicht vertuscht, sondern – wenn schon nicht austrägt, so doch wenigstens am eigenen Leibe *erfährt*. Auf der einen Seite repräsentiert die SPD die Erfolge der bundesrepublikanischen Nachkriegsentwicklung, indem sie, mit ihrer rechten Hand, den sozialstaatlichen Kompromiß, der ja den inneren Frieden während der letzten drei Jahrzehnte praktisch gesichert hat, zäh verteidigt. Auf der anderen Seite büßt sie für die unerwünschten Nebenfolgen dieser Erfolge, indem sie mit ihrer linken Hand die neokonservative Kritik am Wohlfahrtsstaat eher noch intensiviert, ohne den falschen Rezepten dieser Seite eine produktive Antwort entgegensetzen zu können. Ich habe, nebenbei gesagt, auch keine. Aber lassen Sie mich wenigstens versuchen, das Problem so einfach wie möglich zu erklären.

Der sozialstaatliche Kompromiß bestand, aus der subjektiven Perspektive des Wirtschaftsbürgers, darin, daß man genug verdiente und genug soziale Sicherheit bekommen hat, um sich abzufinden mit dem Streß einer mehr oder weniger entfremdeten Arbeit, mit den Frustrationen einer mehr oder weniger neutralisierten Staatsbürgerrolle, mit den Paradoxien des Massenkonsums, z. B. während des touristisch genutzten Jahresurlaubs, um sich abzufinden mit den Mißlichkeiten eines Klientelverhältnisses zu den Bürokratien. Dieser Kompromiß ist nun von zwei Seiten gefährdet. Offensichtlich reicht die neokeynesianische Wirtschaftspolitik nicht mehr für die Sicherung des Wachstums, das nötig ist, um Vollbeschäftigung zu sichern und Verteilungskonflikte einzudämmen. Einbußen am Realeinkommen für die Masse der Bevölkerung, Arbeitslosigkeit und Armut für eine wachsende Minderheit, Firmenzusammenbrüche und gleichzeitig verbesserte Investitionsbedingungen, auch schon steigende Gewinnraten für eine ganz kleine Minderheit – das sind die offensichtlichen Signale des sozusagen aufgekündigten Kompromisses. Weniger offensichtlich wird aber der sozialstaatliche Kompromiß von einer anderen Seite aufgekündigt.

Ich meine hier Probleme, die bei den Grünen, in den Alternativkulturen, in den neuen sozialen Bewegungen zum Thema gemacht worden sind – nämlich die Unkosten der kapitalistischen Modernisierung und das Versagen einer strategisch kalkulierten und nicht auf allgemeine Willensbildung gestützten Kriegsverhütungspolitik. Diese beiden Dinge werden um so mehr als *absurde* Bedrohungen, als *verhexte* Gefahren empfunden, je mehr beides gleichzeitig wächst und wächst und wächst: sowohl die Produktivkräfte und der abstrakte Reichtum wie auch die Destruktivkräfte und die Waffenarsenale. Das erscheint um so absurder, je mehr unsere Erlebnisfähigkeiten, unsere Phantasie, unsere Vorstellungsmöglichkeiten, unser Verantwortungsbewußtsein, unser Verständnis, unser Gefühl, z.B. die Spannweite von Liebe und Haß, hinter dem technischen Vermögen zur Naturbeherrschung und -vernichtung und hinter der Komplexität der gesellschaftlichen Vernetzungen herhinken. Wenn es an die Substanz der bisher als selbstverständlich vorausgesetzten Lebensgrundlagen geht, sei es in der Natur, in der urbanen Umgebung, in der Familienumwelt, in der Schule, dann ergeben sich Entzugserscheinungen und Deprivationserfahrungen, um die herum sich neue Konfliktfronten bilden.

Von diesen beiden Seiten also ist der sozialstaatliche Kompromiß in Frage gestellt – und die Sozialdemokratie gerät nun, sowohl als Anwalt dieses Kompromisses wie auch als Diagnostiker seiner wachsenden Unkosten, unter Zugzwang. Entweder muß sie eine trotzige Fortsetzung dieser Politik rechtfertigen, das ist die Kanalarbeiterperspektive; oder sie muß eine produktive Antwort finden – ohne sich auf die Patentrezepte von Reagonomics oder Thatcherismus einzulassen. Dazu ein paar Stichworte.

Statt zuviel Staat jetzt wieder etwas mehr Markt – wie sollte man plötzlich die Probleme vom Staat auf den Markt zurückverlagern können, wenn doch der säkulare Trend anwachsender Staatsausgaben und -aufgaben nur das Symptom einer erfolgreichen Politik der Befriedung von Klassenkonflikten gewesen ist?

RECK Gegen die neuen Probleme wie Arbeitslosigkeit, Verteilungskonflikte, mögliche aufbrechende Klassenkonflikte, gegen das drohende Zerbrechen der Massenloyalität und der sozialen Sicherungsnetze soll demnach auf alte Rezepte zurückgegriffen werden. Wie sehen diese Rezepte aus?

HABERMAS Die alten Rezepte, die unsere Regierung immer energischer durchspielt, verlangen im wesentlichen vier Zutaten. *Erstens* eine angebotsorientierte Wirtschaftspolitik, die unter heutigen Bedingungen eine massive Arbeitslosigkeit auch längerfristig in Kauf nehmen muß. Das könnte zu einer neuen Segmentierung der Gesellschaft in »ins« und »outs« führen, wobei sich die »ins« aus sozial privilegierten Minderheiten zusammensetzen, die gegenüber den aus dem Arbeitsprozeß Ausgestoßenen eine Mehrheit bilden. Die Mentalität einer mittelständisch geprägten Mehrheit, die sich auf die Abtrennung einer starken unterprivilegierten Minderheit auf Dauer einrichtet, wird sich eines Tages nur noch mit Hilfe des sozialdarwinistischen Wortschatzes beschreiben lassen, eines Vokabulars, das ja heute schon in der Eliteschwärmerei, in der Beschwörung von Konkurrenz- und Durchsetzungsbereitschaft überraschend aufgelebt ist.

Die *zweite Zutat* bildet ein Traditionalismus, der in der Kultur-, in der Bildungs-, in der Familienpolitik (allerdings nicht in der Medienpolitik, die ja unmittelbar wirtschaftliche Interessen berührt) auf die sekundären Tugenden, die positiven Vergangenheiten, den common sense, auf ungebrochenes Geschichtsbewußtsein, auf konventionelle Religiösität, kurz: auf Naturwüchsigkeit setzt, auf Reflexionsstop und feste Werte. Die kulturelle Moderne wird hingegen als subversiv empfunden. Die »geistig-moralische Erneuerung« meint eine Rückkehr hinter das 18. Jahrhundert, von der man sich eine wundersame Regenerierung von Fraglosigkeiten verspricht, ein Traditionskissen also, das die Belastungen auffängt, wo immer die monetären und die bürokratischen Steuerungen und Kontrollen versagen.

Das *dritte Element* ist sozusagen das Gegenteil von Willy Brandts Parole »Mehr Demokratie wagen«, nicht ein direkter Abbau der Demokratie, aber Versuche, den Staatsapparat von lästigen Legitimationszwängen freizusetzen, Versuche, den Kreis öffentlicher Themen einzuschränken, um das politische Bewußtsein der Bevölkerung zu entproblematisieren, von gesellschaftspolitischen Fragen zu entlasten, mit denen, sei es negativ oder utopisch, besetzte Zukunftsperspektiven verbunden sein könnten. In diesem Zusammenhang muß man wohl die soeben beschlossene Einschränkung des Demonstrationsrechtes sehen. *Viertens* gehört zu diesem Rezept, wenn nicht die bewußte Verschärfung der internationalen Spannungen, so doch die Stimulierung des Bewußtseins einer wachsenden äußeren Gefahr. Natürlich sollen die Politiken der Verteidigung gegen äußere und innere Feinde ineinandergreifen. Beides wird gleichzeitig dramatisiert: die Bedrohung durch die Rote Armee und durch Unruhestifter im Inneren. Besorgte Publizisten sind bei uns seit Monaten dabei, die Formen des gewaltlosen Widerstandes an den juristischen Tatbestand der Gewaltanwendung zu assimilieren.

RECK Welche Chancen geben Sie einer solchen Strategie?

HABERMAS Ob und wieweit eine solche neokonservative Politik durchsetzbar ist, wage ich nicht definitiv zu beurteilen. In den letzten eineinhalb Jahrzehnten hat sich, nicht nur in den Randgruppen, auch in der Masse der Bevölkerung, ein bemerkenswerter Einstellungswechsel vollzogen. Beispielsweise die Panne, die Herrn Genscher beim Regierungswechsel passiert ist, läßt sich nur so erklären, daß heute andere Legitimationsansprüche gestellt werden als in den fünfziger Jahren. Der legal zustande gekommene Regierungswechsel ist eben nicht als legitim empfunden worden. Ein ähnliches Symptom war der Widerstand gegen die Volkszählung.

RECK Die Frage nach Lösungsstrategien läßt sich grundsätzlich in einem anderen Themenkreis stellen: als Frage, was Sozialismus unter den heutigen Bedingungen der hochtechnisierten Gesellschaften und einer strukturellen Arbeitslosigkeit heißt. Der Sozialismus, besonders in seiner marxistischen Wendung, hat neben einem ethischen und gesellschaftspolitischen Anspruch auch einen wissenschaftlichen und geschichtsphilosophischen. Im 19. Jahrhundert gibt es dafür eine offensichtliche Grundlage, die sein Pathos und seine Kraft wirksam gemacht haben: Überfluß an brauchbarer Arbeit, neue Technologien, die Einrichtung der Fabrik, die Zerlegung und Maschinisierung der Arbeitsabläufe usw. Das hat die Entwurzelung der Arbeiter aus ihren Lebenszusammenhängen erzwungen und zu einer sichtbaren Verarmung der Menschen geführt. Die gnadenlose Ausbeutung, die Brutalität von Fabrik und Maschine, die Steigerung der Arbeitszeit ohne Garantie der Versorgung auch nur der primären Lebensbedürfnisse, die extrem hohe Frühsterblichkeit, die Verwahrlosung – all das zeigt die Schattenseite der Verelendung deutlich. Der Sozialismus als revolutionäre Lösung dieser Mißstände war offensichtlich und bedurfte keiner zusätzlichen Begründung: nur die proletarische Revolution konnte den Arbeitern in Aussicht stellen, über die Kontrolle der Produktion für ihr Überleben zu sorgen. Diese Durchsichtigkeit des ganzen Systems ist in die Marxsche Theorie eingegangen. Das erfahrene Elend zwingt die Ausgebeuteten und Entrechteten zur Solidarität und bricht aus der Unterdrückung Lernprozesse heraus.

Die heutige Situation beruht nicht nur auf einer anderen Entwicklung, sondern zeigt, daß die Konflikte eingedämmt, der Klassenkampf eingefroren worden sind. Eine leidvolle Arbeit ist sozialstaatlich eingebunden in mehr als nur die Sicherung der primären Bedürfnisse, der Konsum winkt als Sortiment mit abgepacktem Lebensglück für alle Bedürfnisse.

Es droht heute aber eine andere Entwicklung, welche die Grundlagen einer solchen offensichtlichen sozialistischen Chance angreift: Arbeit wird immer mehr zum Mangel, wird selber überflüssig, und dadurch fällt das Erfahrungsmodell des unterdrückten, aber zum solidarischen Lernen gezwungenen Arbeiters weg. Arbeitslosigkeit durch Produktivitätssteigerung und Automatisierung, eine verfestigte internationale Arbeitsteilung, die die Ungleichgewichte und Ungerechtigkeiten immer mehr »exportiert« – diese Entwicklung in hochindustrialisierten Gesellschaften zwingt dazu, genauer zu überlegen, was Sozialismus auf dem Niveau der modernen Wohlstände und ihrer neuen Gefährdungen, auf dem Hintergrund einer möglichen breiteren »freien Zeit« und der sichtbaren Folgen der Industrialisierung heißt, einer Wirtschaftsform, deren notwendiges Wachstum von marxistischer Seite eigentlich nie grundsätzlich in Frage gestellt worden ist. Gibt es neue Solidarisierungen? Gibt es eine Empörung, die sich nicht an den materiellen Notständen, sondern am moralischen Gesamtzustand einer solchen Ökonomie entzündet? Oder droht ganz einfach eine gewaltsame und gewalttätige, in jedem Falle aber kontrollierbare Zweiteilung der Gesellschaft über die Verteilung der knappen Arbeit und die Privilegien eines neuen Mangels?

HABERMAS Die Substanz jener Erwartungen, die in der Arbeiterbewegung mit dem Begriff des Sozialismus verknüpft waren, ist nicht realisiert worden. Das sollte man aber nur sagen, wenn man mit dem gebührenden Respekt festgestellt hat, was historisch doch auch erreicht worden ist. Nur weil man die negativen Nebenfolgen eines ungeheuer brutalen Modernisierungsprozesses heute deutlicher vor Augen hat, darf man nicht einfach vergessen, was heute trivialerweise zum Besitzstand geworden ist – ich meine nicht nur das Subsistenzniveau der Massen, sondern auch die demokratischen und rechtsstaatlichen Errungenschaften der Bürger. Daß man sich dieses Besitzes erst wieder erinnert, wenn er in Gefahr gerät, ist übrigens philosophisch ein bedenkenswerter Umstand. Ich meine die eigentümliche Spurlosigkeit eines bestimmten Typus von Fortschritten – dadurch wird der Fortschritt nicht zu etwas Schlechtem, aber zu etwas subjektiv Unwirklichem. Materielle Verbesserungen – das hat ja für die Generationen, die den ökonomischen Aufschwung der Nachkriegszeit erlebt haben, eine lebensgeschichtliche Evidenz – tragen sozusagen das Zeichen des historischen Gedächtnisverlustes an der Stirn. Dreißig Tage Jahresurlaub oder das erste Auto bedeuteten einmal einen eminenten Zuwachs an privater Bewegungsfreiheit und Befriedigung – waren Ziele, für die wir Anstrengungen, sogar Opfer auf uns genommen haben. Aber das einmal erreichte Niveau der Befriedigung tilgt sozusagen die Spuren seiner eigenen Entstehungsgeschichte. Bestimmte Errungenschaften, wirkliche Emanzipation von Zwängen der Natur und der Gesellschaft, müssen offenbar symbolisch festgehalten werden, um dem Schicksal dieser Vergeßlichkeit, dieser Absorption in ein geschichtslos-dumpfes, schlecht-gegenwärtiges Dahintreiben entrissen zu werden. Utopien sind wichtig, vielleicht kommen wir ja darauf noch zu sprechen; aber ebenso wichtig ist Erinnerung, aktives Wiedererinnern, Anamnese, selbst wenn sie auf nicht so Anspruchsvolles abzielt wie Benjamins anamnetische Solidarität. Für Dinge, für die man gekämpft hat, für die eine kollektive Anstrengung nötig war, braucht man eine symbolische Form der Darstellung. Das Entsetzliche an jenen materiellen, selbst an den politisch-rechtsstaatlichen Fortschritten bei Völkern, die keine Revolutionen durchgefochten haben, ist dieses spurlose Verschwinden des historischen Weges. Es ist entsetzlich sowohl für das vergangene Leid und die vergangenen Opfer, die ohne die Chance einer sühnenden Erinnerung gleichsam verloren sind. Wie auch für die Identität der Nachgeborenen, die ohne ein Bewußtsein des Erbes, das sie angetreten haben, nicht wissen können, wer sie sind.

RECK Die Arbeitsgesellschaft hat vorrangig die Arbeit als technisches System herausgebildet. Die aus gemeinsamen Erfahrungen gewonnene Solidarität verschwindet darin immer mehr und wird durch andere, technikähnlich organisierte Bereiche gesättigt (Konsum z. B., Medien). Und doch ist es immer noch so, daß das Problem des Fortschritts entweder durch die Eigenzwänge der Technik erklärt wird oder durch bloß mangelhafte Kontrolle, wobei die Technik dann als eine neutrale Kraft erscheint, die bloß vernünftig einzusetzen wäre, um befreiend zu wirken. Was Sie sagen, zielt auf ein unerforschtes und unbewußt funktionierendes Feld: daß Fortschritt immer mit Erinnerungstilgung durchsetzt ist und durch sie hindurch sich festsetzt. Es gäbe also keine in diesem Sinne »neutrale« Technik.

HABERMAS Ja, Erinnerungstilgung ist ein gutes Wort. Sie haben in dem Fragenkatalog, den Sie mir geschickt haben, von dem »Defizit an glücklichen Bildern« gesprochen und behauptet: »ikonographisch sind die glücklichen Bilder der Arbeit nicht im industriellen, sondern einzig, nach wie vor, im handwerklichen und familiären Bereich zu finden«. Das ist vielleicht ein Schlüssel für die Erinnerungstilgung, die in die industrielle Arbeitsgesellschaft überhaupt eingebaut ist. Der Industriearbeit wohnt das Telos ihrer eigenen Abschaffung inne. Wenn Sie heute in die Montagehalle einer Fabrik gehen, die Fernsehgeräte herstellt, dann sehen Sie in diesem hochautomatisierten Zweig der Produktion, daß die wenigen Arbeitsplätze, die noch mit (weiblichen) Arbeitskräften besetzt sind, schon moribund sind – ein Überbleibsel eines stürmischen Vorgangs technischer Rationalisierung. Und Sie können auch schon die Arbeitsplätze identifizieren, die in wenigen Jahren nicht mehr mit lebendiger Arbeit ausgefüllt werden müssen. Wo die körperlichen Bewegungen des menschlichen Organismus zum Zubehör von elektronisch gesteuerten Anlagen werden, stehen die Arbeitsvollzüge unter der Antizipation, daß sie spurlos verschwinden werden. Vielleicht ist die menschliche Arbeit schon mit der ersten manufakturellen Zerlegung von Arbeitsprozessen unter diesen Aspekt der Selbstvertilgung getreten. Wahrscheinlich kommt aber dieses objektive Verhältnis breitenwirksam erst zu Bewußtsein, seitdem sich nicht nur Soziologentage, sondern auch die Massenmedien mit der Tatsache befassen, die Dahrendorf auf die einprägsame Formel gebracht hat, daß der Arbeitsgesellschaft die Arbeit ausgeht. Auf dem letzten deutschen Soziologentag in Bamberg hat Claus Offe diese Frage aufgegriffen. Er hat sehr überzeugend gezeigt, daß die Tatbestände von Arbeit, Produktion und Erwerb immer weniger die Verfassung der Gesellschaft im ganzen prägen.

RECK Verliert die Produktions- und Arbeitssphäre ihre strukturbildende Kraft? Kann man, trotz der fortbestehenden Tatsache der Erwerbsabhängigkeit des ganz überwiegenden Teils der Bevölkerung, davon sprechen, daß Arbeit individuell und im ganzen gesehen ihre zentrale Bedeutung verliert?

HABERMAS Wenn man, wie Offe, diese Fragen positiv beantwortet, ergeben sich Konsequenzen für die Gesellschaftstheorie, die ja seit Marx um Begriffe wie Praxis und Arbeit zentriert ist. Deshalb habe ich vorgeschlagen, den Begriff des kommunikativen Handelns als einen Schlüssel zur Theoriebildung zu benützen, damit wir die eigensinnigen Strukturen der Lebenswelt besser in den Griff bekommen, vor allem auch die Bedrohung dieser Lebenswelt durch bürokratische und wirtschaftliche Imperative, Gefahren, die dadurch entstehen, daß immer mehr persönliche Beziehungen, Dienste und Lebenszeiten in Objekte der Verwaltung oder in Waren verwandelt werden. Selbst das, was die griechischen Philosophen einmal als die tragenden Elemente der Natur verehrt haben, muß man sich heute, als Tourist, scheibchenweise *kaufen* – Wasser, Erde, Luft, Sonne und Schatten.

Das Ende der Arbeitsgesellschaft, wenn ich mich dieses Schlagworts bedienen darf, wirft Probleme auf, die bisher noch nicht gut analysiert worden sind. Aber als Probleme werden sie von allen empfunden.

Das *erste Problem* habe ich schon genannt. Zwei Kollegen, Herr Esser und Herr Fach, haben auf Entwicklungen hingewiesen, die dafür sprechen, daß die Bundesrepublik auf dem Weg zu einer »gespaltenen« Gesellschaft ist – mit einem produktiven Kern von Beschäftigten und einem breiter werdenden, nur noch notdürftig alimentierten, vernachlässigten Rand der in Subkulturen und Ghettos Abgedrängten. Die entscheidende politische Frage der nächsten Jahre wird es sein, ob dieses Thema aus der Öffentlichkeit herausgehalten oder zum Gegenstand politischer Auseinandersetzungen gemacht wird – und welche Seite, wenn das Problem thematisiert wird, sich durchsetzt: der Interessenegoismus einer Mehrheit, die ihren Besitzstand mit Klauen und Zähnen verteidigt – einen Vorgeschmack gibt ja der Kampf um die Erhaltung des dreigliedrigen Schulsystems in den letzten Jahren, oder der Medizinerprotest in Paris; oder aber die Solidarität derer, die noch drin sind, mit denen draußen. Das wird auch, und vielleicht in erster Linie davon abhängen, ob sich die Gewerkschaften nach amerikanischem Muster auf eine »closed shop policy« verlegen, oder ob sie an die Solidartradition der Arbeiterbewegung anknüpfen. Auch hier wiederum könnte die politische Kultur wichtiger sein als die politische Ökonomie. Will unsere Gesellschaft auf dem Strukturkonservativismus beharren und lieber, wie André Gorz sagt, eine »Nicht-Klasse von Nicht-Arbeitern« aushalten – und, wie Marx sagte, »sich wohl fühlen in der Entfremdung«? Oder hat die Ellbogengesellschaft, hat der Kapitalismus mit der Freisetzung von Konkurrenzstreben, Leistungsorientierung, Selbstbehauptungsenergien seine historische

Mission erfüllt – nämlich ein Ensemble von Produktivkräften geschaffen, das ja die utopischen Vorstellungen vergangener Jahrhunderte längst überholt hat?

Es kommt gewiß darauf an, wie man diese Fragestellung analysiert. Das *zweite Problem* ist deshalb eher theoretischer Natur. Ist – in den entwickelten westlichen Industriegesellschaften – das Entwicklungspotential der Arbeitsgesellschaft auch in dem Sinne erschöpft, daß der jahrhundertelang fortschreitende Prozeß der Umwandlung von gewachsenen Tätigkeitsbereichen in monetär entschädigte, organisierte Beschäftigungsverhältnisse an eine kritische Grenze stößt? Bisher gibt es ja kurioserweise immer wieder Bereiche, wo der Kapitalismus noch nicht zugeschlagen hat – so könnte zum Beispiel die Professionalisierung der Mutter oder der Hausfrau den riesigen Bereich der familiären Erziehungs- und Hausarbeit monetarisieren. Und doch hat man jetzt eher den Eindruck, daß der Mechanismus des Arbeitsmarktes vor dem gesellschaftlichen Bedarf eines bestimmten Typus von Tätigkeiten versagt. Im Augenblick haben wir z. B. nicht zu wenig Lehrer, auch nicht zu viele überflüssige Lehrer, sondern zu wenig bezahlte Lehrer, die die Arbeit, die sie tun wollen und die auch nötig wäre, tun können. Dieses Bild kann sich im Zuge demographischer Entwicklungen schnell ändern. Aber das Problem bleibt. Der Bedarf an gesellschaftlich notwendiger Arbeit scheint sich zum einen in Bereiche zu verlagern, die Tätigkeiten nach dem Muster der Industriearbeit gar nicht kennen, sondern eher einen kommunikativen Umgang mit Personen erfordern; zum anderen verlagert sich der Bedarf in Tätigkeitsbereiche, die in die Organisationsform von Industrie- und Verwaltungsbetrieben nicht passen.

Dabei denke ich an soziale und erzieherische, auch an politische Aufgaben, die gar nicht erst in formelle Beschäftigungsverhältnisse überführt werden, weil sie keinen Gewinn abwerfen; die aber auch nicht als Dienstleistungen organisiert werden sollten, weil das die Lebenswelt dem Zugriff von Experten nur noch weiter ausliefern würde. Wir sprechen heute beispielsweise von »Beziehungsarbeit«, auch von »politischer Arbeit« – denken Sie an die zeitaufwendigen, sehr intensiven Willensbildungsprozesse, die in Wohngemeinschaften, in der Nachbarschaft, in den Kommunen nötig wären, um z. B. das Zusammenleben der verschiedenen Generationen auf eine Weise zu ordnen, die die negativen Auswirkungen der Struktur von Kleinfamilien, auf deren Vorzüge wir nicht verzichten möchten, ausgleichen könnte – im Hinblick auf die Alten, die Kinder, die Behinderten und Gebrechlichen, die Vereinsamten usw. Das meine ich ganz unsentimental: Ich bezweifle, daß der Mechanismus des Marktes noch geeignet ist, den tatsächlichen Bedarf an Arbeit zu identifizieren und innerhalb von Formen gesellschaftlich anerkannter Arbeit zu befriedigen.

Die im kapitalistischen Sinne bis jetzt produktive Arbeit steht demnach im Gegensatz nicht nur zu einer sozialen Anerkennung, sondern auch zum Wert gesellschaftlicher Tätigkeiten, die nicht mehr in die vorhandenen Formen der Anerkennung und der Wertschätzung passen.

Das hängt mit dem *dritten Problem*, der Umwertung von Tätigkeiten, zusammen. Die sogenannte arbeitsfreie Zeit wächst, nicht nur wöchentlich, sondern auch über die Spanne der Lebensgeschichte, und trotzdem werden die außerhalb der formellen Beschäftigung liegenden Lebensbereiche immer nur negativ, wie das Wort »arbeitsfreie Zeit« schon sagt, immer nur privativ mit Bezugnahme auf eine mehr und mehr obsolet werdende Sphäre der Arbeit definiert. Wie kann die Gesellschaft in ihren Grundlagen so umgebaut werden, daß nicht nur aus gesamtwirtschaftlicher Perspektive, sondern auch aus der Sicht der individuellen Lebensgeschichte eine Gewichtsverlagerung zustande kommt? Als produktive Arbeit gilt, wie Offe sagt, vor allem das, was betriebswirtschaftlich gewinnbringend ist, der Bearbeitung von Dingen ähnlich sieht und in abstrakte Arbeitsvollzüge zerlegt werden kann. Demgegenüber sollte man sich einmal den Typus von »Arbeiten« vor Augen führen, in denen jene kaum wahrgenommenen, aber beträchtlichen Energien sinnvoll Gestalt annehmen könnten, die heute beispielsweise in einer Frauengruppe oder in einem sozialdemokratischen Ortsverein zusammenkommen, wo sie bei allem guten Willen eher stillgelegt, d.h. zugleich kanalisiert und neutralisiert werden.

RECK Es wären also auch andere und anders qualifizierte Formen der Verteilung nötig, eine andere Grundlage für die gesellschaftliche Anerkennung notwendiger und vernachlässigter Tätigkeiten. Was heißt nun »Sozialismus«, wenn seine Strategie nicht mehr an der Produktion ansetzen kann, wie das früher offensichtlich notwendig war?

HABERMAS Ich habe den Eindruck, daß, gemessen an den realen

Bedürfnissen und Fähigkeiten, die Allokationsmechanismen für die Verteilung gesellschaftlich anerkannter Arbeit nicht mehr funktionieren. Auch ich habe keine Antworten, die man als Rezepte handeln könnte. Ich denke nur, daß man zu einer klareren Vorstellung von Sozialismus unter gegenwärtigen Bedingungen nur dann wird gelangen können, wenn man solche Fragen durchdenkt. Sozialismus hat bedeutet, daß man einen nach Möglichkeit fallibilistischen, auf Selbstkorrekturen angelegten Versuch unternimmt, in kollektiver Anstrengung identifizierbares Leid, identifizierbare Ungerechtigkeit, vermeidbare Repressionen wenigstens zu verringern, d.h. Probleme, die sowieso laufend bearbeitet und so oder so gelöst werden, in einer bestimmten Perspektive zu lösen. Diese Perspektive läßt sich abstrakt leicht bezeichnen: nämlich die Zerstörung solidarischer Lebensformen aufzuhalten und neue Formen solidarischen Zusammenlebens zu schaffen – also Lebensformen mit expressiven Ausdrucksmöglichkeiten, mit einem Spielraum für moralisch-praktische Orientierungen, also Lebensformen, die einen Kontext bieten, in dem sich die eigene Identität und die der anderen unproblematischer, unbeschädigter entwickeln kann. Das ist eine Perspektive, die aus der Selbstkritik der heute vorherrschenden, mit der kapitalistischen Modernisierung durchgesetzten Lebensform hervorgegangen ist.

Deshalb heißt Sozialismus vor allem, zu wissen, was man nicht will, wovon man sich befreien will: von einer Lebensform, in der alle Lebensfragen solange umdefiniert werden, bis sie in das Muster abstrakter Arbeit industrieller und gewinnorientierter, bürokratischer und herrschaftsorientierter Prägung hineinpassen. Das sagt sich leicht dahin; schwieriger sind die konkreten Analysen, mit denen wir uns und andere von alternativen Entwicklungsmöglichkeiten überzeugen können.

RECK Nun gibt es zumindest eine lange Tradition von anders überzeugten Entwicklungsentscheidungen: die Utopien. Aber gerade der Sozialismus – besonders der in der Nachfolge von Marx verteidigte wissenschaftliche Sozialismus – hat ein gebrochenes und negatives Verhältnis zum Utopischen. Schließlich hat die technische Entwicklung, der Stand der Produktivkräfte, die Bilder des Utopischen überholt. Auch ein Herbert Marcuse hat diesbezüglich auf das »Ende der Utopie« hingewiesen. Der Umgang mit Utopien ist auf diesen beiden Seiten von einer Art

Bilderverbot geprägt. Neuerdings aber wird vermehrt, und von irritierend vielen Seiten, die Notwendigkeit utopischer Orientierungen angesprochen, wird mittels utopischem Zuschuß eine Korrektur gefordert, eine Korrektur allerdings, von der man nicht so recht weiß, ob das utopische Bild auch ein Recht auf erprobbare Verwirklichung hat. Was für eine Funktion haben utopische Entwürfe heute?

HABERMAS Utopien haben eine praktische Funktion, soweit sie in soziale Bewegungen als Orientierungen eingehen. Bloch verwendet z.B. die Formel des »aufrechten Gangs« mit dem Blick eines Utopikers. Die Gesellschaft soll so aussehen, daß alle aufrecht gehen können, auch die Mühseligen und die Beladenen, die Entrechteten und die Entwürdigten. In diesem Zusammenhang dient die utopische Verwendung eines Bildes dazu, einen präzisen Begriff einzuführen, nämlich den der menschlichen Würde. Würde ist ja einmal eine feudale Kategorie gewesen. »Würde« war, wenn man in einer hierarchischen Ordnung einen Status innehatte und diesen mit dem richtigen Verhalten ausfüllen konnte – in diesem mittelalterlichen Sinne hat beispielsweise der Papst Würde. Daran gemessen könnte man das Show-Business eines reisenden Massendompteurs vielleicht als würdelos bezeichnen.

Demgegenüber ist die Menschenwürde im rationalen Naturrecht, in der modernen Philosophie überhaupt, abstrakter gefaßt worden. Jeder einzelne soll in seiner Autonomie unangefochten, in seiner leiblichen und seelischen Integrität geschützt sein. Diesen universalistischen Begriff gewinnt man aus der Metapher des aufrechten Gangs durch begriffliche Zuspitzung. Das ist ein Beispiel für die kritische Funktion von verheißungsvollen Bildern in theoretischen Zusammenhängen. Verheißungsvoll: die Würde soll ja aus einer feudalen Welt, wo nur die Repräsentanten aufrecht gehen, in die bürgerliche und die sozialistische Welt hinübergenommen werden, wo auch die Entrechteten und Beladenen sich aufrichten dürfen – hier und nicht erst im Jenseits.

RECK Ernst Bloch hat immer gesagt, die Utopie habe eine »schlechte Presse«. Heute sind wir eher mit einem inflationären Gebrauch des Wortes konfrontiert ...

HABERMAS ... durch Bloch selber, unter anderem ...

RECK ... der zwar nicht begrifflich tragfähig gemacht wird, aber scheinbar einem neuen Sensorium entgegenkommt. Einem Sensorium zum Beispiel für das, was Sie die Austrocknung von lebensweltlichen und kommunikativen Traditionen nennen. Anderseits wird deutlich, wie verfänglich der utopische Anspruch geäußert wird. Die Utopie gilt als eine Art Privatrecht für die Projektion von Wunschwelten, die nichts weniger meinen als ein entgrenztes Ganzes. Das scheint sich abzuspalten vom kritischen und deshalb auch selbstkritischen Potential des utopischen Denkens.

HABERMAS In bestimmten historischen Momenten, in denen wir wirklich eine soziale Bewegung, in der wir politische Kämpfe erkennen, sehen wir auch, daß nicht um Abstraktionen gekämpft wird – trotz der drei großen und unverlierbaren Ziele der Französischen Revolution. Es wird nicht *um* Abstraktionen gekämpft, sondern *mit* Bildern gekämpft. Fahnen, Symbole und Bilder, die rhetorische Rede, die gleichnishafte Rede, die utopisch inspirierte Rede, die Rede, in der konkrete Ziele vor Augen geführt werden, das sind wohl notwendige Bestandteile von Bewegungen, die überhaupt etwas bewirken in der Geschichte. Alles andere ist ja eher Verarbeitung und Stillstand.

Aber auch im begrifflichen Denken, erst recht in Bereichen der Philosophie, der Gesellschafts- und Humanwissenschaften, aber selbst in der Physik ist die Sprache der Theorie ja nicht autonom gegenüber den bildhaften, den metaphorischen, selbst mythischen Elementen. Es gibt gar keine ausschließlich begriffliche Sprache. Das ist gleichsam der mythische Kern noch der wissenschaftlichen Rede, aber hier ist das Bild begrifflich gezähmt. Ein Utopiephilosoph wie Bloch kann dann plausibel machen, daß es nötig ist, hin und her zu gehen zwischen der theoretischen Sprache, in der man sich streng diskursiv verhalten will, einfach weil man Probleme lösen will, und der Rezeption einer bildhaften, stärker im Alltag, auf jeden Fall in den Alltagserfahrungen verwurzelten Sprache.

RECK Wenn das konstruierende Denken der Utopie auf Ganzheitsdeutungen zielt, dann bleibt ein kritischer Verdacht zurück, diese Ganzheit verdecke Mängel und Nebenfolgen. Wendet sich diese Kritik im Sinn einer Emanzipation nicht gegen die Utopien selber?

HABERMAS Das hat, meine ich, gute Gründe. Utopien sind ja oft ausgemalte Lebensformen. Das heißt, es sind Entwürfe von Totalitäten. Und das kann man theoretisch nicht einholen. Es gibt, glaube ich, keine theoretisch begründeten Utopien. Wo man

Totalitäten, ganze Lebensformen, ganze Lebensgeschichten, ganze Lebensbereiche in ihrer Konkretion entwirft und suggeriert, daß sie unvermittelt politisch verwirklicht werden können, treten leicht die Folgen ein, auf die ja unsere neokonservativen Freunde hinweisen. Das ist einer der Gründe dafür, daß im Sozialismus eine gewisse Abstinenz geübt worden ist im Hinblick auf das Ausmalen konkreter Lebensformen. Man sollte nur in dem Sinne von Sozialismus sprechen, daß man in einer jeweiligen historischen Situation versucht, notwendige Bedingungen anzugeben, die erfüllt sein müssen, *damit* emanzipierte Lebensformen entstehen können – welche auch immer. Ganzheiten treten nur im Plural auf, und diesen Pluralismus kann man nicht in der Theorie vorwegnehmen.

RECK Reicht dazu ein Verständnis von Utopie, das auf ein System von Lebensvorstellungen durch freie Entwürfe abzielt, auf eine Art Minimalstaat, der dazu dient, daß die Individuen ihre eigenen Utopien verwirklichen und sich mit anderen frei über erneuernde Lebensformen einigen können?

HABERMAS Das sind liberale Ideen, die eine ehrwürdige Geschichte haben. Ein Element dieser Tradition würde ich in der Tat festhalten. Es soll das Maß an Rechtsgleichheit geschaffen werden, das nötig ist, um gleichzeitig das größtmögliche Maß an Individualismus – und das heißt an Spielraum für individuelle Lebensgestaltungen – zu ermöglichen. Nur, was seit Hegel an Kritik an diesen individualistischen Rechtskonstruktionen vorgetragen worden ist, kann man auch nicht einfach vergessen. Freiheit, auch persönliche Freiheit, Wahlfreiheit in letzter Instanz, kann nur im internen Zusammenhang mit einem Netz von interpersonalen Beziehungen gedacht werden, d.h. im Zusammenhang mit den kommunikativen Strukturen einer Gemeinschaft, die sichert, daß die Freiheit einiger nicht auf die Kosten der Freiheit anderer geht. Dazu genügt interessanterweise das abstrakte Recht nicht. Man muß sich schon die Mühe machen, die Bedingungen kollektiver Freiheit zu analysieren, die der individuellen Freiheit erst ihre Gefährlichkeit, ihr sozialdarwinistisches Gefahrenpotential nehmen.

Der Einzelne kann nicht frei sein, wenn nicht alle frei sind, und alle können nicht frei sein, wenn nicht alle in Gemeinsamkeit frei sind. Dieser letzte Satz ist es, den man in den empiristisch-individualistischen Überlieferungen vermißt.

3. Herbst 83 – oder die moralische Neutralisierung des Rechts

Während des ganzen Jahres 1983 sind gewaltsame Konfrontationen herbeigeredet worden, die dann glücklicherweise ausgeblieben sind. In diesen Diskussionen hat sich auf seiten der Regierenden und ihrer Anhänger ein autoritäres Rechtsverständnis offenbart, das gegenüber Motiven und Erscheinungsformen des zivilen Ungehorsams unempfindlich ist. Die gleiche Mentalität scheint auch viele der nach Jahresfrist gefällten Urteile zu bestimmen, die in einem Dossier der *Zeit* vom 30. November 1984 unter dem Titel »Rache des Rechtsstaates« dokumentiert sind. Ich habe dieses Thema einmal vor und einmal nach den großen Oktoberdemonstrationen behandelt, nämlich auf einer Veranstaltung des Kulturforums der SPD im September 1983 und in einem Beitrag für das erste, unter seinem neuen Herausgeber Karl Heinz Bohrer erscheinende Heft des *Merkur* im Januar 1984.

Ziviler Ungehorsam – Testfall für den demokratischen Rechtsstaat

Das tonangebende bayerische Duo der Bundesregierung, die Herren Zimmermann und Spranger, singt den Refrain auf den Vers, der ihm seit Monaten von der FAZ vorgespielt wird: »Gewaltloser Widerstand *ist* Gewalt.« Hingegen steht der Justizminister so sehr im Schatten des Innenministers – und der Liberalismus der einstmals Freien Demokraten schon so sehr mit dem Rücken zur Wand –, daß aus dieser Ecke nur noch Tautologien zu vernehmen sind: auch gewaltloser ziviler Ungehorsam sei ungesetzlich. Die Anwälte einer Verschärfung des Demonstrationsstrafrechtes haben in der Diskussion der letzten Monate die Tendenz verfolgt, den juristischen Begriff der Gewalt über Tatbestände der Gewalttätigkeit hinaus auf unkonventionelle Formen der politischen Willensbildung auszudehnen.

Aus der Psychologie ist der Zwang, in Alternativen zu denken, bekannt; wie so oft verschanzt sich das zwanghafte Denken auch diesmal hinter juristischen Formeln. Als einzige Alternative zum Störer und Unruhestifter, zum kriminellen Gewalttäter erscheint der friedliche Demonstrant – ein Bürger, der aus Pflicht und Gewohnheit zur Wahlurne geht, vielleicht Versammlungen der eigenen Partei besucht und gelegentlich an einer Kundgebung, sei es zum 1. Mai oder zum 20. Juli, teilnimmt. Aus der Perspektive einer Obrigkeit, die für Ruhe und Ordnung zu sorgen hat, zeigt die demokratische Willensbildung des präsumptiven Souveräns ein bleiches, eingeschüchtertes, zahnloses Antlitz. Demonstrationen sollten aus polizeilichen Gründen am besten im Saale stattfinden, jedenfalls nicht abweichen vom Normalbild des geordneten Umzugs erwachsener und reinlich gekleideter Bürger mit abschließender Ansprache vor dem Rathaus. Das Alternativdenken sucht Sicherheit in der falschen Eindeutigkeit gewaltsam hergestellter Dichotomien. Der friedlich demonstrierende »Landfriedensbrecher«, der sich nach der ersten polizeilichen Aufforderung nicht schleunigst nach Hause begibt und gleichwohl nicht nachweisen kann, den originellen Tatbestand des »Abwiegelns« erfüllt zu haben, ist ein Produkt dieses Denkens.

Die veränderte Protestszene

In der Tat hat sich die Protestszene der Bundesrepublik seit den Ostermärschen der frühen sechziger Jahre verändert. Wir haben die Studentenproteste in Erinnerung, deren Funke von Berlin auf westdeutsche Universitäten übergesprungen ist, als Benno Ohnesorg ohne erkennbaren Anlaß von einem Polizisten erschossen wurde. Die neuen, oft phantasievollen, manchmal gewalttätigen Formen dieser Protestbewegung waren von amerikanischen Vorbildern inspiriert, unmittelbar von jenem exemplarischen Fall zivilen Ungehorsams in Ann Arbor, wo 39 Studenten der University of Michigan am 15. Oktober 1965 aus Protest gegen das militärische Eingreifen der USA in Vietnam das Büro der örtlichen Einberufungsbehörde besetzt hielten und zwei Stunden nach Dienstschluß abgeführt werden mußten. Der anschließende Prozeß löste eine lebhafte Debatte aus und erhielt dadurch weltweite Publizität.[1] Noch deutlicher – und noch stärker von Emotionen besetzt – ist unsere Erinnerung an die terroristischen Untergrundaktionen der RAF, die sehr schnell den Unterschied zwischen kriminellen Handlungen und zivilem Ungehorsam klar gemacht haben – endlich auch in den Köpfen, in denen diese Begriffe noch nach Jahren intern geführter, harter Diskussionen eigentümlich diffus geblieben waren.

Seit der zweiten Hälfte der siebziger Jahre hat sich eine neue Protestbewegung formiert, in anderer Zusammensetzung, mit neuen Zielen und mit einer bunten Palette abermals gewandelter, differenzierter Formen der Willensäußerung. Beispiele sind die Bonner Großdemonstrationen, die eine ganze Stadt in den Rhythmus und den Wirbel einer von Subkulturen getragenen, expressiv-beschwingten Massenveranstaltung hereingezogen haben; der bundesweite Ansturm auf ein von der Polizei abgeriegeltes Kernkraftgelände wie in Brokdorf; die lautstarke Gegendemonstration gegen das Spektakel eines öffentlich vorexerzierten Großen Zapfenstreiches wie in Bonn oder Bremen; die vorübergehende Blockade von Bauarbeiten und die Besetzung von Bauplätzen wie in Wyhl; das Anti-Atomdorf in Grohnde, das Hüttendorf an der Startbahn West, die die geplanten Großprojekte mit einer alternativen Lebensform konfrontieren sollten; schließlich die Hausbesetzungen in Kreuzberg und anderswo, die eine breitere Öffentlichkeit auf den Skandal der rücksichtslosen Spekulation mit begehrten und erhaltungswürdigen Altbauwohnungen aufmerksam gemacht haben. Allen diesen Aktionen ist gemeinsam, daß sie von spontan gebildeten, heterogen zusammengesetzten, weitverstreuten und dezentralisiert arbeitenden Basisinitiativen ausgehen. Dieses Amalgam von Friedens-, Umweltschutz- und Frauenbewegung ist nichts, was man wie eine Partei verbieten könnte.

Nun sind für die Herbstmonate entschiedene und variationsreiche Demonstrationen gegen die erwartete Aufstellung von Cruise Missiles und Pershing II-Raketen angekündigt worden, unter anderem Blockaden, verkehrsbehindernde Menschenketten, die-ins und andere Äußerungen des zivilen Ungehorsams. Das Schlagwort vom »heißen Herbst« ist in Umlauf und erhitzt die Gemüter im voraus. Die Presse berichtet über diese Pläne wie über die Kriegsvorbereitungen eines Angreifers, der die nationale Sicherheit bedroht. Nachrichten über die Protestszene werden wie geheimdienstliche Erkenntnisse über feindliche Truppenbewegungen gehandelt. Friedenscamps gewinnen das Aussehen von Partisanennestern. Und in den Polizeihauptquartieren werden Einsätze generalstabsmäßig nach bekannten Szenarios durchgespielt. Jeder neue Krawall, der sich, wie in Krefeld, an unauffällig verlaufende Demonstrationen anhängt, bestärkt in der Öffentlichkeit den fatalen Eindruck, daß ausgerechnet die Friedensbewegung dem im Zuge der Terrorismusbekämpfung ausgebauten und aufgerüsteten staatlichen Kontroll- und Eingriffsapparat neue Ziele bietet. So entsteht eine Perspektive, aus der die Delikte von kleinen, aber mobilen Stoßtrupps gewalttätiger Randalierer mit Handlungen des moralisch begründeten zivilen Ungehorsams verschmelzen. Aus diesem verengten Blickwinkel kann an den heute praktizierten und in Aussicht gestellten Protestformen genau jenes Element nicht mehr wahrgenommen werden, welches die neuen sozialen Bewegungen auszeichnet. Wie der Vergleich mit der Studentenbewegung lehrt, gibt die gegenwärtige Protestbewegung zum erstenmal die Chance, auch in Deutschland zivilen Ungehorsam als Element einer reifen politischen Kultur begreiflich zu machen. Jede rechtsstaatliche Demokratie, die ihrer selbst sicher ist, betrachtet den zivilen Ungehorsam als normalisierten, weil notwendigen Bestandteil ihrer politischen Kultur.

Nach meinen Erfahrungen war in den Jahren der Studentenrevolte das Selbstverständnis vieler Akteure durch falsche revolutionäre Vorbilder inspiriert. Jedenfalls fehlte die Identifikation mit den Verfassungsgrundsätzen einer demokratischen Republik, die nötig ist, um eine Protesthandlung auch dann, wenn sie die Grenzen des rechtlich Zulässigen überschreitet, in ihrem ausschließlich symbolischen Charakter zu begreifen. Damals sind einige Studentenführer zu Taktikern einer Scheinrevolution geworden, weil sie ihren politischen Widerstand zwischen Protest und Kampfhandlung in der Schwebe halten wollten. Eben diese Unklarheit kann ich in der Friedensbewegung weit und breit nicht entdecken. Aus den mir bekannten Äußerungen geht mehr als ein nur taktisches Bekenntnis zur Gewaltfreiheit hervor, nämlich die Überzeugung, daß Protesthandlungen, auch wenn sie kalkulierte Regelverletzungen darstellen, nur symbolischen Charakter haben können und allein in der Absicht ausgeführt werden dürfen, an die Einsichtsfähigkeit und den Gerechtigkeitssinn der jeweiligen Mehrheit zu appellieren.[2] Niemand bildet sich heute ein, die Raketenaufstellung – wenn überhaupt noch – auf andere Weise als dadurch verhindern zu können, daß die Masse der deutschen Bevölkerung für die politisch-moralische Ablehnung einer Entscheidung von existentieller Tragweite gewonnen und mobilisiert wird. Nur ein drohender Legitimationsverlust kann die Regierung umstimmen.

Gewiß, von gewaltfreiem *Widerstand* ist die Rede, obwohl mindestens die Wortführer der Bewegung wissen könnten, daß heute die in GG Art. 20 Abs. 4 festgelegten Bedingungen für eine Ausübung des verfassungsgemäßen Widerstandsrechts ersichtlich nicht erfüllt sind. Aber kann man eine soziale Bewegung auf einen juristisch begründeten Sprachgebrauch verpflichten? Kann man sie, wie Günter Frankenberg sagt, »terminologisch enteignen«? Der populäre Sprachgebrauch will mit dem Ausdruck ›Widerstand‹ nur die Dringlichkeit des Protestanliegens zum Ausdruck bringen. Das Wort wird nicht einmal metaphorisch verwendet, wenn es Äußerungen zivilen Ungehorsams bezeichnet – also Akte, die ihrer Form nach illegal sind, obwohl sie unter Berufung auf die gemeinsam anerkannten Legitimationsgrundlagen unserer demokratisch-rechtsstaatlichen Ordnung ausgeführt werden. Wer auf diese Weise Protest einlegt, sieht sich in einer Situation, wo ihm in einer Gewissensfrage nur noch drastische, mit persönlichen Risiken belastete Mittel zur Verfügung stehen, um die Bereitschaft zur erneuten Beratung und Willensbildung über eine geltende Norm oder eine rechtskräftig beschlossene Politik zu wecken und den Anstoß für die Revision einer Mehrheitsmeinung zu geben. Wer sich zu zivilem Ungehorsam entschließt, will sich angesichts der Tragweite einer für illegitim gehaltenen Regelung nicht damit zufrieden geben, daß die institutionell vorgesehenen Revisionsmöglichkeiten ausgeschöpft sind. Warum sollte das Handeln desjenigen, der aus diesen Gründen das Risiko einer Strafverfolgung in Kauf nimmt, nicht Widerstand heißen dürfen?

John Rawls' Theorie der Gerechtigkeit

Aus dieser Motivation lassen sich die wichtigsten Bestimmungen für zivilen Ungehorsam im demokratischen Rechtsstaat ableiten. Der amerikanische Moralphilosoph John Rawls hat in seiner bekannten *Theorie der Gerechtigkeit* die folgende Definition vorgeschlagen: ziviler Ungehorsam äußert sich in »einer öffentlichen, gewaltlosen, gewissensbestimmten, aber gesetzwidrigen Handlung, die gewöhnlich eine Änderung der Gesetze oder der Regierungspolitik herbeiführen soll«.[3] Rawls nennt drei Bedingungen, die für gerechtfertigten zivilen Ungehorsam erfüllt sein müssen: der Protest muß sich gegen wohlumschriebene Fälle schwerwiegender Ungerechtigkeit richten; die Möglichkeiten aussichtsreicher legaler Einflußnahme müssen erschöpft sein; und die Aktivitäten des Ungehorsams dürfen kein Ausmaß annehmen, welches das Funktionieren der Verfassungsordnung gefährdet. Rawls Theorie wird auch unter deutschen Juristen inzwischen lebhaft diskutiert.[4]

Unstrittig sind die zentralen Bestimmungen, die sich aus dem Zweck des Appells an die Einsichtsfähigkeit und den Gerechtigkeitssinn einer Mehrheit von Staatsbürgern ergeben. Ziviler Ungehorsam ist ein moralisch *begründeter* Protest, dem nicht nur private Glaubensüberzeugungen oder Eigeninteressen zugrunde liegen dürfen; er ist ein *öffentlicher* Akt, der in der Regel angekündigt ist und von der Polizei in seinem Ablauf kalkuliert werden kann; er schließt die *vorsätzliche Verletzung* einzelner Rechtsnormen ein, ohne den Gehorsam gegenüber der Rechtsordnung im ganzen zu affizieren; er verlangt die Bereitschaft, für die rechtlichen *Folgen* der Normverletzung *einzustehen*; die Regelverletzung, in der sich ziviler Ungehorsam äußert, hat ausschließlich *symbolischen Charakter* – daraus ergibt sich schon die Begrenzung auf *gewaltfreie* Mittel des Protestes. Das Prinzip der Gewaltfreiheit versucht Günter Frankenberg folgendermaßen festzulegen: Zivil ist nur eine Regelverletzung, die nicht außer Verhältnis zu dem angestrebten Protestzweck steht und die insbesondere die physische und psychische Integrität des Protestgegners oder unbeteiligter Dritter wahrt. Gewaltfreiheit schließt auch nach Dreiers Auffassung Momente der Nötigung nicht in jedem Falle aus, sie ist mit »psychischem Druck und Beeinträchtigung der Bewegungsfreiheit Dritter« vereinbar.[5]

Der Streit um eine hinreichend präzise Bestimmung des Gewaltbegriffs sollte aber nicht von der eigentlichen Provokation der Rawlsschen Theorie ablenken. Wer in diesen Tagen auf den Tenor der Presseverlautbarungen von Regierungen und Parteien, der Fernsehdiskussionen und Leitartikel lauscht und die herrschende Meinung der Juristen zu Rate zieht, wird sich über die »Gesetz ist Gesetz«-Mentalität nicht täuschen können. Das Dogma der staatstragenden Kräfte steht auf festen Beinen. Wer unter Berufung auf sein Gewissen Gesetze bricht, nimmt sich Rechte heraus, die unsere demokratische Rechtsordnung um der Sicherheit und der Freiheit aller Bürger willen niemandem einräumen kann. Wer im Rechtsstaat zivilen Ungehorsam leistet, setzt mit dem Rechtsfrieden eine der höchsten und verletzbarsten kulturellen Errungenschaften aufs Spiel. Er legt, so meint Geissler, »die Axt an die Demokratie«.

Demgegenüber behauptet nun Rawls, daß der zivile Ungehorsam geradezu einen Prüfstein für das angemessene Verständnis der moralischen Grundlagen der Demokratie darstellt und – so können wir im Hinblick auf die Bundesrepublik hinzufügen – einen Prüfstein für den Reifezustand der ersten demokratischen Republik auf deutschem Boden, die von allen sozialen Schichten getragen wird: »Das Problem des zivilen Ungehorsams, wie ich es verstehe, entsteht nur in einem mehr oder weniger gerechten demokratischen Staat für die Bürger, die die Verfassung anerkennen. Das Problem besteht in einem Pflichtenkonflikt. An welchem Punkt ist die Pflicht, sich den von einer Gesetzgebungsmehrheit beschlossenen Gesetzen (oder den von ihr unterstützten Handlungen der ausführenden Gewalt) zu fügen, angesichts des Rechts zur Verteidigung seiner Freiheit und der Pflicht zum

Widerstand gegen Ungerechtigkeit nicht mehr bindend? Diese Frage rührt an den Sinn und die Grenzen der Mehrheitsregel.«[6] Warum soll im demokratischen Rechtsstaat, und gerade in diesem, ziviler Ungehorsam berechtigt sein?

Ich möchte auf diese Frage keine juristische, sondern eine rechtsphilosophische Antwort zu geben versuchen, von der ich nicht genau weiß, wie weit sie mit der von Rawls gegebenen übereinstimmt. Das Problem, um das es geht, kann nur entstehen, wenn wir davon ausgehen, daß der moderne Verfassungsstaat einer moralischen Rechtfertigung sowohl bedarf wie auch fähig ist. Ich gehe von dem ungewöhnlich hohen Legitimationsanspruch des Rechtsstaates aus: er mutet seinen Bürgern zu, die Rechtsordnung nicht aus Furcht vor Strafe, sondern aus freien Stücken anzuerkennen. Die Treue zum Gesetz soll sich aus einer einsichtigen und darum freiwilligen Anerkennung jenes normativen Anspruches auf Gerechtigkeit ergeben, den jede Rechtsordnung erhebt. Diese Anerkennung stützt sich normalerweise darauf, daß ein Gesetz von den verfassungsmäßigen Organen beraten, beschlossen und verabschiedet worden ist. Damit erlangt das Gesetz positive Geltung und legt fest, was in seinem Geltungsbereich als legales Verhalten zählt. Das nennen wir Legitimation durch Verfahren. Diese gibt freilich keine Antwort auf die Frage, warum das legitimierende Verfahren selbst, warum das regelrechte Tätigwerden verfassungsmäßiger Organe, warum letztlich die Rechtsordnung im ganzen legitim ist. Der Hinweis auf das legale Zustandekommen positiv geltender Normen hilft hier nicht weiter. Die Verfassung muß aus Prinzipien gerechtfertigt werden können, deren Gültigkeit nicht davon abhängig sein darf, ob das positive Recht mit ihnen übereinstimmt oder nicht. Deshalb kann der moderne Verfassungsstaat von seinen Bürgern Gesetzesgehorsam nur erwarten, wenn und soweit er sich auf anerkennungswürdige Prinzipien stützt, in deren Licht dann, was legal ist, als legitim gerechtfertigt – und gegebenenfalls als illegitim verworfen werden kann.

Wer in normativer Absicht Legalität von Legitimität unterscheiden möchte, muß sich freilich zutrauen, diejenigen legitimierenden Verfassungsprinzipien auszuzeichnen, die gute Gründe für sich haben und Anerkennung *verdienen*. Wie können aber solche Grundnormen, beispielsweise die Grundrechte, die Garantie der Rechtswege, die Volkssouveränität, die Gleichheit vor dem Gesetz, das Sozialstaatsprinzip usw. gerechtfertigt werden? Dafür sind in der Tradition des Vernunftrechts und der Kantischen Ethik eine Reihe von Vorschlägen ausgearbeitet worden. Sie alle folgen der Intuition, daß nur solche Normen gerechtfertigt sind, die ein verallgemeinerungsfähiges Interesse zum Ausdruck bringen und daher die wohlerwogene Zustimmung aller Betroffenen finden könnten. Und zwar wird diese Zustimmung an eine Prozedur vernünftiger Willensbildung gebunden; deshalb schließt dieser Begründungsmodus den heute beliebten Rückgriff auf eine historisch eingelebte materiale Wertordnung aus. Wie man sich zu diesen Moraltheorien auch stellen mag, ein demokratischer Rechtsstaat kann, weil er seine Legitimität nicht auf schiere Legalität gründet, von seinen Bürgern keinen unbedingten, sondern nur einen qualifizierten Rechtsgehorsam fordern. Dem trägt auch das Grundgesetz in Art. 1 Abs. 2 mit einem *Bekenntnis* zu unverletzlichen und unveräußerlichen Menschenrechten Rechnung. Wie Erhard Denninger herausgearbeitet hat, soll der Charakter des Bekenntnisses zum Ausdruck bringen, daß die Grundrechte auch die übergesetzliche Geltung legitimierender Verfassungsprinzipien genießen.[7] Auch die im Grundgesetz (Art. 20 Abs. 3) getroffene Unterscheidung von »Gesetz« und »Recht« legt diesen Schluß nahe. Mit dem Begriffspaar Legalität/Legitimität ist viel Unfug getrieben worden; das erklärt die Zurückhaltung vieler Juristen. Demgegenüber meine ich, daß die Idee des Rechtsstaates selber dazu anhält, das Spannungsverhältnis dieser beiden aufeinander verwiesenen Momente zu durchdenken.

Der Hüter der Legitimität

In den Institutionen der rechtsstaatlichen Demokratie verkörpert sich das Mißtrauen gegen die fallible Vernunft und die korrumpierbare Natur des Menschen. Dieses Mißtrauen reicht über die Kontrollen und Gegengewichte, die sich institutionalisieren lassen, hinaus. Denn weder die Einhaltung des Rechtsweges noch die Autorität der wissenschaftlichen Jurisprudenz bieten vor der moralischen Entwurzelung einer der Form nach intakten Rechtsordnung und Rechtswissenschaft einen automatischen Schutz. Das bedarf im Jahre der 50. Wiederkehr des 30. Januar 1933 keiner weiteren Erklärung. Der Rechtsstaat, der mit sich identisch bleiben will, steht vor einer paradoxen Aufgabe. Er muß das Mißtrauen gegen ein in legalen Formen auftretendes Unrecht schützen und wachhalten, obwohl es eine institutionell gesicherte Form nicht annehmen kann. Mit dieser Idee eines nichtinstitutionalisierbaren Mißtrauens gegen sich selbst ragt der Rechtsstaat über das Ensemble seiner jeweils positiv gesetzten Ordnungen hinaus. Das Paradox findet seine Auflösung in einer politischen Kultur, die die Bürgerinnen und Bürger mit der Sensibilität, mit dem Maß an Urteilskraft und Risikobereitschaft ausstattet, welches in Übergangs- und Ausnahmesituationen nötig ist, um legale Verletzungen der Legitimität zu erkennen und um notfalls aus moralischer Einsicht auch ungesetzlich zu handeln.

Der Fall des zivilen Ungehorsams kann nur unter Bedingungen eines im ganzen intakten Rechtsstaates eintreten. Dann darf aber der Regelverletzer die plebiszitäre Rolle des unmittelbar souverän auftretenden Staatsbürgers nur in den Grenzen eines Appells an die jeweilige Mehrheit übernehmen. Im Unterschied zum Resistance-Kämpfer erkennt er die demokratische Legalität der bestehenden Ordnung an. Die Möglichkeit des berechtigten zivilen Ungehorsams ergibt sich für ihn allein aus dem Umstand, daß auch im demokratischen Rechtsstaat legale Regelungen illegitim sein können – illegitim freilich nicht nach Maßgabe irgendeiner Privatmoral, eines Sonderrechts oder eines privilegierten Zugangs zur Wahrheit. Maßgebend sind allein die für alle einsichtigen moralischen Prinzipien, auf die der moderne Verfassungsstaat die Erwartung gründet, von seinen Bürgern aus freien Stücken anerkennt zu werden. Es geht nicht um den Extremfall der Unrechtsordnung, sondern um einen Normalfall, der immer wieder eintreten wird, weil die Verwirklichung anspruchsvoller Verfassungsgrundsätze mit universalistischem Gehalt ein langfristiger, historisch keineswegs geradlinig verlaufender, vielmehr von Irrtümern, Widerständen und Niederlagen gekennzeichneter Prozeß ist. Die europäische Geschichte der Grundrechte beispielsweise läßt sich als ein solcher, von Rückschlägen unterbrochener kollektiver Lernprozeß verstehen.[8] Wer will behaupten, daß diese Lernprozesse abgeschlossen sind? Auch heute dürfen wir uns nicht nur als die glücklichen Erben fühlen. Der Rechtsstaat im ganzen erscheint, aus dieser geschichtlichen Perspektive, nicht als ein fertiges Gebilde, sondern als ein anfälliges, irritierbares Unternehmen, das darauf angelegt ist, unter wechselnden Umständen eine legitime Rechtsordnung, sei es herzustellen oder aufrechtzuerhalten, zu erneuern oder zu erweitern. Weil dieses Projekt unabgeschlossen ist, sind auch die Verfassungsorgane von dieser Irritierbarkeit keineswegs ausgenommen.

Zudem sind es die Mühseligen und Beladenen, die Unrecht als erste am eigenen Leibe erfahren. Die, die Unrecht am ehesten spüren, sind in der Regel nicht mit Befugnissen oder auch nur mit privilegierten Einflußchancen ausgestattet – sei es über die Zugehörigkeit zu Parlamenten, Gewerkschaften und Parteien, sei es über den Zugang zu Masssenmedien oder über das Drohpotential derer, die bei Wahlkämpfen mit einem Investitionsstreik winken können. Auch aus diesen Gründen ist der plebiszitäre Druck des zivilen Ungehorsams oft die letzte Möglichkeit, Irrtümer im Prozeß der Rechtsverwirklichung zu korrigieren oder Neuerungen in Gang zu setzen. Die Tatsache, daß in unsere Rechtsordnung viele Mechanismen der Selbstkorrektur eingebaut sind, von der dreimaligen Lesung einer parlamentarischen Gesetzesvorlage bis zum Instanzenweg der Gerichte, spricht ja nur dafür, daß der Rechtsstaat mit einem hohen Revisionsbedarf rechnet, und nicht dafür, daß weitere Revisionsmöglichkeiten ausgeschlossen werden sollen. Auch der Oxforder Rechtstheoretiker Ronald Dworkin siedelt den zivilen Ungehorsam an dieser Nahtstelle an. Was prima facie Ungehorsam ist, kann sich, weil Recht und Politik in steter Anpassung und Revision begriffen sind, sehr bald als Schrittmacher für überfällige Korrekturen und Neuerungen erweisen. In diesen Fällen sind zivile Regelverletzungen moralisch begründete Experimente, ohne die sich eine vitale Republik weder ihre Innovationsfähigkeit noch den Legitimationsglauben ihrer Bürger erhalten kann.[9] Wenn die Repräsentativverfassung vor Herausforderungen versagt, die die Interessen aller berühren, muß das Volk in Gestalt seiner Bürger, auch einzelner Bürger, in die originären Rechte des Souveräns eintreten dürfen. Der demokratische Rechtsstaat ist in letzter Instanz auf diesen Hüter der Legitimität angewiesen.

Zurückhaltung auf beiden Seiten

Natürlich können sich auch die, die moralische Einsichten zwar nicht als Privileg, aber als entschuldigende Begründung für ihren punktuellen Ungehorsam in Anspruch nehmen, irren. Die Narren von heute sind nicht immer die Helden von morgen, viele bleiben auch morgen die Narren von gestern. Der zivile Ungehorsam bewegt sich oft im Zwielicht der Zeitgeschichte; dieses erschwert dem Zeitgenossen die politisch-moralische Bewertung. Der klargeschnittene Fall des aktiven Widerstandes ist leichter zu beurteilen – und dies nicht erst aus der Retrospektive. Es bedurfte nicht des historischen Abstandes, um zu sehen, was die Stammheimer Rechtsprechung von den Urteilen eines Volksgerichtshofes prinzipiell unterscheidet. Auch die Legitimität von Widerstandshandlungen läßt sich keineswegs schon am sittlichen Ernst der Motive ablesen. Mangel an Gewissen war es wohl nicht, was Ulrike Meinhoff von Sophie Scholl getrennt hat – und doch war mit Händen zu greifen, daß die schwarze Rose von der weißen Rose durch eine Welt geschieden war. Situationen des aktiven Widerstandes haben eben eine unvergleichlich größere Prägnanz als solche des zivilen Ungehorsams.

Dieser Mangel an Eindeutigkeit verpflichtet beide Seiten. Der Regelverletzer muß skrupulös prüfen, ob die Wahl spektakulärer Mittel der Situation wirklich angemessen ist und nicht doch nur elitärer Gesinnung oder narzißtischem Antrieb, also einer Anmaßung entspringt. Andererseits muß sich auch der Staat eines Urteils historischer Natur enthalten und noch denen gegenüber Respekt wahren, die heute ungesetzlich handeln und vielleicht morgen im Unrecht bleiben. Er kann um so eher darauf verzichten, sein Sanktionspotential auszuschöpfen, weil durch zivilen Ungehorsam die Existenz und der Sinn der Rechtsordnung insgesamt nicht in Frage gestellt werden. Wie es in einer politischen Kultur aussieht, wenn diese Zurückhaltung auf beiden Seiten fehlt, zeigt die in ihren Voraussetzungen und Mitteln undurchdachte Demonstration des Abgeordneten Schwalba-Hoth, zeigt freilich deutlicher noch die unsägliche Suada, die die sogenannte »Blutsudelei« ausgelöst hat. Wenn es in dieser Geschichte, abgesehen von der atavistischen Ordensbrust des Generals, etwas Blutrünstiges gegeben hat, dann war es der Schrei nach Strafe für »das scheußliche Blutattentat«.[10]

Diese hemmungslosen Reaktionen auf einen mißglückten Versuch zivilen Ungehorsams lassen Schlimmes befürchten. Sie machen den Versuch kritischer Juristen immerhin verständlich, einen Tatbestand zu legalisieren, der sich mit Mitteln des positiven Rechts so wenig zähmen läßt wie die Resistance durch das ins Grundgesetz aufgenommene Widerstandsrecht. Gewiß, es sind gute Gründe für eine Legalisierung vorgetragen worden: die einen möchten den zivilen Ungehorsam auf dem Wege der radikalen Auslegung des Demonstrations- und Versammlungsrechtes verrechtlichen;[11] die anderen versuchen dasselbe auf dem Wege der Übersetzung moral- und rechtstheoretischer Begründungen in juristisch anwendbare Rechtfertigungsformeln.[12] Gegen die Legalisierung des Tatbestandes zivilen Ungehorsams spricht aber schon der unerwünschte Normalisierungseffekt. Wenn jedes persönliche Risiko entfällt, wird die moralische Grundlage des regelverletzenden Protestes fragwürdig; auch dessen Appellwirkung wird entwertet. Der zivile Ungehorsam muß zwischen Legitimität und Legalität in der Schwebe bleiben; nur dann signalisiert er die Tatsache, daß der demokratische Rechtsstaat mit seinen legitimierenden Verfassungsprinzipien über alle Gestalten ihrer positiv-rechtlichen Verkörperung hinausweist. Weil dieser Staat in letzter Instanz darauf verzichtet, von seinen Bürgern Gehorsam aus anderen Gründen als dem einer für alle einsichtigen Legitimität der Rechtsordnung zu verlangen, gehört ziviler Ungehorsam zu dem unverzichtbaren Bestand einer reifen politischen Kultur.

Rawls und Dworkin halten in Fällen zivilen Ungehorsams eine modifizierte Strafverfolgung für angemessen. Die Behörden haben hinreichend Spielraum bei der Entscheidung, ob Anklage erhoben und das Hauptverfahren eröffnet werden soll, ob eine Verurteilung nötig ist und wie gegebenenfalls die Strafe zu bemessen ist.[13] In jedem Fall sollten aber die Gerichte erkennen lassen, daß ziviler Ungehorsam keines der üblichen Delikte ist. Der demokratische Rechtsstaat geht in seiner Legalordnung nicht auf. Für den Ausnahmefall des Versagens der Repräsentativverfassung stellt er seine Legalität denen zur Disposition, die dann noch für seine Legitimität sorgen können. Wann dieser Fall gegeben ist, kann logischerweise nicht wiederum von Feststellungen eines Verfassungsorgans abhängig gemacht werden. Der zivile Ungehorsam bezieht seine Würde aus diesem hochgesteckten

Legitimationsanspruch des demokratischen Rechtsstaats. Wenn Staatsanwälte und Richter diese Würde nicht respektieren, den Regelverletzer als Kriminellen verfolgen und mit den üblichen Strafen belegen, verfallen sie einem *autoritären Legalismus.* In den Begriffen eines konventionellen, aus vormodernen Rechtsverhältnissen stammenden Staatsverständnisses verkennen und verkürzen sie die moralischen Grundlagen und die politische Kultur eines entwickelten demokratischen Gemeinwesens.

Die Anwälte des autoritären Legalismus berufen sich vorzugsweise auf Carl Schmitt. Dieser hat immer wieder das Hobbessche Gespenst der konfessionellen Bürgerkriege beschworen, um zu suggerieren, daß die friedensstiftende Funktion des weltanschaulich neutralen Staates den Gehorsam der Bürger gegenüber einem *übergeordneten* Souverän erfordert. Seine These wird in vielen Variationen durchgespielt; sie wird nicht überzeugender dadurch, daß man an Stelle des Reichspräsidenten oder des Führers dem Parlament oder dem Bundesverfassungsgericht die Rolle des übergeordneten Souveräns zuschiebt.[14] Der demokratische Rechtsstaat ist gewiß neutral gegenüber den grundrechtlich geschützten subjektiven Glaubensgewißheiten seiner Bürger; keineswegs neutral verhält er sich gegenüber den intersubjektiv anerkannten moralischen Grundlagen der Legalität und des Rechtsgehorsams. Das Gewissen des Staatsbürgers erstreckt sich auch auf das, was alle angeht. Deshalb kann es keine Instanz geben, die ultimativ dem Streit um Einhaltung oder Verwirklichung der legitimierenden Verfassungsprinzipien enthoben wäre – und dies um so weniger, je tiefer der Interventionsstaat mit seinen Politiken in die gesellschaftlichen Lebensgrundlagen eingreifen muß. Der gewissenhaft begründete zivile Ungehorsam weiß sich dem Verfassungskonsens verpflichtet und darf nicht mit der Durchsetzung privater Glaubensgewißheiten verwechselt werden. Das historische Beispiel der Konfessionskriege ist ganz und gar schief, denn diese haben einem konfessionellen Staat religiöse Toleranz, d.h. das Grundrecht auf ungehinderte Religionsausübung erst abgerungen. Demgegenüber haben Thoreau und Martin Luther King, indem sie sich gegen Sklavenherrschaft und Menschenrechtsverletzung zur Wehr setzten, nicht ihre privaten Überzeugungen verabsolutiert, sondern geltende Verfassungsprinzipien eingeklagt. In diese Tradition stellen wir vielleicht morgen mit größerer Selbstverständlichkeit als heute die

Brüder Berrigan und alle jene, die für die rechtswirksame Ächtung aller Massenvernichtungsmittel den zivilen Gehorsam aufkündigen.

Wo liegt das Unrecht heute?

Gleichwohl steht die prinzipielle Frage auf einem anderen Blatt als die konkrete Frage, ob denn hier und heute eine Situation gegeben ist, in der Regelverletzungen als ziviler Ungehorsam gerechtfertigt werden können. Bei der zu erwartenden Aufstellung von Raketen handelt es sich offensichtlich nicht um jenen Typus von Unrecht, gegen das Martin Luther King und die amerikanische Bürgerrechtsbewegung angegangen sind, d.h. um eine offensichtliche Verletzung von Grundrechten. Jedenfalls dürfte es nicht einfach sein, eine rüstungspolitische Maßnahme, die die Regierung in Ausführung ihrer erklärten Verteidigungs- und Außenpolitik trifft bzw. zuläßt, als Verletzung des Rechts auf Leben und körperliche Unversehrtheit oder des Rechts auf freie Entfaltung der Persönlichkeit zu interpretieren. Ebensowenig handelt es sich um jenen Typus von Unrecht, gegen den sich seinerzeit der Anti-Vietnam-Protest gerichtet hat. Der Bundesregierung kann nicht unterstellt werden, daß sie die Pflicht zur Wahrung des internationalen Friedens verletzt. Wenn man die polemisch zugespitzten, aber wohlerwogenen Argumente Erhard Epplers, eines der einflußreichsten und ernsthaftesten Protagonisten der Friedensbewegung, als Beispiel heranzieht, ergibt sich allerdings eine Situationsdeutung, aus der sich *andere* Gründe für zivilen Ungehorsam ableiten lassen. Eppler argumentiert in seinem jüngsten Buch etwa folgendermaßen.

Erstens: Die USA haben ihre Abschreckungsstrategie in den letzten Jahren grundsätzlich verändert. Während bis zu Carters Regierungszeit die bewußt in Kauf genommene Verwundbarkeit beider Seiten die paradoxe Bedingung für die aussichtsreiche Verhütung eines Atomkrieges gewesen ist, erstrebt die US-Regierung heute die Fähigkeit, einen begrenzten Atomkrieg gewinnen zu können – natürlich nicht, um ihn zu führen, sondern um dieses Drohpotential für eine Kriegsverhütung zu den Bedingungen einer Pax Americana einsetzen zu können.

Zweitens: Die auf dem Boden der Bundesrepublik aufzustellenden Pershing II-Raketen sollen im Rahmen dieses Konzepts die Stelle von zielgenauen Erstschlagwaffen übernehmen. Sie eignen sich dazu, innerhalb weniger Minuten die sowjetische Befehlsstruktur auszuschalten. Es geht der amerikanischen Seite nicht in erster Linie um ein Gegengewicht gegen die sowjetischen SS 20-Raketen, sondern um die glaubhafte Drohung, den Gegner im nuklearen Duell zu »enthaupten«. Deshalb haben die Amerikaner kein Interesse an einer Vereinbarung, die den vorgesehenen Waffenmix von Pershing II und Marschflugkörpern berühren würde.

Drittens: Die qualitativ neue Bedrohung zwingt die Sowjets dazu, Pershing II-Raketen, die in der Bundesrepublik aufgestellt sind, in ihrem Zielkatalog die höchste Priorität zu geben. Dadurch erhöht sich das Risiko, das die Bundesrepublik als riesiges Waffendepot ohnehin schon auf sich gezogen hat – sowohl als Ziel eines Präventivschlages wie auch als potentielle Geisel.

Viertens: Über den konkreten Anlaß hinaus bestätigt die Stationierung neuer Raketen wiederum die Unfähigkeit der Großmächte, die Spirale der Aufrüstung auch nur zum Stillstand zu bringen. Die inzwischen angesammelten Vernichtungskapazitäten stellen auch dann, wenn man nur technische Fehler und menschliches Versagen berücksichtigt, eine akute Bedrohung der Existenzgrundlagen Europas und der Welt dar. Deshalb müssen die Prämissen, unter denen die Abrüstungsverhandlungen bisher gestanden haben, verändert werden – jene naturgeschichtlich tief verwurzelte Mentalität der Selbstbehauptung, die sich in der »tödlichen Utopie der Sicherheit« manifestiert.[15]

Man muß Epplers Situationsdeutung nicht in allen Punkten teilen, man kann sie aus der Sicht der Regierung sogar für abenteuerlich halten – sie ist immerhin so gut belegt und so weit durchdacht, daß man sie als Hintergrund für die Rechtfertigung zivilen Ungehorsams ernst nehmen muß. Gewiß, niemand wird einer Regierung das Recht streitig machen, ihre Politik auf eine *andere* Interpretation zu stützen, dafür Mehrheiten zu gewinnen und diese Politik mit allen legalen Mitteln zu verfolgen – wie verhängnisvoll ihre Entscheidungen und Maßnahmen im einzelnen auch sein mögen. Wenn man Epplers Situationsdeutung zugrunde legt, kann man aber die Frage stellen, ob sicherheitspolitische Grundsatzentscheidungen, die mit eminenten Risiken verbunden sind und tief in das Leben jedes einzelnen, sogar in die Überlebenschancen ganzer Völker eingreifen, von der dünnen

Legitimationsdecke einer einfachen Bundestagsmehrheit getragen werden dürfen. Plausibel ist dieser Zweifel jedenfalls für den angenommenen Fall einer Umstellung »von einer Kriegsverhinderungs- auf eine Kriegführungsstrategie« (Gert Bastian).

Wie wir aus Umfragen wissen, hat die Meinung der Bürger zum NATO-Doppelbeschluß für den Wahlsieg der jetzigen Regierungsparteien im März dieses Jahres nicht den Ausschlag gegeben. Selbst wenn das der Fall gewesen wäre, drängen sich die Fragen auf, die der Bundesverfassungsrichter Helmut Simon auf dem letzten Kirchentag in Hannover gestellt hat: »Darf denn stationiert werden, ohne daß darüber der Bundestag nach einem öffentlichen Willensbildungsprozeß durch förmliches Gesetz beschließt? Darf der Bund unter Beschränkung seiner Souveränität in die äußerst gefährliche Stationierung von Waffen einwilligen, über deren Einsatz allein der Präsident der USA entscheidet? ... Reicht das Prinzip der einfachen Mehrheit (außerhalb des unabstimmbaren Bereichs) wirklich *stets* aus? Genügt es auch für folgenschwere Entscheidungen irreversibler Natur, d.h. für solche, die bei einem Mehrheitswechsel nicht mehr einfach rückgängig zu machen sind und die tödliche Folgen für jedermann haben können, wenn sie falsch sind?« Im Lichte der gültigen Verfassungsprinzipien zieht Simon aus den politischen Zielen der Friedensbewegung die rechtliche Schlußfolgerung, daß über die technische Entwicklung und die strategische Einsatzplanung von Massenvernichtungsmitteln nicht nach dem Mehrheitsprinzip entschieden werden dürfte – ja, daß »der Gebrauch von Massenvernichtungsmitteln – ebenso wie früher einmal die Sklaverei – zum Gegenstand des Unabstimmbaren« gemacht werden sollte.

Wann funktioniert die Mehrheitsregel?

Es geht also um die Frage, ob nicht wesentliche Geltungsbedingungen der Mehrheitsregel verletzt werden, wenn über die strategische Einsatzplanung von Massenvernichtungsmitteln mit einfachen Mehrheiten (oder überhaupt durch Majorisierung) entschieden wird. Neben der von Simon erwähnten Irreversibilität der bevorstehenden Entscheidung über die Raketenstationierung läßt sich eine weitere Geltungsbedingung nennen, die heute nicht mehr unproblematisch erfüllt zu sein scheint.

Die von Eppler zusammengefaßte strategische Kritik an der Sicherheitsmentalität der nur auf äußere Sanktionen eingespielten, rein instrumentell denkenden Selbstbehauptungssysteme ist ja nur *ein* Argumentationsfaden in einem weitverzweigten Netz von Bedenken und Distanzierungen, denen die Friedensbewegung Ausdruck verschafft. Die heterogenen Gruppen, die sich in dieser Bewegung zusammenschließen, sagen nicht nur ein plebiszitäres Nein zu Atomraketen, vielmehr aggregieren sich in dieser Bewegung viele Neins: das Nein zu Atomwaffen mit dem Nein zu Atomkraftwerken, zur Großtechnologie überhaupt, zur chemischen Umweltverschmutzung, zu Apparatemedizin, Stadtsanierung, Waldsterben, Frauendiskriminierung, Fremdenhaß, Asylantenpolitik usw. Der Dissens, der in diesem komplexen Nein zu Wort kommt, zielt nicht gegen diese oder jene Maßnahme, diese oder jene Politik; er wurzelt in der Ablehnung einer Lebensform, und zwar jener zum Normalvorbild stilisierten Lebensform, die auf die Bedürfnisse einer kapitalistischen Modernisierung zugeschnitten, auf possessiven Individualismus, auf Werte der materiellen Sicherheit, des Konkurrenz- und Leistungsstrebens usw. programmiert ist und die auf der Verdrängung von Angst und Todeserfahrung beruht. Ob nun eine Republik Wendland gegründet oder eine Großdemonstration zum Volksfest ausgestaltet wird, schon an der Art des Protestes läßt sich ablesen, daß es heute um die Konfrontation verschiedener Lebensformen geht. Wenn sich aber gemeinsame kulturelle Überlieferungen und kollektive Identitäten *aufspalten* und wenn gleichwohl das Mehrheitsprinzip in lebenswichtigen Fragen weiterhin regiert, kommt es, wie im Falle nationaler, ethnischer und konfessioneller Minderheiten, zu Abspaltungen, d.h. zu einem Separatismus, der anzeigt, daß wesentliche Funktions- und Geltungsbedingungen des Mehrheitsprinzips verletzt sind.

Die Soziologie der Mehrheitsentscheidung hat ernüchternde Evidenzen zusammengetragen, die zeigen, wie weit die politischen Einigungsprozesse von jenen angenommenen Bedingungen tatsächlich abweichen, unter denen die Mehrheitsregel Verständigungsprozesse unter Entscheidungsdruck vernünftig operationalisiert.[16] Trotzdem halten wir an der von Minderheiten respektierten Mehrheitsentscheidung als dem Königsweg der demokratischen Willensbildung fest. Daran will auch heute niemand ernstlich rütteln. Aber bestimmte *minimale* Voraussetzungen müssen erfüllt sein, wenn die Mehrheitsregel ihre legitimierende Kraft behalten soll. So darf es keine geborenen Minderheiten geben, beispielsweise aufgrund gespaltener kultureller Überlieferungen und Identitäten. Ebensowenig darf die Mehrheit irreversible Entscheidungen treffen. Die Mehrheitsregel funktioniert nur in bestimmten Kontexten überzeugend. Ihr Wert muß sich an der Idee messen lassen, wie weit sich die Entscheidungen, die sie unter Bedingungen knapper Zeit und begrenzter Informationen ermöglicht, von den idealen Ergebnissen eines diskursiv erzielten Einverständnisses oder eines präsumptiv gerechten Kompromisses entfernen. Deshalb hat Claus Offe eine reflexive Handhabung der Mehrheitsregel angeregt, nämlich in der Weise, daß die Gegenstände, Modalitäten und Grenzen der Anwendung des Mehrheitsprinzips selbst zur mehrheitlichen Disposition gestellt werden. In dieser Dimension vermute ich die Rechtfertigung für den zivilen Ungehorsam, der sich einer demokratisch unzureichend legitimierten Aufstellung von Pershing II-Raketen widersetzt.[17]

Die erzwungenen Eindeutigkeiten

Ich halte es für ein Anzeichen der Reife der politischen Kultur in der Bundesrepublik, daß die Empfindlichkeit der Bürger für die Legitimität weitreichender politischer Entscheidungen heute unverkennbar größer ist als noch in der Adenauerzeit. Dafür spricht der Protest gegen die Art eines legalen, aber eben als illegitim empfundenen Regierungswechsels, auch der Protest gegen die Durchführung einer in Ziel und Verfahren nicht hinreichend transparent gemachten Volkszählung. In den letzten Monaten öffnet sich indessen die Schere zwischen diesen wachsenden Legitimationsforderungen und der Tendenz zu einem verhärteten Legalismus. Die von der Regierung beschlossene Änderung des Demonstrationsstrafrechts, die Art und Weise, wie sich CDU-regierte Länder den Gesetzesvorbehalt in Art. 8 Abs. 2 GG zunutze machen, und das von der CSU betriebene Vermummungsverbot bringen die staatsbürgerliche Wahrnehmung von Grundrechten in die Nähe der gebührenpflichtigen Ausübung einer staatlichen Lizenz. Ein Staatssekretär denkt, im Hinblick auf den »heißen Herbst«, öffentlich über die Anwendung der

Notstandsgesetze nach; und die FAZ denunziert, noch bevor sie die Urteilsbegründung kennt, namentlich einen Amtsrichter, der Teilnehmer an einer Blockade freigesprochen hat.[18] Es ist an der Zeit, ohne Nachgiebigkeit klarzumachen, in welchem Sinne ziviler Ungehorsam berechtigt ist.

Das ist etwas anderes als ein Aufruf zu zivilem Ungehorsam. Die Entscheidung, ein solches Risiko einzugehen, muß jeder für sich selber treffen. Das »Recht« auf zivilen Ungehorsam bleibt aus guten Gründen in der Schwebe zwischen Legitimität und Legalität. Aber der Rechtsstaat, der zivilen Ungehorsam als gemeines Verbrechen verfolgt, gerät auf die schiefe Ebene eines autoritären Legalismus.[19] Die von Juristen ausgegebene, von Journalisten verbreitete, von Politikern aufgenommene Parole, Gesetz ist Gesetz, Nötigung ist Nötigung, entspringt derselben Mentalität wie die Überzeugung jenes ehemaligen NS-Marinerichters, der meinte, daß, was einmal Recht war, auch Recht bleiben müsse. Denn der zivile Ungehorsam im Rechtsstaat verhält sich zum aktiven Widerstand gegen den Unrechtsstaat wie der autoritäre Legalismus im Rechtsstaat zur pseudolegalen Repression des Unrechtsstaates. Was nach 1945 vielleicht eine Binsenweisheit gewesen wäre, hat heute Schwierigkeiten, Gehör zu finden. Der Positivismus des gegen äußere und innere Feinde gerichteten Sicherheitsdenkens kann sich inzwischen auf einen in der Struktur ähnlichen Positivismus des Geschichtsdenkens stützen. Seitdem die neokonservativen Vordenker Einstimmung auf positive Vergangenheiten zur nationalen Pflicht erhoben haben, finden die falschen Positivitäten der Gegenwart an denen der Vergangenheit ein historisches Unterpfand. Es ist die gleiche Geisteshaltung, im Militärischen wie im Historischen, und erst recht im Juristischen, die sich um so sturer an Eindeutigkeiten klammert, je mehr der Boden unter den Füßen schwankt. Dabei hat die Zweideutigkeit niemals eine handgreiflichere Existenz angenommen als in jenen Waffen, die perfektioniert werden, um niemals zum Einsatz zu gelangen. Wenn es wahr ist, daß die Supermächte sich nun anschicken, auch im Atomzeitalter zur Eindeutigkeit gewinnbarer Kriege zurückzukehren, wiederholt sich in dieser Utopie der Sicherheit die gleiche Denkstruktur wie in jenem rechtspositivistischen Mißverständnis der wehrhaften Demokratie, das mit der Zweideutigkeit zivilen Ungehorsams aufräumen will. Der autoritäre Legalismus verleugnet die humane Substanz des Nicht-

Eindeutigen genau dort, wo der demokratische Rechtsstaat von dieser Substanz zehrt.

Anmerkungen

1 C. Cohen, *Law, Speech and Disobedience*, in: H. A. Bedau (ed.), *Civil Disobedience*, New York 1969, S. 165 ff.

2 Zuletzt W. D. Narr, *Zwölf Thesen zur Gewalt*, in: R. Steinweg (Red.), *Faszination der Gewalt*, Frankfurt/M. 1983, S. 30 ff.

3 J. Rawls, *Theorie der Gerechtigkeit*, Frankfurt/M. 1975, S. 401.

4 R. Dreier, *Widerstandsrecht im Rechtsstaat*, in: *Festschrift H. U. Scupin*, Berlin 1983, 573 ff.; G. Frankenberg, *Ziviler Ungehorsam und rechtsstaatliche Demokratie*, in: *Juristenzeitung*, 39. Jg., März 1984, S. 266 ff. Diesem Aufsatz verdanke ich mehr Anregungen, als ich durch Hinweise deutlich machen kann. Vgl. auch G. Frankenberg, *Der neue Ungehorsam*, in: *Süddeutsche Zeitung* vom 1./2. Oktober 1983.

5 Dreier, *Widerstandsrecht* (s. Anm. 4), S. 587.

6 Rawls, *Theorie der Gerechtigkeit* (s. Anm. 3), S. 400.

7 E. Denninger, in: *Alternativ-Kommentar zum Grundgesetz*, Darmstadt/Neuwied (im Erscheinen).

8 G. Frankenberg, U. Rödel, *Von der Volkssouveränität zum Minderheitenschutz*, Frankfurt/M. 1981.

9 R. Dworkin, *Civil Disobedience*, in: ders., *Taking Rights Seriously*, Cambridge, Mass. 1977, S. 206 ff.; vgl. auch den Titelaufsatz desselben Bandes, S. 184 ff. (Deutsche Übersetzung: *Bürgerrechte ernstgenommen*, Frankfurt/M. 1984).

10 F. K. Fromme in der *FAZ* vom 13. August 1983.

11 Th. Blanke, D. Sterzel, *Demonstrationsrecht und Demonstrationsfreiheit in der BRD*, in: Komitee für Grundrechte und Demokratie (Hg.), *Demonstrationsrecht und gewaltfreier Widerstand*, Sensbachthal, S. 71 ff.

12 Dreier, *Widerstandsrecht* (s. Anm. 4), S. 593: »Wer allein oder gemeinsam mit anderen öffentlich, gewaltlos und aus politisch-moralischen Gründen den Tatbestand von Verbotsnormen erfüllt, handelt grundrechtlich gerechtfertigt, wenn er dadurch gegen schwerwiegendes Unrecht protestiert und sein Protest verhältnismäßig ist.« Vgl. R. Dreier, *Widerstand und ziviler Ungehorsam im Rechtsstaat*, in: P. Glotz (Hg.), *Ziviler Ungehorsam im Rechtsstaat*, Frankfurt/M. 1983, S. 54 ff.

13 Vgl. H. Schüler-Springorum, *Strafrechtliche Aspekte zivilen Ungehorsams*, in: P. Glotz (Hg.), *Ziviler Ungehorsam im Rechtsstaat* (s. Anm. 12), S. 76 ff.

14 Chr. v. Krockow, *Die Versuchung des Absoluten, Die Zeit*, 2. 9. 1983.

15 E. Eppler, *Die tödliche Utopie der Sicherheit*, Hamburg 1983; A. Mechtersheimer, P. Barth (Hg.), *Den Atomkrieg führbar und gewinnbar machen?*, Hamburg 1983.

16 C. Offe, *Politische Legitimation durch Mehrheitsentscheidung*, in: B. Guggenberger, *An den Grenzen der Mehrheitsdemokratie*, Köln 1984, S. 150 ff.

17 Den Einwand, daß auch die Ostpolitik seinerzeit von der sozialliberalen Koalition mit knappen Mehrheiten durchgesetzt worden sei, betrachte ich nicht als stichhaltig. Ließe sich der Abschluß der Ostverträge in eine ähnliche historisch-moralische Perspektive rücken wie die Durchsetzung von Bürgerrechten oder die Ächtung von Massenvernichtungsmitteln?

18 In der Ausgabe vom 5. August 1983.

19 Zur Kritik vgl. inzwischen W. Hassemer, *Ziviler Ungehorsam – ein Rechtfertigungsgrund?*, in: *FS Wassermann*, Neuwied 1985, S. 325 ff., bes. S. 344 ff. Gewiß erfordert der moralisch gerechtfertigte zivile Ungehorsam eine »konzeptuelle Verlängerung ins positive Recht«, so daß die »Flexibilität und Zurückhaltung strafrechtlicher Kontrolle« tatsächlich zustande kommt, die Hassemer bereits jetzt beobachten zu können meint. Aus diesen rechtlichen Implikationen ergibt sich aber nicht die Notwendigkeit, die moralische durch eine juristische Rechtfertigung des zivilen Ungehorsams zu ersetzen.

Recht und Gewalt – ein deutsches Trauma

Ich blicke aus einem Abstand von weniger als einem Monat auf die »Aktionswoche« der Friedensbewegung Mitte Oktober (1983) zurück. Die Empfindungen sind zwiespältig – wie wohl bei manchem, den eine Generation oder mehr von den Antrieben, Erfahrungen und Erwartungen der jungen Leute in den zahllosen Bezugsgruppen, den imponierenden Menschenketten trennt. Nie zuvor sind in der Bundesrepublik so viele Menschen für ein politisches Ziel, das viele von uns für dringlich und vernünftig halten, auf die Straße gegangen. Sie konnten das in dem Bewußtsein tun, zugleich den politischen Willen einer demoskopisch ermittelten Mehrheit der Wahlbürger zum Ausdruck zu bringen. In die Befriedigung mischt sich Sorge darüber, wie es weitergeht. Vor allem die Sorge, ob die Aktivsten unter den Beteiligten das Ausmaß ihres Erfolges richtig einschätzen. Realistisch wäre ja die Erwartung: nicht die Aufstellung der geplanten Raketen zu verhindern, sondern der konservativen Regierung klarzumachen, daß eine Nach-Nachrüstung in der Bundesrepublik nicht mehr durchzusetzen ist. Diejenigen, die diesmal noch, wenn nicht aus militärischen, so aus politischen Gründen, der weniger berechenbar gewordenen US-Regierung folgen, werden so oder so den Ausbruch aus der fatalen Logik des Rüstungswettlaufs versuchen müssen. Dabei werden die Sowjets so wenig wie die Amerikaner Schrittmacherdienste leisten.

Nur eine realistische Einschätzung der innenpolitischen Erfolgsaussichten kann die Friedensbewegung vor beidem bewahren – dem Zerfall oder der Spaltung, die zur Folge haben würde, daß der Protest über die sensiblen Grenzen des zivilen Ungehorsams hinausschießt.

Einen Einschnitt in der politischen Kultur der Bundesrepublik markiert nämlich die Friedensbewegung nicht nur mit der beispiellosen Mobilisierung von Massen; einen Einschnitt bedeutet auch die massenhafte Praktizierung bürgerlichen Ungehorsams im Rechtsstaat. Zwiespältige Empfindungen auch hier. Eppler, Böll, Gollwitzer üben mit Tausenden loyaler Staatsbürger »gewaltfreien Widerstand«. Mutlangen ist zu einem entschieden statuierten, aber auch sorgfältig behüteten Exempel geworden.

Damit erhält die politische Öffentlichkeit unseres Landes zum ersten Mal die Chance, sich von einem lähmenden Trauma zu lösen und ohne Angst den Blick auf einen bisher tabuisierten Grenzbereich radikaldemokratischer Willensbildung zu richten. Ich fürchte, daß diese Chance, die Länder mit langer demokratischer Tradition als Herausforderung verstanden und produktiv verarbeitet haben, verspielt wird. Eingezwängt zwischen Rechtspositivismus und Machtfetischismus, sind viele unserer Juristen auf das Gewaltmonopol des Staates so fixiert, daß sie den begrifflichen und den institutionellen Schnitt zwischen Recht und Gewalt an der falschen Stelle vornehmen – genau dort, wo er die politische Kultur eines entwickelten demokratischen Gemeinwesens zerteilen und die Organe des Staats von seinen moralisch-politischen Wurzeln abschneiden muß.

Bisher haben die Proteste der Friedensbewegung, in Wort und Tat, die Überzeugung ausgedrückt, daß demonstrative Handlungen, auch wenn sie kalkulierte Regelverletzungen einschließen, symbolischen Charakter behalten müssen und allein in der Absicht ausgeführt werden dürfen, an die Einsicht und den Gerechtigkeitssinn einer Mehrheit zu appellieren. Die Praxis der letzten Wochen und Monate hat das amerikanischen Vorbildern entlehnte Konzept des bürgerlichen Ungehorsams eingebürgert, das der Moralphilosoph John Rawls in seiner bekannten *Theorie der Gerechtigkeit* definiert als eine öffentliche, gewaltlose, gewissensbestimmte, aber gesetzwidrige Handlung, die gewöhnlich eine Änderung der Gesetze oder der Regierungspolitik herbeiführen soll.

Diese Art der punktuellen Aufkündigung des Rechtsgehorsams in demonstrativer Absicht kann nur innerhalb einer im ganzen als legitim anerkannten rechtsstaatlichen Ordnung auftreten; der zivile Ungehorsam beruft sich nämlich auf Grundsätze, aus denen sich die Verfassung selber legitimiert. Demgegenüber vertreten bei uns der Präsident des Bundesverfassungsgerichts, die Regierung, die meinungsführenden Politiker und Journalisten eine andere, und zwar die unter deutschen Juristen herrschende Auffassung: daß der regelverletzende Protest nicht nur strafbar, sondern auch moralisch verwerflich sei. Sie beharren auf dem juristischen Begriff der Gewaltfreiheit, welcher »Nötigung« auch im Sinne des psychischen Drucks und der Beeinträchtigung der Bewegungsfreiheit Dritter ausschließt: »Eindeutigkeit gewinnt das Gewaltverbot allein über die Gesetze, die es umschließen, insbesondere über die Strafgesetze und das bürgerliche Delikts- und Sachenrecht.«[1] Wenn aber die Tautologie »Gewalt ist Gewalt, Nötigung ist Nötigung« das erste und zugleich das letzte Wort zum zivilen Ungehorsam ist, braucht die Frage, ob die Raketenaufstellung hier und heute einen regelverletzenden Protest rechtfertigt, gar nicht erst gestellt zu werden. Dann genügt die Definitionsgewalt von Juristen, genügt die autoritär-legalistische Unterscheidung zwischen Recht und Gewalt, um engagierte Staatsbürger, die phantasiereich gegen ihre Mediatisierung durch verschleimte Massenmedien angehen, nicht nur im strafrechtlichen, sondern auch im verfassungspolitischen Sinne zu kriminalisieren. Von der Mißachtung der moralisch-politischen Beweggründe des Regelverletzers ist es nur ein Schritt bis zur disqualifizierenden Ausgrenzung eines innerstaatlichen Feindes.

Das neokonservative Bürgerkriegsszenario

Heute hört man aus dem Kreise deutscher Staatsrechtslehrer Warnungen nach der einen und nach der anderen Richtung. *Das Parlament* vom 1. 10. 1983 enthält in seiner Beilage Stellungnahmen von Claus Arndt und Martin Kriele. Arndt erinnert an die massiven und jahrelang anhaltenden Regelverletzungen der amerikanischen Protestbewegung gegen den Vietnamkrieg, die wesentlich zu einem Meinungsumschwung in der Bevölkerung und schließlich zur Beendigung dieser völkerrechtswidrigen Intervention beigetragen haben. Arndt betont beide Seiten. Während die Regelverletzer die demokratische Legalität ihrer Rechtsordnung im ganzen anerkannten und die strafrechtlichen Konsequenzen ihres Tuns auf sich nahmen, hat der Staat nach Kriegsende durch eine großzügige Amnestie seine Achtung vor den Motiven des Ungehorsams bezeugt: »Erst beide Reaktionen zusammengenommen, die Strafen und die Amnestie, bilden die ganze Wahrheit und beweisen die Fähigkeit dieser staatlichen Gemeinschaft, eine solche individuell-gesellschaftliche Krise zu meistern. Wir jedenfalls haben uns nach der Studentenrevolte ... zu einem solchen Schritt nicht verstehen können. Wer wagte auszuschließen, daß dieses Versäumnis einen nicht unwesentlichen Teil zur Eskalation des Terrorismus in der ersten Hälfte der siebziger

Jahre beigetragen hat?«

Das sieht Arndts Kollege Kriele ganz anders. Kriele betrachtet – in seinem Beitrag zu *Frieden im Lande* – zivilen Ungehorsam nicht nur als kriminelle Handlung, er schneidet diesen Tatbestand auf das Format der Verfassungsfeindschaft zu: jede moralisch begründete Regelverletzung »mit Nötigungscharakter« rechnet er zur »moralisch verwerflichen« Kriminalität. Damit rückt der zivile Ungehorsam ins erwünschte Zwielicht; er wird zum integralen Bestandteil des subversiven Versuchs, »die mittelbare Diktatur durch eine Elite auszuüben«. Offensichtlich will Kriele den Weg, den die neokonservativen Nutznießer des Terrorismus in den siebziger Jahren eingeschlagen haben, weitergehen und heute nicht eine Studentengeneration, sondern eine unübersehbar große Zahl von jugendlichen, demokratisch gesonnenen, loyalen und besonders engagierten Staatsbürgern ins verfassungspolitische Abseits drängen.

Mit groben Strichen zeichnet Kriele in seinem Beitrag zur *Parlament*-Beilage das bekannte, von Schelsky, Lübbe, Rohrmoser und anderen entworfene Bürgerkriegsszenario der Bundesrepublik nach. Er begreift den Widerstand gegen die Nachrüstung als Höhepunkt eines Jahrzehnte währenden Machtkampfes. Das Zentrum des Widerstandes bilden linke Journalisten, Pädagogen, Theologen, Schriftsteller, Künstler, Professoren, Studenten usw., die seit den Tagen der Währungsreform beliebige Anlässe benutzen, um gegenüber den gewählten und bestellten Repräsentanten des Staates »den Anspruch auf eine privilegierte Rechtsposition der Werte-Elite« mit allen, vorzüglich subversiven Mitteln durchzusetzen. Natürlich sorgen die Emanzipationspädagogen für »eine Armee von jungen Widerstandskämpfern, die für die meist im Hintergrund bleibenden Generäle des Widerstands die Risiken gesetzlicher Sanktionen auf sich nehmen sollen«. Bei dieser »Gegenelite« geht die Verachtung des normalen, durchschnittlichen, typischen Menschen mit der »Ablehnung der demokratischen Staatsform« und »einem gewissen Verständnis für den absoluten Herrschaftsanspruch der kommunistischen Parteioligarchie« Hand in Hand. Das unmittelbare Ziel dieser selbsternannten Elite ist die Zerstörung des Rechtsbewußtseins in der breiten Bevölkerung; sie kann hoffen, dieses Ziel zu erreichen, »da die Initiatoren des Widerstandes über mächtige Medien verfügen«. Die bürgerkriegsähnlichen Auseinandersetzungen konzentrieren sich auf die Umkehrung des Verhältnisses von legitimer Staatsgewalt und illegitimer Gegengewalt. In *Frieden im Lande* schreibt Kriele: »Für unsere Demokratie ist es zu einer Lebensfrage geworden, ob die letzte Entscheidung bei den demokratisch legitimierten Staatsorganen oder bei den Redaktionen liegt. Darum geht es, wenn Polizei und Gerichte über die Duldung oder Nichtduldung von Widerstand befinden, auch wenn dieser nicht nötigenden, sondern nur demonstrativen Charakter hat.« Zur Verdeutlichung fügt unser Autor hinzu, daß es immer schon um einen Machtkampf ging »zwischen Bundestag oder Bundesregierung einerseits und einigen Redaktionen andererseits, vor allem in Hamburger Wochenblättern, oder in Rundfunk- und Fernsehanstalten, die beanspruchten, über die Akzeptanz der Entscheidungen der Bundesorgane zu befinden. Ein Gesetz mag im Bundestag beraten und angenommen und womöglich auch noch vom Bundesverfassungsgericht für verfassungsmäßig erklärt worden sein. Dann muß erst eine weitere Beratung in solchen Redaktionen darüber entscheiden, ob das Gesetz nicht nur formalrechtliche Geltung, sondern auch soziale Wirksamkeit erlangen darf und soll.« Diese Anklage erhält besondere Durchschlagskraft dadurch, daß Herrn Krieles eigene Enthüllungen – und die rege Publizistik seiner Gesinnungsfreunde – normalerweise nur in einem so abgelegenen Organ wie der *FAZ* erscheinen dürfen.

Mein Vertrauen in den gesunden Menschenverstand ist so ungebrochen, daß ich die Verschwörungstheorie des Kölner Professors für öffentliches Recht und allgemeine Staatslehre lieber für sich selbst sprechen lasse. Jedes weitere Wort müßte den falschen Eindruck erwecken, als handele es sich bei diesem Dramolett, in dem Generäle des Widerstandes auftreten und den Bürgerkrieg der Gegenelite anführen, um etwas, worüber man diskutieren könnte. Diese eigentümliche Vorstellungswelt soll uns nur daran erinnern, daß der Rechtsfrieden in der Bundesrepublik heute von zwei Seiten bedroht wird: nicht nur vom Instrumentalismus und der Rechtsfremdheit derer, die willens sein könnten, die Grenzen des zivilen Ungehorsams zu überschreiten, sondern auch vom autoritären Legalismus derer, die mit der einschüchternden Definitionsmacht des Juristen die Grenze zwischen Recht und Gewalt so ziehen, daß der zivile Regelverletzer nicht nur bestraft, sondern moralisch disqualifiziert werden kann.

Leichtfertige Lehren aus der Geschichte

Die innenpolitische Entwicklung der Bundesrepublik steht bis heute unter dem Trauma eines in legalen Formen vollzogenen Übergangs vom demokratischen Staat zum totalitären Führerregime, zu jener »Ordnung« also, die vom ersten Tage an als Unrechtsregime zu erkennen war. Trauma nennt Freud eine Verletzung, die so schmerzlich ist, daß sie verdrängt werden muß; das Trauma beschädigt den psychischen Apparat nachhaltig; bei symptomatischen Anlässen löst es immer wieder Gefühlsstöße aus und verwirrt die Sinne. Elektrisierende Anstöße dieser Art bilden ein dicht gesponnenes, vibrierendes Netz, in dem die Geschichte der Bundesrepublik hilflos zappelt – Anstöße wie die Wiederaufrüstung, das KPD-Verbot, die ersten KZ-Prozesse in eigener Regie, die Beziehungen zu Ländern wie Israel, Polen, der Sowjetunion, die Frage der Verjährungsfristen, Filme wie *Holocaust* oder unsägliche Biographien von Ministern, Richtern, Professoren usw. So ist das Reizklima gegenseitiger Verdächtigungen und Schuldzuweisungen bis heute nicht abgeklungen. Niemand kann sich davon frei machen, nicht Herr Geißler, nicht Herr Kriele, und ich ganz gewiß nicht.

In diesem Klima, das man ja nicht einfach intentional verändern kann, rühren bestimmte Anlässe auf besonders vertrackte Weise ans Trauma – Anlässe wie die extremeren Formen des Protestes Ende der sechziger Jahre und erst recht die kriminellen Handlungen der Terroristen in den siebziger Jahren. Vor allem drei Fäden verschlingen sich hier zu einem fast unentwirrbaren Knäuel. Erstens entbrennt der Streit zwischen Opponenten, die sich mit subjektiv gutem Gewissen und großer Intransigenz darauf berufen, aus der gemeinsamen Vergangenheit jeweils die einzig richtige Konsequenz gezogen zu haben. Sodann entsteht der Konflikt an der prekären Nahtstelle zwischen Recht und Gewalt, berührt die empfindlichsten Zonen einer rechtsstaatlichen Ordnung, die doch den Bruch mit der faschistischen Vergangenheit institutionell besiegeln und in der Gegenwart als Schutzwall gegen alle Feinde der Demokratie dienen soll. Schließlich stellen die inkriminierten Handlungen vermeintlich oder, wie im Falle des Terrorismus, tatsächlich das Gewaltmonopol des Staates in Frage und rufen Reaktionen hervor, die in einer weit hinter das Naziregime zurückreichenden Tradition obrigkeitsstaatlicher Gesinnung verwurzelt sind. Die rechtspopulistische Welle, die die Bundesrepublik im Herbst 1977 überspült hat, konnte sich *auch* aus dieser Tradition speisen. Nun sind unsere neokonservativen Freunde schon wieder an der Arbeit, um den Protest gegen die Nachrüstung in *dieselbe* Perspektive zu rücken.

Wir täten besser daran, den Streit um den zivilen Ungehorsam vom deutschen Trauma zu lösen und als das zu behandeln, was er in anderen Ländern ist: es geht um das Spannungsverhältnis zwischen der Rechtsfriedensgarantie des gewaltmonopolisierenden Staates und dem Legitimationsanspruch der demokratischen Rechtsordnung.

Der Protest der Friedensbewegung sollte mit den traumatisierenden Ereignissen vor einem halben Jahrhundert weder so noch so in Zusammenhang gebracht werden. Die Wortführer haben klargemacht, daß sie ihre Opposition nicht aus dem Widerstandsrecht im Sinne von Art. 20 Abs. 4 GG begründen können und wollen. Dann sollten sie freilich auch auf alle indirekten Bezugnahmen verzichten. Der Marburger Moraltheologe Wolfgang Huber kann noch so abgewogen auf die Selbstverpflichtung der Bekennenden Kirche zum »Widerstehen zur rechten Zeit« Bezug nehmen – das dient dann doch nur als Anlaß für hämische (hier auf Günter Grass gemünzte) Bemerkungen wie die Josef Isensees über die »bundesrepublikanisch konfektionierte Rolle des nachträglichen Widerstandskämpfers«. Mich überzeugen die Gründe, die ein so vorzüglicher Kenner der Zeitgeschichte wie Karl Dietrich Bracher gegen die falsche Aktualisierung des Widerstandsproblems vorbringt. Um so mehr erstaunt mich die Aktualisierung, die er seinerseits vornimmt.

In dem Sammelband *Frieden im Lande* verfolgt Bracher unter der Überschrift *Die Lektion von Weimar und die Aktualität des Widerstands-Problems* erneut den Leidensweg der Weimarer Republik von den Putschbewegungen zwischen 1919 und 1923 bis zu den Straßenkämpfen zwischen 1930 und 1933. Er erinnert wiederum an die Illusionen der Gewerkschaften, den Attentismus der SPD-Führung, die Anpassung der bürgerlichen Parteien, die selbstverschuldete Isolierung der KPD. Er erwähnt auch die Morde an Rosa Luxemburg und Karl Liebknecht, Walther Rathenau und Matthias Erzberger. Diese Rekapitulation dient freilich nur als Abschußrampe für den schnellen Schluß: was damals von rechts kam, kommt heute von links. Brachers Lektion von Weimar lautet, daß man die »Ausweitung des extremistischen Potentials ... zur ›Bewegung‹« rechtzeitig bekämpfen müsse. Meint Bracher wirklich die Friedensbewegung? Wer falschen Parallelen zum Widerstand gegen das NS-Regime entgegentritt, sollte nicht ebenso falsche Parallelen zwischen Bonn und Weimar ziehen – und das noch mit einer flotten Links-Rechts-Verkehrung, die Pazifismus und Faschismus auf denselben Nenner bringen muß. Bracher bringt aus der Verpflichtungsformel jenes Germanenordens, aus dem die Erzberger-Mörder hervorgegangen sind, ein lehrreiches Zitat: »Ich gelobe, dem obersten Leiter der Organisation und meinem Vorgesetzten unbedingten Gehorsam zu leisten ... Verräter verfallen der Feme.« Eine Parallele vielleicht zum Terroristenmilieu der siebziger Jahre – aber auch eine zum Milieu der Bürgerinitiativen, Bezugsgruppen und Basisversammlungen von heute? Das sind nämlich die Adressaten, denen Bracher mit diesem Aufsatz eine Lektion erteilen will. An deren Mentalität könnte er kaum weiter vorbeizielen.

Der deutsche Hobbismus

Die Frage des zivilen Ungehorsams *im* Rechtsstaat eignet sich nicht für die Bürgerkriegsoptik. In den USA hat niemand das Problem aus dieser Perspektive betrachtet, als es dort durch die Bürgerrechtsbewegung und die Proteste gegen den Vietnamkrieg aktuell wurde. Auch wenn wir uns vom deutschen Trauma lösen, bleibt hierzulande jener eigentümliche Hobbismus wirksam, den Carl Schmitt in der deutschen Staatsrechtslehre vertreten hat und der inzwischen mit konservativen Denkgewohnheiten anderer Herkunft eine Verbindung eingegangen ist. So hält beispielsweise der Bonner Staatsrechtler Isensee den zivilen Ungehorsam im Rechtsstaat für eine Perversion des Widerstandsrechts, weil »Gewaltmonopol und Friedenspflicht das Fundament des modernen Staates, den Mindeststandard jedweder Staatsform der Neuzeit (bilden)«. Er fügt dann hinzu: »Aber auch nur den Mindeststandard. Der Gesetzesgehorsam, den die rechtsstaatliche Demokratie des Grundgesetzes vom Bürger fordert, reicht weiter.« Nach dem einschränkenden Zusatz erwartet man nun einen Hinweis auf die anspruchsvollen Legitimationsgrundlagen des Rechtsstaates, etwa darauf, daß der moderne Verfassungsstaat von seinen

Bürgern Gesetzesgehorsam nur darum verlangt, weil er sich auf anerkennungswürdige Prinzipien stützt, in deren Licht das, was legal ist, auch als legitim gerechtfertigt werden kann. Davon ist aber nicht die Rede. Statt dessen fährt der Autor fort: »Die Legalität erschöpft sich nicht im Verbot von Körperverletzung und Sachbeschädigung, von Landfriedensbruch und Hausfriedensbruch und von sonstigen Regungen privater Gewalt«, um dann weitere Geschütze gegen den »selektiven« Rechtsgehorsam aufzufahren. Das alles ist nicht falsch, aber auf eine interessante Weise einäugig: neben der Rechtsfriedensgarantie kommt der Legitimationsanspruch, auf den sich, wenn man die Idee des Rechtsstaates ernst nimmt, das staatliche Gewaltmonopol stützt, überhaupt nicht zur Sprache.

Isensee beruft sich an dieser Stelle auf eine Arbeit von Robert Spaemann über *Moral und Gewalt*, die den komplexen geistesgeschichtlichen Hintergrund der selektiven Lesart rechtsstaatlicher Grundsätze gut beleuchtet.[2] Hobbes hatte gegen das klassische Widerstandsrecht eingewendet, das höchste staatlich garantierbare Gut, nämlich der innere Friede und die Sicherheit der Bürger, würde aufs Spiel gesetzt, wenn letztlich jeder Staatsbürger selbst entscheiden müßte, wann eine Situation gerechtfertigten Widerstandes eintritt. Statt dessen soll *jede* Form der Herrschaft, die hinreichend effektiv ist, um jenes Gut herzustellen, also den inneren Frieden zu erzwingen, auch schon als legitim gelten. Nach Hobbes stützt sich die Legalität beliebiger Rechtsordnungen allein auf das staatliche Gewaltmonopol; sie bedarf keiner Legitimation durch rechtmäßige Inhalte. Das Recht zwingt auf die nämliche Weise wie die Gewalt, allein das Gewaltmonopol des Herrschers unterscheidet die Gewalt des Staates von bloßer Gewalt. Noch Kant war von Hobbes' Überlegung so beeindruckt, daß er aus ähnlichen Gründen ein Widerstandsrecht verneinte. Kant forderte allerdings vom Rechtsstaat auch rechtmäßige Gesetze. Als Rechtsprinzip dient der bekannte moralische Grundsatz, nach dem die Freiheit der Willkür eines jeden mit jedermanns Freiheit unter allgemeinen Normen soll zusammenstimmen können. Spaemann verfolgt freilich diesen Kantischen Strang nur unter jener Prämisse, die für die deutsche Linie des hobbesianischen Staatsrechtsdenkens charakteristisch ist: Fragen der Legitimation müssen unbesehen dem Problem der Sicherung der Legalität untergeordnet bleiben, weil nur der gewaltmonopolisierende Staat das größte Übel, nämlich den Bürgerkrieg, verhindern kann. Spaemann zufolge steht die Legalität des Rechtsstaates nur dann auf dem Spiel, wenn die Redefreiheit abgeschafft, wenn Auswanderung verboten wird und ein rechtliches Verfahren zur Fortbildung eines bestehenden Rechtszustandes nicht mehr besteht. Nach diesen mageren Kriterien müßte der mit einem nationalen Feiertag geehrte Ungehorsam eines Martin Luther King als unzulässig und – aus der Perspektive des Staates, der sein Gewaltmonopol bedroht sieht – als moralisch verwerflich gelten.

Die brüske Grenzziehung zwischen Recht und Gewalt, zwischen staatlich monopolisierter und bloßer Gewalt, erlaubt es, die Rechtssphäre von Fragen der Legitimation weitgehend zu entlasten. Ein von Hobbes inspiriertes Denken muß den Bereich der politischen Kultur als rechtlich unerheblich beiseite schieben. Wo die Legalordnung aufhört, beginnt unvermittelt Rebellion, wenn nicht Revolution. Ein Mittleres, eben die politische Kultur, wo sich, wie Hegel gesagt hätte, das sittliche Leben des Volkes abspielt, wo sich der Legitimationsglauben der Bürger aus moralischen Überzeugungen regeneriert, darf es, wenn die Begriffe erst einmal so angesetzt sind, nicht geben. Dieser Lebensbereich ist normativ strukturiert *unterhalb* der Schwelle rechtlicher Normierungen; als Boden, worin der Rechtsstaat moralisch verwurzelt ist, gerät er nicht ins Blickfeld des deutschen Hobbismus.

Dessen Pointe hat Carl Schmitt kunstvoll ausgespielt. Wer jene messerscharfe Grenze, die kraft staatlicher Definitionsgewalt festgelegt ist, wer diese Grenze zwischen Recht und Gewalt nicht respektiert, verhält sich subversiv und verliert den Anspruch auf moralische Achtung – es sei denn, er wäre stark genug, sich aus dem Stand der bloßen Revolte zur kriegführenden Partei zu erheben. Carl Schmitt kam es auf beides an: auf die existentialistische Aufwertung eines ritualisierten, längst der Vergangenheit angehörenden Typs von Kriegführung, aber vor allem auf die schonungslose Diskriminierung derer, die dem Staat die Definitionsgewalt streitig machen und aus ihrem politisch-kulturellen Erfahrungszusammenhang konkurrierende Definitionen zur Geltung bringen – heute also Definitionen für das, was als »gewaltfreie Aktion« anerkannt werden soll. Spaemann bringt die Pointe Carl Schmitts gut heraus, indem er klarmacht, was mit demjenigen passiert, der gegen die Gewaltdefinitionen des Gewaltmonopolisten rebelliert: »Der Grund des Greifens zur Gewalt kann so gerecht sein wie er will. Wo die (vom Gesetz definierte) Gewalt Platz greift, wird er relativiert, und es gibt nur noch *eine* Gerechtigkeit: die gegenseitige Anerkennung der Feinde als kriegführender Parteien. Die herrschende Gewalt wird dies mit Recht zu verweigern suchen und die Rebellion als Delikt verfolgen.«

Man sieht, wohin die Begriffszwänge des deutschen Hobbismus führen können: wer zivilen Ungehorsam leistet, stellt sich in die Reihe der Rebellen, die von der moralisch verwerflichen »Doppelrolle als Bürger und Feinde profitieren«. Eine Welt trennt diese Denktradition von dem Satz des Staatsrechtlers Claus Arndt: »Wir müssen stets beides zugleich sein: Bürger und Rebell.« Innerhalb des Rechtsstaates kann eine solche »Rebellion« gewiß nur der »Verteidigung, Bewahrung oder Wiederherstellung des Bürger-Lebens als einer Gemeinschaft Freier und Gleicher dienen«.

Unbedingter oder qualifizierter Rechtsgehorsam?

Das Gewicht des staatsrechtlichen Hobbismus mag erklären, warum heute so viele Gesprächsbeiträge das sind, was man in der Psychiatrie »tangential response« nennt: Antworten auf Fragen, die nicht gestellt worden sind. Es geht heute nicht um Widerstand gegen einen Unrechtsstaat, sondern um bürgerlichen Ungehorsam im Rechtsstaat.

Man versteht diesen Typus von Ungehorsam nur, wenn man anders als Hobbes davon ausgeht, daß für den demokratischen Rechtsstaat, normativ betrachtet, zwei Ideen *gleichermaßen* konstitutiv sind: sowohl die staatliche Garantie des inneren Friedens und der rechtlichen Sicherheit für alle Bürger als auch der Anspruch, daß die staatliche Ordnung von den Bürgern aus freien Stücken, d.h. aus Einsicht, als legitim anerkannt wird. Hinsichtlich des Rechtsgehorsams können beide Ideen in ein Spannungsverhältnis treten. Aus der einen, von Hobbes allein in Anschlag gebrachten Idee ergibt sich nämlich die Forderung nach *unbedingtem*, aus der anderen die nach *qualifiziertem* Rechtsgehorsam. Einerseits muß der Staat, gestützt auf sein Gewaltmonopol, die Einhaltung der Gesetze garantieren, wenn sich alle Rechtspersonen in deren Rahmen gleichermaßen frei und unabhängig sollen bewegen können. Auf der anderen Seite wird der Legitimationsanspruch des demokratischen Rechtsstaates nicht schon dadurch eingelöst, daß Gesetze, Urteile oder Maßnahmen nach den vorgeschriebenen Verfahren zustande kommen, gefällt oder getroffen werden. In Grundsatzfragen genügt Verfahrenslegitimität nicht – die Verfahren selbst und die Rechtsordnung im ganzen müssen aus Prinzipien gerechtfertigt werden können. Diese verfassungslegitimierenden Grundsätze müssen wiederum unabhängig davon Anerkennung finden, ob das positive Recht mit ihnen übereinstimmt oder nicht. Wenn beides auseinanderfällt, darf Gehorsam gegenüber den Gesetzen nicht mehr umstandslos gefordert werden.

Diese Qualifikation des Rechtsgehorsams ist nötig, weil nicht auszuschließen ist, daß auch innerhalb einer im ganzen legitimen Rechtsordnung legales Unrecht im einzelnen fortdauert, ohne korrigiert zu werden. Gewiß, normalerweise können die Entscheidungen verfahrensgerecht arbeitender Staatsorgane innerhalb zumutbarer Fristen revidiert werden – im Rechtsstaat sind Revisionsmöglichkeiten institutionalisiert. Aber die historische Erfahrung lehrt, daß diese legale Zähmung von fallibler Menschenvernunft und korrumpierbarer Menschennatur oft nur für einen gegebenen Rechtszustand funktioniert, während sich ein anderes Bild ergibt, wenn man die Sache aus einer rechtsgeschichtlichen Perspektive betrachtet.

Unsere Rechtsordnung beruht auf Grundsätzen universalistischen Gehaltes – und die Verwirklichung dieser Prinzipien läßt sich als eine Ausschöpfung dieses Gehaltes verstehen. Normen wie die Grundrechte, die Garantie der Rechtswege, das Prinzip der Volkssouveränität, die Gewaltenteilung, das Sozialstaatsprinzip usw. – sie alle sind unvermeidlicherweise auf einer hohen Abstraktionsstufe formuliert. Sie sollen ja allgemein, d.h. jederzeit und in gleicher Weise für jeden und für jedes gelten, auch für andere Normen, die wir nach diesen Maßstäben beurteilen. Die Prinzipien bleiben gleich, während die historischen Umstände und die Interessenlagen, auf die sie Anwendung finden, wechseln. Zusätzlich zur Moralität der Grundnormen kommt damit, wie Hegel das nannte, die Sittlichkeit der Lebensverhältnisse ins Spiel, innerhalb derer die Grundnormen allein verwirklicht werden können. In dieser Dimension der geschichtlichen Verwirklichung des demokratischen Rechtsstaates liegen jene Lernprozesse und

Erfahrungen, auf die es mir ankommt.

Rückblickend sind die Blindheiten und die vorurteilsgeladenen Lesarten leicht zu entdecken, mit denen die nationalen Pfade der Durchsetzung beispielsweise von Meinungsfreiheit, allgemeinem Wahlrecht, Koalitionsrecht usw. auch in alten Demokratien wie England oder Amerika gesäumt waren. Wenn Kant nicht nur Frauen und Tagelöhner, sondern alle abhängig Arbeitenden vom Wahlrecht ausgeschlossen sehen wollte, so war das wohl kaum ein schlichter Denkfehler. Erst im Lichte veränderter Interessenlagen und historischer Umstände ist die einseitige, selektive Ausschöpfung des universalistischen Gehaltes allgemeiner Normen zu Bewußtsein gekommen. Es bedurfte stets harter politischer Kämpfe und langfristiger sozialer Bewegungen, damit das Unrecht selektiver Rechtsverwirklichung ins allgemeine Rechtsbewußtsein vordringen konnte. Dieser immer wieder von Rückschlägen unterbrochene Lernprozeß[3] ist heute keineswegs abgeschlossen. Das zeigt ein flüchtiger Blick auf jene Reformgesetze der sozialliberalen Koalition, die in der Obhut des Herrn Zimmermann in Gefahr sind, wieder zurückgenommen zu werden. Wenn sich aber vergangene Generationen immer wieder getäuscht haben, kann sich niemand im Horizont seiner Gegenwart dessen sicher sein, daß das Projekt des Rechtsstaates zum Ziel gelangt ist – und daß er das erworbene Gut im Bewußtsein des glücklichen Erben nur noch zu verwalten braucht. Die historische Erfahrung spricht für die systematische Befangenheit nicht nur, aber auch der etablierten Schichten, der Repräsentanten des Staates und – weiß Gott – der wissenschaftlichen Jurisprudenz. Immer wieder sind sie vor solchen historischen Herausforderungen zurückgewichen, die mit Korrekturen oder rechtsfortbildenden Innovationen beantwortet werden müssen, wenn nicht die Legitimität der Rechtsordnung im Lichte ihrer eigenen Prinzipien verfallen soll.

Weil es sich heute nicht anders verhält, muß ziviler Ungehorsam als Bestandteil der politischen Kultur eines entwickelten demokratischen Gemeinwesens anerkannt werden. Wenn die Repräsentativverfassung vor Herausforderungen wie der des außer Kontrolle geratenden Rüstungswettlaufes versagt, müssen Bürger, die nicht über privilegierte Einflußchancen verfügen, auch unmittelbar in die Rolle des Souveräns eintreten und den zivilen Gehorsam in der Absicht aufkündigen dürfen, für überfällige

Korrekturen oder Neuerungen einen Anstoß zu geben. Der im geschichtlichen Prozeß der Verwirklichung universalistischer Verfassungsprinzipien auftretende Fallibilismus, von dem die gewählten und bestellten Repräsentanten des Staates nicht ausgenommen sind, findet ein Gegengewicht allein im nicht-institutionalisierbaren Mißtrauen von Bürgern einer reifen politischen Kultur. In dieser müssen sie, über das hobbesianische Rechtsbewußtsein hinaus, die Sensibilität, das Maß an Urteilskraft und Risikobereitschaft erworben haben, das nötig ist, um anhaltende legale Verletzungen der Legitimität zu erkennen und um diesen, wenn andere Abhilfe nicht möglich ist, mit der ultima ratio einer punktuellen Aufkündigung des zivilen Gehorsams zu begegnen.

Das ist kein Freibrief für politisch motivierten Rechtsungehorsam. Ziviler Ungehorsam steht unter Vorbehalten, die sich aus der Rechtsfriedensgarantie des Staates zwingend ergeben; denn das Gewaltmonopol ist für den Rechtsstaat ebenso konstitutiv wie der Anspruch auf vernünftige Legitimität. Existenz und Sinn der Rechtsordnung im ganzen müssen intakt bleiben. Daraus ergibt sich, daß ziviler Ungehorsam nicht als solcher legalisiert werden kann. Gewiß, viele der verfassungslegitimierenden Grundsätze, auf die wir uns heute berufen können, sind schon Bestandteil des Grundgesetzes; aber als positives Recht gelten sie nur insoweit, wie ihr universalistischer Gehalt durch die Gesetzgebung ausgeschöpft worden ist. Strittig ist aber der Grad der Ausschöpfung. Daß dieser Streit immer wieder entbrennen kann, erklärt sich aus der überpositiven Geltung der unabstimmbaren Normen, auf die das Grundgesetz selber durch das Grundrechts*bekenntnis* in Art. 1 Abs. 2 und durch die Unterscheidung zwischen Gesetz und *Recht* in Art. 20 Abs. 3 *hinweist*. Aber die Legalordnung kann nicht gut jene umkämpften, oft gar nicht identifizierten Gehalte auch noch positivieren, mit denen die Grundnormen über das Ensemble der jeweils geltenden Gesetze hinausweisen. Wegen dieser Differenz bleibt der Tatbestand des zivilen Ungehorsams in der Schwebe zwischen Legitimität und Legalität. Gerechtfertigt ist er im Lichte einer Idee vom Rechtsstaat, die auf Verwirklichung angelegt ist, nicht nach Maßgabe des positiven Rechts.

Deshalb muß die Strafjustiz diesen Typus des Ungehorsams als Ungesetzlichkeit registrieren und gegebenenfalls verfolgen; sie darf ihn aber nicht als eines der üblichen Delikte bewerten. Der demokratische Rechtsstaat würde mit sich nicht identisch bleiben, wenn er nicht erkennen ließe, daß er im Regelverletzer einen potentiellen Hüter seiner Legitimität achtet – auch wenn es sich im historischen Urteil herausstellen mag, daß die, die heute ungesetzlich handeln, morgen im Unrecht bleiben.

Diese Zurückhaltung kann der Staatsgewalt freilich nur zugemutet werden, wenn der bürgerliche Ungehorsam – hinausgehend über den streng symbolischen, also gewaltfreien Charakter und die Absicht eines Appells an die Mehrheit – drei Bedingungen genügt. Die Rechtsordnung im ganzen muß intakt bleiben; das, was Johan Galtung in der *Vierteljahresschrift für Sicherheit und Frieden* (Heft 1, 1983) »funktionellen« Widerstand nennt, läßt sich so nicht rechtfertigen. Ferner muß der Regelverletzer für die rechtlichen Folgen seines Tuns einstehen. Und schließlich wird erwartet, daß er, was immer seine subjektiven Überzeugungen sind, seinen Ungehorsam aus anerkannten verfassungslegitimierenden Grundsätzen begründen kann.[4]

Abschaffung des zwischenstaatlichen Naturzustandes

Mit diesen prinzipiellen Überlegungen ist freilich noch nichts gewonnen für die konkrete Frage, ob denn heute in der Bundesrepublik Regelverletzung als ziviler Ungehorsam gerechtfertigt werden kann. Diese Diskussion hat kaum begonnen. Ich fühle mich in der Rolle eines Sympathisanten, der zu einer affirmativen Antwort neigt. Mit einem Aufruf zu zivilem Ungehorsam hat das nichts zu tun.

Im Vorfeld wird der Einwand erhoben, daß »andere Abhilfe nicht unmöglich ist«. Abhilfe, so könnte man erwidern, über ein Parlament, das nur durch den »Druck der Straße« dazu gebracht werden konnte, in dieser lebenswichtigen Frage wenigstens eine zweitägige Debatte zu führen? Mir ist auch nicht bekannt, daß die CDU/CSU für die entscheidende Abstimmung am 22. November wenigstens den Fraktionszwang aufgehoben hätte. Was die Gerichte anbetrifft: sollte man ernstlich dem Beispiel britischer Atomwaffengegnerinnen folgen und vor dem Bundesgericht in New York eine Klage gegen Präsident Reagan und die US-Regierung einreichen?

Ernster ist die Frage nach den Normen, gegen die die geplante

Raketenaufstellung verstößt. Ein schwacher Kandidat ist das von Art. 2 Abs. 2 GG verbürgte Recht auf Leben und körperliche Unversehrtheit. Darauf können sich die Stationierer ebensogut berufen; und in einer Demokratie gibt es nun einmal Situationen, in denen beide Seiten gute Argumente für und wider vorbringen können. Ein noch schwächerer Kandidat ist die grundgesetzliche Verankerung der Friedenspflicht. Den bösen Willen, diese zu verletzen, wird der Bundesregierung niemand unterstellen können.

Näher an der Sache liegt wohl der Art. 25 des Grundgesetzes, der die Regeln des Völkerrechts für verbindlich erklärt. Daß Massenvernichtungsmittel völkerrechtswidrig sind, ist kaum zu bestreiten – schon weil der Einsatz dieser Waffen, die keine mehr sind, den Unterschied zwischen Zivilisten und anderen, zufällig uniformierten Beteiligten aufrechtzuerhalten nicht mehr erlaubt. Sollte man dann mit diesen Waffen drohen dürfen? Freilich wird der Realpolitiker auf den fragwürdigen Status des Völkerrechts hinweisen und einwenden, daß nur überprüfbare internationale Abmachungen diese Rechtsgrundsätze realisieren können – und darum gehe es ja in Genf. Nun hat schon Thoreau die völkerrechtswidrige Annexion von Kalifornien zum Anlaß für einen Steuerboykott genommen – und retrospektiv finden es alle gut, wenn solche Vorläufer des zivilen Ungehorsams gefeiert werden. Heute hat die Logik des Rüstungswettlaufs so absurde Verhältnisse und Risiken geschaffen, daß die Ächtung von Massenvernichtungsmitteln als ein erster Schritt zur Abschaffung des skandalösen Naturzustandes zwischen den Staaten auch dann ein legitimes Ziel ist, wenn es zunächst durch einseitige Schritte angestrebt werden muß. Freilich bedarf das Völkerrecht selbst, soweit es noch der Vorstellungswelt des europäischen Staatensystems zwischen 1648 und 1914 verhaftet ist, innovativer Anstöße. Das Beispiel der wechselvollen Geschichte der Durchsetzung wichtiger Grundrechte legt eine langfristige geschichtliche Perspektive nahe, in der man auch die Entwicklung und schrittweise Durchsetzung völkerrechtlicher Prinzipien sehen muß. Gegenüber der pubertären Phantasie, Freund-Feind-Verhältnisse außerrechtlich zu ritualisieren, ist der energische Versuch eines ersten Schrittes zur effektiven Verrechtlichung des Naturzustandes zwischen den Staaten der pure Realismus. Was sonst?

Dennoch scheint es mir im Augenblick aussichtsreicher zu sein, mit dem Bundesverfassungsrichter Simon[5] und vielen anderen die Frage zu verfolgen, ob für sicherheitspolitische Grundsatzentscheidungen von eminentem Gewicht die dünne Legitimationsdecke einfacher Bundestagsmehrheiten ausreicht. Dabei muß man die von Claus Offe im einzelnen untersuchten Funktions- und Geltungsbedingungen der Mehrheitsregel im Auge behalten.[6] Diese Regel ist der Königsweg der demokratischen Willensbildung – und soll es auch bleiben. Ihre Legitimationswirksamkeit kann aber nur dann erhalten bleiben, wenn man sie unter Bedingungen anwendet, unter denen sie die Vermutung für sich haben darf, Willensbildungsprozesse so zu regeln, daß unter Zeitdruck und bei unvollständigen Informationen vernünftige Entscheidungen zustande kommen. Unvernünftig sind beispielsweise irreversible Mehrheitsentscheidungen – sie *könnten* ja falsch sein. Gewiß, Raketen können montiert und auch wieder abgebaut werden – obwohl das nach bisherigen Erfahrungen eher unwahrscheinlich ist. Aber gilt diese Reversibilität auch für die dem NATO-Doppelbeschluß zugrunde liegende Militärdoktrin? Die Gegner behaupten, daß sich die USA von einer Kriegsverhinderungs- auf eine Kriegsführungsstrategie umgestellt haben – nicht um atomare Kriege zu führen, sondern um mit deren Gewinnbarkeit drohen zu können. Wenn diese neue Strategie auch nur so lange in Kraft bliebe wie die vorangegangene, müßten die Planungen einen Zeitraum präjudizieren, innerhalb dessen nach menschlichem Ermessen Katastrophen auch dann eintreten können, wenn man nur Pannen und menschliches Versagen berücksichtigt. Wohl bestreitet die Regierung diese Lesart der NATO-Militärdoktrin; aber in diesem Falle kann die Symmetrie der Argumente nicht rechtfertigen, daß man die nicht auszuschließende Möglichkeit eines Verstoßes gegen Geltungsbedingungen der Mehrheitsregel in Kauf nimmt.

Die Destabilisierung, die die Einführung atomarer Erstschlagwaffen im Verkehr zwischen den Supermächten und deren (deutschen) Verbündeten bewirkt, auch die Risiken, die heute schon von der Verbreitung atomarer Waffen auf Mittelmächte und unberechenbare Kleinstaaten ausgehen, lassen keine Alternative zum Ausstieg aus der Logik der bisherigen Sicherheitspolitik zu. Dieser neuen Situation muß das Völkerrecht angepaßt werden. Der gewaltmonopolisierende Staat der europäischen Neuzeit hat den inneren Rechtsfrieden ermöglicht; ein ebenso unerhörter evolutionärer Schub ist nötig, um jenem internationalen Rechtsfrieden, der Kant vorgeschwebt hatte, näher zu kommen. Wenn diese überlebensnotwendige Utopie nicht auf den Alptraum eines Weltstaates hinauslaufen soll, darf sie nicht wiederum in die Denkfigur des gewaltmonopolisierenden Staates eingezwängt werden.

Anmerkungen

1 Josef Isensee, *Ein Grundrecht auf Ungehorsam gegen das demokratische Gesetz?*, in: Basilius Streithofen (Hg.), *Frieden im Lande*, Bergisch Gladbach 1983.
2 Robert Spaemann, *Moral und Gewalt*, in: *Philosophische Essays*, Stuttgart 1983.
3 Ernst Tugendhart, *Probleme der Ethik*, Stuttgart 1984, S. 87 ff.
4 Zur Verhältnismäßigkeit der Mittel und der Berücksichtigung der Interessen Dritter vgl. oben S. 84.
5 Helmut Simon, *Fragen der Verfassungspolitik*, in: Peter Glotz (Hg.), *Ziviler Ungehorsam im Rechtsstaat*, Frankfurt/M. 1983. Vgl. auch die Beiträge von Ralf Dreier, Jürgen Habermas, Horst Schüler-Springorum.
6 Claus Offe, *Politische Legitimation durch Mehrheitsentscheidung?*, in: B. Guggenberger, C. Offe (Hg.), *An den Grenzen der Mehrheitsdemokratie*, Opladen 1984, S. 160 ff.

4. Varianten der Aufklärung

Das Gegenstück zum Neokonservativismus bietet heute die radikale, durch den französischen Poststrukturalismus geprägte Vernunftkritik, die vor allem unter Studenten und jüngeren Intellektuellen ein lebhaftes Echo findet. Den kritischen Antrieb dieser zuweilen ins deutsch Dunkle abgleitenden Vernunftkritik versuche ich in einer Rezension des bekannten Buches von Peter Sloterdijk, in einem Nachruf auf Michel Foucault und in der Antwort auf eine Umfrage der Pariser Zeitung *Le Monde* hervorzuheben.

Zwischen Heine und Heidegger
Ein Renegat der Subjektphilosophie?

Daß die Marxistische Gruppe und die (inzwischen abgehalfterte) *Transatlantik*-Redaktion mehr gemeinsam haben könnten als den geistigen Ursprung im Schwabinger Milieu, wer hätte das gedacht? Nach der Lektüre von Sloterdijk erkennt man's: die Mentalität des nachaufgeklärten Zynismus.

Die Phänomenologie dieses Geisteszustandes ist das Thema eines Buches (Peter Sloterdijk, *Kritik der zynischen Vernunft*, 2 Bde., 1983), das seine rasch erworbene Publizität verdient. Die literarisch glanzvolle Verbindung von philosophischer Essayistik und Zeitdiagnose ist sonst eher in Frankreich zu Hause. Den Blick fürs Physiognomische und die Begabung fürs Konstruktive, Sloterdijk erprobt beides an sehr deutschen Phänomenen, vor allem an den Rechtsintellektuellen der zwanziger Jahre und an den Syndromen linker Enttäuschung – den Sumpfblüten der siebziger Jahre. Es entsteht ein Zusammenhang aus Aphorismen – trotz der 950 Seiten kein breiter, sondern eher ein bunter Fluß von Gedanken mit einem Schuß teutonischen Ernstes, wenn es an die Substanz geht.

Aber wann geht es an die Substanz? Wenn das Ich-Getue, bei dem das Ich immer kleiner wird, überhandnimmt, wenn nur noch die Gurus des großen Sogs Zuflucht und Heimkehr versprechen, ist Sloterdijk unerbittlich: »Das metaphysische Denken vermacht an die Aufklärung ein unendlich wertvolles Erbe, die Erinnerung an den Zusammenhang von Reflexion und Emanzipation, der gültig bleibt, auch wo die großen Systeme gestürzt sind« (86). Ernst gibt sich Sloterdijk freilich auch an anderer Stelle. Wenn es mit der Einstimmung in den »rhythmischen, pulsierenden Kosmos« nicht mehr richtig klappt, wird es mulmig: »Im Verhältnis zu diesen Rhythmen gibt es für den Menschen nur eine gültige Haltung: Hingabe. Verstehen heißt: einverstanden sein« (691). Eins links, eins rechts und zwei »Gültigkeiten«. Nur das ist gewiß: ein Neokonservativer ist Herr Sloterdijk nicht. Er ist gegen Reflexionsstopp und feste Werte. Man kann sich die ungemischten Gefühle vorstellen, die ihn befallen haben, als er von einem neokonservativ gleichgeschalteten Feuilleton als ein zweiter Spengler eingemeindet werden sollte.

Zynisch ist der Geisteszustand desjenigen, der mit guten Gründen desillusioniert ist, der aber den Schmerz über den Verlust von Orientierungen, die einmal ein Stück von ihm selber waren, unterdrücken muß. Der Zyniker bleibt an seine pessimistischen Einsichten fixiert und erhebt die schmerzende Realität zur letzten Instanz. Vor dieser Instanz rechtfertigt er den eigenen Opportunismus, und vor ihr zieht er auch die anderen, die er zum Zynismus nicht bekehren kann, militant zur Rechenschaft. Freilich wechselt die Färbung des Zynismus mit der Fallhöhe zwischen (verlorenem) Ideal und Wirklichkeit. Der Zynismus der siebziger Jahre ist im Vergleich zu dem der zwanziger Jahre zugleich harmloser und bitterer. Harmloser, denn die Revolte von 68 war unwirklicher als Jüngers Stahlgewitter. Bitterer, denn das Ideal war ja selbst schon das Produkt einer Aufklärung, hatte sich jedenfalls vorteilhaft von Gehlens nachgeahmter Substantialität unterschieden.

Unser Zynismus ist das »aufgeklärte falsche Bewußtsein. Es ist das modernisierte unglückliche Bewußtsein, an dem Aufklärung zugleich erfolgreich und vergeblich gearbeitet hat. Es hat seine Aufklärungs-Lektion gelernt, aber nicht vollzogen und wohl nicht vollziehen können. Gutsituiert und miserabel zugleich fühlt sich dieses Bewußtsein von keiner Ideologiekritik mehr betroffen; seine Falschheit ist bereits flexiv gefedert.« (37f.) Auch an dem folgenden Zitat kommt keine Inhaltsangabe vorbei: »Worum es in letzter Instanz geht, sind die sozialen und existentiellen Grenzen der Aufklärung. Zwänge des Überlebens und Selbstbehauptungswünsche haben das aufgeklärte Bewußtsein gedemütigt. Es ist krank an dem Zwang, vorgefundene Verhältnisse, an denen es zweifelt, hinzunehmen, sich mit ihnen einzurichten und am Ende gar deren Geschäfte zu besorgen« (39f.).

In der zugleich phantasiereichen und plastischen Beschreibung dieser Generationserfahrung läßt sich Sloterdijk kaum übertreffen. Süffige Zitate drängen sich auf, seitenweise. Ich empfehle S. 223ff. Aber Sloterdijk will die Sache, die er am eigenen Leib erfahren hat, nicht nur beschreiben, sondern auch erklären. Indem er die Nachwirkung der zertrümmerten Ideale von 68 mit Mitteln, die er der Philosophiegeschichte entlehnt, erklärt, klaubt er aus dem Trümmerhaufen auch ein Stück Wahrheit heraus.

Diese Wahrheit nennt er den kynischen Impuls, der ja (man erinnere sich an Imhoffs Inszenierungen) schließlich auch dahinter gesteckt hat. Sloterdijk stilisiert Diogenes, den Altvater des Kynismus, zum Gegenbild des Zynismus. Zynisch sind am Ende nur noch die Etablierten, die auf die kynische Provokation antworten: »sie sehen durchaus, was Wahres daran ist, fahren aber mit der Unterdrückung fort. Sie wissen von nun an, was sie tun« (400).

Sloterdijks philosophischer Ehrgeiz hängt an der Konstruktion dieses Gegensatzes. Der onanierende Diogenes wird zum Urbild eines Vernunftkritikers in aufklärerischer Absicht. Er führt einen Dialog »mit Haut und Haaren«. Seine wortlose Kritik unterläuft jenes Medium von Rede und Widerrede, in dem allein Argumente entwickelt und Theorien gebildet werden können. Die Körpersprache desavouiert jene Sprache, in der sich die Sache der Vernunft, ob nun sophistisch oder idealistisch, nur zu oft in den Schein von Vernunft, in die als Vernunft bloß kaschierte Gewalt der System- und Meisterdenker verkehrt hat. Dieser Typus der spottenden Kritik will durch stumme Gesten der Entblößung, durch Ridikulisierung die Wahrheit herauskitzeln, sie will herausfinden, wieviel Lächerlichkeit die von den Opponenten beanspruchte Wahrheit verträgt – »denn Wahrheit ist eine spottfeste Angelegenheit« (527). Der Kritizismus von Popper und Adorno verblaßt vor diesen Praktiken der *unterlaufenden* Falsifikation, die gleichsam unter unseren rationalen Unternehmungen die Beine wegzuziehen versucht.

Die kynische Methode läßt sich, ein bißchen professoral, durch folgende Merkmale kennzeichnen: durch die Strategie der Verweigerung von Argumentation, durch die Absicht der Subversion, durch die Versenkung des Widerspruchs in die Expressivität des Leibes, durch ein Prinzip der Verkörperung, das die existentielle Einheit von Theorie und Leben sichern soll, durch die materialistische Aufbietung der niederen Organe gegen die höheren, durch den subjektivitischen Aufstand des Privaten gegen das Öffentliche, durch den Nominalismus eines situationsabhängigen Neins, das gegen verallgemeinerndes Denken schon im Ansatz protestiert. Der Kyniker steigt aus der Kommunikationsgemeinschaft der Vernünftigen aus, indem er die sprachliche Verständigung mit den primitiveren Mitteln analogischer Ausdrucksformen fortsetzt. Diese stummen Protestformen sind das humanere

Äquivalent für den Wahnsinn oder den Selbstmord, jene beiden Sackgassen, in die sich der radikale Skeptiker am Ende flüchtet, um nicht doch noch von der argumentierenden Vernunft kooptiert zu werden. Die *argumentfreie* Methode hat den Vorzug, den Selbstwidersprüchen zu entgehen, in die sich die von Nietzsche bis Foucault durchgespielten Versuche einer argumentativen Liquidierung der Vernunft verstricken. Dieser Vorzug fordert aber den Preis, daß sich der Kyniker schlechthin abhängig machen muß von der Produktivität seiner Gegner: er lebt als Parasit von den Behauptungen der anderen und läuft Gefahr, an Langeweile zu sterben, sobald Sokrates aufhört, zu sprechen und zu widersprechen.

Mit dieser Stellung des kynischen Denkens mag es auch zusammenhängen, daß Sloterdijk dem modernen Sturmlauf einer verwilderten Selbstbehauptung nur mit abstrakten Negationen begegnet. Die modische Alternative des Seinlassens und der passiven Tugenden erklärt sich aus einer Fixierung ans Gegenteil; sie verdankt sich nicht einer produktiven Überwindung der Subjektphilosophie, sondern ist eine Geste des Aussteigens aus ihr. Sloterdijk hat zu tief im aktivistischen Ursprungsdenken der Fichteschen Wissenschaftslehre dringesessen, als daß er sich davon anders als durch die krampfhafte Produktion von Gegensätzen hätte lösen können – durch die Rhetorik des Geschehenlassens, des Nichteingreifens, des Unterlassungshandelns usw.

Das tut dem scharfsichtigen Durchmustern der Kardinalzynismen keinen Abbruch – je nationaler und vertrauter die Gegenstände, um so besser funktioniert die schwarze Empirie. Beim Sezieren der Bewußtseinsmodelle der deutschen Moderne läßt sich Sloterdijk kein X für ein U vormachen. Meine Vorbehalte liegen auf einer anderen Ebene.

Etwas unbehaglich ist mir schon bei der Konstruktion des Kynikers selber. So rein ist dessen Weste auch wiederum nicht: er nimmt die Verletzung der Integrität seines Gegenübers in Kauf. Auch auf seiten des Zynikers stimmt etwas nicht. Ich kann das intellektuelle Vergnügen an der Manipulation von Großbuchstaben nachfühlen. Aber die Transformationsregeln für die Umwandlung von Kynismus in Zynismus sind, fürchte ich, nicht ganz klar. Man muß doch Kyniker gewesen sein, um zynisch werden zu können. Dann kann aber »die Replik der Herrschenden und der herrschenden Kultur« nicht zynisch sein, und sie braucht es auch nicht. Die Etablierten haben den Zynismus nicht nötig.

Der Verleger Mohn beispielsweise, der den Hitler-Tagebuch-Zynismus des *Stern* zum Vorwand nimmt, um den längst gehegten Plan, die bundesdeutsche Medienlandschaft vom letzten linksliberalen Massenblatt zu reinigen – handelt er zynisch? Wohl eher geschäftstüchtig, und vielleicht nicht einmal das, sondern nur dumpf konformistisch – im Gleichschritt mit einer unpolitisch empfundenen Wende. In der *FAZ* von heute (20. Mai) kommentiert einer der Herausgeber das (halbe) Scheitern dieses verlegerischen Coups. Er beklagt sich bei den Kapitalbesitzern, daß diese mit der Ausbootung »eines ihrer erfolgreichsten Journalisten« das Ziel verraten haben, »Führungsstil und Kurs des Bilderblattes wenigstens punktuell zu verändern«. Man würde Herrn Fack bitter Unrecht tun, wenn man ihn darob zynisch hieße. Wie um zu belegen, was Fack unter einem »publizistischen Kurs der Mitte« versteht, den der Aufstand der *Stern*-Redaktion nun leider verhindert habe, darf das bedauernswerte Opfer kapitalistischer Halbherzigkeit in derselben Nummer der *FAZ* eigenhändig zu Wort kommen: »Gegen alle Pessimisten: Wir sind eine echte Demokratie geworden. Das Gesindel darf nicht nur überall mitreden, es führt das große Wort.« Soll man nun Johannes Gross seinerseits zynisch nennen? Dann müßte er ja mal etwas gewollt haben. Nein, nicht die anderen sind zynisch. Wenn wir Sloterdijk zu Ende denken, müssen wir das Wort Zynismus der Selbstkritik vorbehalten. Und unter uns – wer möchte sich seinen Zynismus schon ganz und gar, »mit Haut und Haaren« abkaufen lassen?

Mit dem Pfeil ins Herz der Gegenwart
Zu Foucaults Vorlesung über Kants *Was ist Aufklärung*

Foucaults Tod ist so unangekündigt und überstürzt hereingebrochen, daß man sich kaum des Gedankens erwehren kann: hier dokumentiere sich Leben und Lehre eines Philosophen noch in der Ereignishaftigkeit und brutalen Kontingenz seines plötzlichen Sterbens. Auch aus der Entfernung wird der Tod des 57-jährigen als ein Ereignis empfunden, in dessen Unzeitigkeit sich Gewalt und Unbarmherzigkeit der Zeit zur Geltung bringen – die Macht der Faktizität, die den mühsam geknüpften Sinn jedes menschlichen Lebens sinnlos und ohne Triumph überschreitet. Für Foucault ist die Erfahrung der Endlichkeit zum philosophischen Stachel geworden. Er hat die Macht des Kontingenten, die er am Ende mit Macht überhaupt identifizierte, eher aus einem stoischen Blickwinkel beobachtet als aus dem christlichen Erfahrungshorizont gedeutet. Und doch war in ihm das Stoische des übergenau Distanz haltenden, auf Sachlichkeit versessenen Beobachters eigentümlich verwoben mit dem entgegengesetzten Element der leidenschaftlichen, selbstverzehrenden Teilnahme an der Aktualität des geschichtlichen Augenblicks.

Ich habe Foucault erst im vergangenen Jahre kennengelernt, und vielleicht habe ich ihn nicht gut verstanden. Ich kann nur sagen, was mich beeindruckt hat. Das war eben jene, geläufigen Kategorien sich entziehende Spannung zwischen einer beinahe heiter szientifischen Zurückhaltung des ernsten, um Objektivität bemühten Gelehrten einerseits, und der politischen Vitalität des verletzbaren, subjektiv reizbaren, moralisch empfindlichen Intellektuellen andererseits. Ich stelle mir vor, daß Foucault die Archive mit der zähen Energie eines spurensichernden Detektivs durchwühlt hat. Als er mir im März 1983 den Vorschlag machte, daß wir uns mit einigen amerikanischen Kollegen im November 1984 zu einer internen Konferenz treffen sollten, um über jenen vor 200 Jahren erschienenen Aufsatz *Beantwortung der Frage: Was ist Aufklärung?* zu diskutieren, wußte ich nichts von einer Vorlesung, die Foucault damals gerade über dieses Thema hielt.

Natürlich hatte ich seine Einladung als Aufforderung zu einer Diskussion verstanden, in der wir uns (mit Hubert Dreyfus, Richard Rorty und Charles Taylor) über verschiedene Interpretationen der Moderne auseinandersetzen würden – ausgehend von einem Text, der den philosophischen Diskurs der Moderne gewissermaßen eröffnet. Dies war aber nicht genau die Intention, die Foucault mit seinem Vorschlag verbunden hatte; das sah ich freilich erst, als im Mai dieses Jahres ein Auszug aus Foucaults Vorlesung publiziert wurde.

Darin begegnet man nicht jenem, aus der *Ordnung der Dinge* vertrauten Kant, dem Erkenntniskritiker, der mit seiner Analytik der Endlichkeit das Tor zum Zeitalter des anthropologischen Denkens und der Humanwissenschaften aufgestoßen hat; in dieser Vorlesung begegnet man einem *anderen* Kant – Kant als dem Vorläufer der Junghegelianer, der als erster mit dem metaphysischen Erbe ernsthaft bricht, die Philosophie vom Wahren und Immerseienden abzieht und auf das konzentriert, was den Philosophen bis dahin als das Begriffslose und Nicht-Seiende, als das schlechthin Zufällige und Flüchtige gegolten hatte. Foucault entdeckt in Kant den Zeitgenossen, der die esoterische Philosophie in eine auf die Provokation des geschichtlichen Augenblicks antwortende Kritik der Gegenwart verwandelt. In Kants Antwort auf die Frage: Was ist Aufklärung? sieht Foucault eine »Ontologie der Aktualität« entspringen, die über Hegel, Nietzsche und Max Weber zu Horkheimer und Adorno führt. Überraschenderweise rechnet sich Foucault, im letzten Satz seiner Vorlesung, selbst dieser Tradition zu.

Foucault spannt den 1784 erschienenen Text mit dem 14 Jahre später, auf die Ereignisse der Französischen Revolution zurückblickenden *Streit der Fakultäten* zusammen. Der Streit der Philosophischen mit der Juristischen Fakultät geht bekanntlich um die Frage, ob das menschliche Geschlecht im beständigen Fortschreiten zum Besseren begriffen sei. Das Ziel, an dem sich dieser Fortschritt bemißt, hatte Kant in seiner Rechtsphilosophie geklärt. Eine republikanische Verfassung würde den Rechtszustand im Inneren wie nach außen sichern – sowohl die Autonomie der Bürger unter selbstgegebenen Gesetzen als auch die Entfernung des Krieges aus den internationalen Beziehungen. Kant sucht nur nach einem empirischen Anhaltspunkt dafür, daß diesen Postulaten reiner praktischer Vernunft eine in der Geschichte bemerkbare »moralische Tendenz« des menschlichen Geschlechts tatsächlich entgegenkommt. Er sucht nach einer »Begebenheit unserer Zeit«, die auf eine Disposition der menschlichen Natur zum moralisch Besseren hinweist; und bekanntlich findet er dieses »Geschichtszeichen« zwar nicht in der Französischen Revolution selber, wohl aber in dem öffentlich bekundeten Enthusiasmus, mit dem ein breites Publikum diese Ereignisse furchtlos als den Versuch einer Verwirklichung naturrechtlicher Prinzipien begrüßt hatte. Ein solches Phänomen, meint Kant, vergißt sich nicht mehr – »denn jene Begebenheit ist zu groß, zu sehr mit dem Interesse der Menschen verwebt, als daß sie nicht den Völkern, bei irgendeiner Veranlassung günstiger Umstände, in Erinnerung gebracht und zur Wiederholung neuer Versuche dieser Art erweckt werden sollte«.

Foucault zitiert die berühmten Sätze seinerseits nicht ganz ohne »Affekt für die Teilnehmung am Guten«. In dem früheren Text zur Aufklärung hatte Kant noch betont, daß durch Revolution niemals jene »wahre Reform der Denkungsart« zustande komme, die, wie er später im *Streit der Fakultäten* meint, gerade im Enthusiasmus für die inzwischen eingetretene Revolution zum Ausdruck gelange. Foucault setzt beide Texte so in Verbindung, daß eine Synopse entsteht. Aus diesem Blickwinkel verschmilzt die Frage »Was ist Aufklärung?« mit der Frage »Was bedeutet diese Revolution für uns?«; damit vollzieht sich zugleich die Verschmelzung der Philosophie mit einem von der zeitgeschichtlichen Aktualität erregten Denken – der an den Ewigen Wahrheiten geschulte Blick versenkt sich ins Detail des entscheidungsträchtigen, unter dem Druck antizipierter Zukunftsmöglichkeiten aufplatzenden Augenblicks.

So entdeckt Foucault in Kant den *ersten* Philosophen, der wie ein Bogenschütze den Pfeil auf das Herz einer zur Aktualität verdichteten Gegenwart richtet und damit den Diskurs der Moderne eröffnet. Kant läßt den klassischen Streit über die Vorbildlichkeit der Alten und die Ebenbürtigkeit der Modernen hinter sich und verstrickt das diagnostisch umfunktionierte Denken in jenen ruhelosen Prozeß der Selbstvergewisserung, der im Horizont eines neuen Geschichtsbewußtseins die Moderne unablässig bis zum heutigen Tage in Bewegung hält. Der von der Aktualität in Anspruch genommenen Philosophie geht es um die Beziehung der Moderne zu sich selbst, um den »rapport ›sagital‹ à sa propre actualité«. Hölderlin und der junge Hegel, Marx und die Junghegelianer, Baudelaire und Nietzsche, Bataille und die Surrealisten, Lukács, Merleau-Ponty, die Vordenker eines westlichen Marxismus überhaupt, nicht zuletzt Foucault selbst – alle arbeiten sie an der Zuspitzung jenes modernen Zeitbewußtseins, das mit der Frage »Was ist Aufklärung« in die Philosophie Einzug gehalten hat. Der Philosoph wird zum Zeitgenossen; er tritt aus der Anonymität eines unpersönlichen Unternehmens heraus und gibt sich als eine Person aus Fleisch und Blut zu erkennen, auf die jede klinische Untersuchung der je eigenen, konfrontierenden Gegenwart bezogen sein muß. Die Periode der Aufklärung tritt auch retrospektiv noch unter der Beschreibung auf, die sie sich selbst gegeben hat; sie bezeichnet den Eintritt in eine Moderne, die sich dazu verurteilt sieht, ihr Selbstbewußtsein und ihre Norm aus sich selbst zu schöpfen.

Wenn dies nur die Paraphrase von Foucaults eigenem Gedankengang ist, stellt sich die Frage: wie ein derart affirmatives Verständnis des modernen, auf jeweils unsere Aktualität gerichteten, unserer Gegenwart eingeschriebenen Philosophierens zu Foucaults unnachgiebiger Kritik der Moderne paßt; wie sich gar das Selbstverständnis Foucaults als eines Denkers in der Tradition der Aufklärung mit Foucaults unmißverständlicher Kritik an eben dieser Wissensform der Moderne verträgt.

Müßte nicht Kants Geschichtsphilosophie, müßte nicht das Spekulieren über eine Verfassung der Freiheit, über Weltbürgertum und ewigen Frieden, müßte nicht die Deutung des revolutionären Enthusiasmus als eines Zeichens für den historischen Fortschritt zum Besseren, müßte nicht jede Zeile den Hohn des Machttheoretikers Foucault herausfordern? Ist nicht die Geschichte unter dem stoischen Blick des Archäologen Foucault zu einem *Eisberg* erstarrt, der von den kristallinen Formen willkürlicher Diskursformationen überzogen wird? (So jedenfalls sieht es der Freund Paul Veyne.) Gerät nicht unter dem zynischen Blick des Genealogen Foucault dieser Eisberg auf ganz andere Weise in Bewegung, als es das aktualisierende Denken der Moderne wahrhaben möchte – nur als ein sinnloses Auf und Ab anonymer Überwältigungsprozesse, in denen die Macht und nichts als die Macht unter immer neuen Masken auftritt? Hat nicht Foucault, in der *Ordnung der Dinge*, an Kant exemplarisch die eigentümliche Dynamik jenes Willens zur Wahrheit aufgedeckt, für den jede

Frustration nur ein neuer Stachel zur vermehrten und wiederum fehlschlagenden Wissensproduktion ist? Die Wissensform der Moderne ist gekennzeichnet durch die Aporie, daß sich das erkennende, selbstbezüglich gewordene Subjekt aus den Trümmern der Metaphysik erhebt, um sich im Bewußtsein seiner endlichen Kräfte einem Projekt zu verschreiben, das unendliche Kraft erfordern würde. Wie Foucault zeigt, verwandelt Kant diese Aporie geradezu in ein Konstruktionsprinzip seiner Erkenntnistheorie, indem er die Beschränkungen des endlichen Erkenntnisvermögens in transzendentale Bedingungen der ins Unendliche fortschreitenden Erkenntnis umdeutet. Ein strukturell überfordertes Subjekt verfängt sich in der anthropozentrischen Wissensform, und dieses Terrain besetzen dann jene Humanwissenschaften, in denen Foucault eine heimtückische Disziplinarmacht am Werke sieht. Sie errichten jedenfalls mit ihren prätentiösen, niemals eingelösten Ansprüchen die gefährliche Fassade eines allgemeingültigen Wissens, hinter der sich die Faktizität des schieren Willens zu wissender Selbstbemächtigung verbirgt. Erst im Sog dieses bodenlosen Willens zum Wissen bilden sich die Subjektivität und das Selbstbewußtsein, von denen Kant ausgeht.

Wenn wir mit diesen Erinnerungen zum Text unserer Vorlesung zurückkehren, bemerken wir in der Tat einige Vorsichtsmaßnahmen gegen allzu eklatante Widersprüche. Zwar bedeutet für uns die Aufklärung, die die Moderne inauguriert, nicht einfach eine beliebige Periode der Geistesgeschichte. Foucault warnt aber vor der pietätvollen Einstellung derer, die darauf aus sind, die Reste der Aufklärung nur zu konservieren. Foucault stellt (wenn auch bloß in Klammern) die Verbindung zu früheren Analysen ausdrücklich her. Heute könne es nicht unsere Aufgabe sein, Aufklärung und Revolution als Vorbilder präsent zu halten; vielmehr gehe es um die Frage nach den partikularen geschichtlichen Antrieben, die sich im universalistischen Denken seit dem späten 18. Jahrhundert zugleich durchsetzen und verbergen. Foucault wendet sich gegen die Ordnungsdenker, die an Kants erkenntnistheoretische Fragestellung anknüpfen; immer noch auf der Suche nach den universalen Bedingungen, unter denen Aussagen überhaupt wahr und falsch sein können, sind sie einer »Analytik der Wahrheit« verhaftet. Trotz dieser Vorkehrungen bleibt es eine Überraschung, daß auf der anderen Seite die subversiven Denker, die die Aktualität ihrer Gegenwart zu begreifen suchen, *nun* als die legitimen Erben der Kantischen Kritik auftreten. Sie wiederholen jene diagnostische Grundfrage einer sich selbst vergewissernden Moderne, die Kant als erster gestellt hat, unter den veränderten Bedingungen ihrer Gegenwart. Foucault sieht sich selbst als Fortsetzer dieser Traditionslinie. Für ihn besteht die Herausforderung der zugrunde gelegten Kant-Texte darin, daß es jenen Willen zu entschlüsseln gilt, der sich einst im Enthusiasmus für die Französische Revolution verraten hat. Das ist nämlich jener Wille zum Wissen, den sich die »Analytik der Wahrheit« nicht eingestehen kann. Während aber Foucault bisher diesen Willen zum Wissen in den modernen Machtformationen nur aufgespürt hatte, um ihn zu denunzieren, zeigt er ihn *jetzt* in einem völlig anderen Licht: als den bewahrenswerten und erneuerungsbedürftigen kritischen Impuls, der sein eigenes Denken mit den Anfängen der Moderne verbindet.

Aus dem Kreis der philosophischen Zeitdiagnostiker meiner Generation hat Foucault den Zeitgeist am nachhaltigsten affiziert, nicht zuletzt dank des Ernstes, mit dem er in produktiven Widersprüchen ausharrt. Nur ein komplexes Denken bringt lehrreiche Widersprüche hervor. Instruktiv ist der Widerspruch, in den sich Kant verwickelte, als er den revolutionären Enthusiasmus zu einem Geschichtszeichen erklärte, welches eine intelligible Anlage des Menschengeschlechts in der Welt des Phänomenalen zum Vorschein kommen läßt. Gleichermaßen instruktiv ist der Widerspruch, in den sich Foucault verwickelt, wenn er seine von Aktualität versehrte Kritik der Macht zur Analytik des Wahren derart in Gegensatz bringt, daß jener die normativen Maßstäbe entgleiten, die sie dieser entlehnen müßte. Vielleicht ist es die Kraft dieses Widerspruchs, die Foucault, in diesem letzten seiner Texte, wiederum in den Bannkreis des philosophischen Diskurses der Moderne, den er doch sprengen wollte, eingeholt hat.

Untiefen der Rationalitätskritik

Bevor ich versuche, die drei Fragen Ihrer Enquête zu beantworten, möchte ich die Situationsbeschreibung ergänzen, die Sie Ihren Fragen voranstellen. Dabei beschränke ich mich auf die beiden Disziplinen, in denen ich selber arbeite: Philosophie und Soziologie.

I

In den fünfziger und den frühen sechziger Jahren waren orthodoxe und abweichende Positionen leicht zu erkennen. In den amerikanischen Philosophiedepartments gab eine Wissenschaftstheorie den Ton an, die das Erbe des logischen Empirismus verwaltete; ihr zur Seite stand eine linguistische Philosophie, die zwischen den Anfängen der Sprachanalyse bei Frege und Moore und der Spätphilosophie Wittgensteins den Bogen des wissenschaftlichen Fortschritts spannte. Die Soziologiedepartments standen unter dem Einfluß von Parsons und Homans; jene Liberalen, die inzwischen zu Wortführern des Neokonservativismus geworden sind, priesen damals das Ende der Ideologie, die demokratische Eliteherrschaft und die technokratischen Sachgesetzlichkeiten. In Frankreich war der Einfluß Kojèves immer noch spürbar; Sartre und Merleau-Ponty brachten die phänomenologisch-anthropologische Denkweise zum Durchbruch – und für Themen und Aufregung sorgte ein parteikommunistisch einflußreicher Marxismus. Die französische Soziologie lebte zunächst von ihren eigenen bedeutenden Traditionen, später auch von Lévi-Strauss. In Deutschland öffneten sich Philosophie und Soziologie im Laufe der fünfziger Jahre der amerikanischen Vorherrschaft; dadurch wurde die Phänomenologie in ihrer Husserlschen wie Heideggerschen Variante zurückgedrängt, jedenfalls relativiert. Der aus der Nazizeit stammende Institutionalismus von Freyer, Gehlen und Schelsky glich sich den westlichen Technokratietheorien an. Nur in Frankfurt wahrten die zurückgekehrten Emigranten eine gewisse Kontinuität mit dem westlichen Marxismus der zwanziger Jahre.

Inzwischen haben die geistigen Impulse der Studentenrevolte diese verschiedenen, noch durch nationale Sondertraditionen geprägten Szenen völlig verwandelt – und aneinander assimiliert. Alle Orthodoxien, die von Wittgenstein, Popper und Parsons nicht weniger als die von Heidegger, Sartre und Lévi-Strauss, sind, wie die Schultraditionen überhaupt, aufgeweicht worden. Selbst in Paris herrscht, nachdem der orthodoxe Marxismus abgewirtschaftet hat, ein Pluralismus, der mit den alten Monopolen auch die klaren Fronten auflöst. Von der Warte der vergangenen Orthodoxien aus betrachtet, ist diese neue Offenheit, die man auch eine neue Unübersichtlichkeit nennen könnte, ein Erfolg der vormals »abweichenden« theoretischen Ansätze. Das ist in der Soziologie am deutlichsten, wo Hermeneutik, Ethnomethodologie, Kritische Theorie und zunehmend poststrukturalistische Ansätze das konventionelle Selbstverständnis der Profession herausgefordert haben. Aber auch in der Philosophie verbreitet sich ein eigentümlicher Synkretismus. An jedem Ort wird, manchmal hastig und in wahlloser Gleichzeitigkeit, rezipiert, was bis dahin unterdrückt worden war: in Paris Leo Strauss und Hannah Arendt, Popper und Adorno; in Berkeley und in Frankfurt Lévi-Strauss, Foucault und Derrida – und überall Feyerabend und Rorty, mit einer Prise von Quine und Putnam versetzt.

II

Nun wird also an allen Orten mehr oder weniger alles gehandelt, und das ist gut so. Neben den einander *überkreuzenden* Tendenzen zur Einebnung, und damit komme ich zum Thema, beobachtet man auch *gleichlaufende* Tendenzen. *Erstens* das Eindringen historischer und ethnologischer Denkweisen in die stärker theoretisch ausgerichteten Disziplinen. Kontextualismus wird großgeschrieben; die Lebenswelt tritt nur noch im Plural auf; Sittlichkeit verdrängt Moralität, der Alltag die Theorie, der Bruch die Kontinuität, das Besondere das Allgemeine. Nun, diese Tendenz hat einerseits Mißtrauen gegen starke Systematisierungen und Übergeneralisierungen, überhaupt gegen normativ gehaltvolle Konstruktionen geweckt; andererseits fördert sie ein heilsames fallibilistisches Selbstmißtrauen und die Toleranz gegenüber den Verfahrensweisen weicher Wissenschaften, die sich den positivistischen Wissenschaftsstandards nicht fügen. Heute ist nichts weniger akzeptabel als beispielsweise die normative Auszeichnung der Einheitswissenschaft – des Konzepts der »unified science«.

Zweitens konvergieren heute viele philosophische Ansätze in der Überwindung des seit zweihundert Jahren herrschenden Paradigmas der Bewußtseinsphilosophie – mit ihren Schlüsselbegriffen des Subjekts und des Selbstbewußtseins. Diese Kritik hat natürlich ihre Vorläufer in den pragmatistischen, linguistischen und anthropologischen Versuchen, gegen den Cartesianischen Dualismus von Geist und Körper »dritte« Kategorien wie Handlung, Sprache und Leib zu philosophischem Rang zu erheben. Nietzsche und Heidegger verdanken, philosophieintern betrachtet, ihre erneute Aktualität dieser Frontstellung. Vermutlich wird man einmal in der Ablösung des Bewußtseinsparadigmas die eigentliche philosophische Leistung unserer Epoche sehen, vergleichbar dem Einschnitt seiner transzendental-philosophischen Inaugurierung durch Kant. Noch streiten wir uns freilich über den richtigen Ausgang dieses Ablösungsprozesses. Es geht um die Frage, ob wir die Selbstkritik einer mit sich zerfallenen Moderne *fortsetzen* und ob wir innerhalb des Horizonts der Moderne selber von den Pathologien des verfügenden Denkens Abstand gewinnen können – oder ob sich, wie manche behaupten, das Projekt einer Befreiung aus selbstverschuldeter Unmündigkeit schon definitiv erledigt hat.

Diejenigen unter uns, die meinen, alle Paradigmen hinter sich zu lassen und in die anarchistische Lichtung der Postmoderne heraustreten zu können, sind repräsentativ für eine *dritte* Tendenz. Sie verbinden die Kritik der Subjektphilosophie mit einer Vernunftkritik, bei der die Vernunft nur noch im genitivus objectivus auftritt – und bei der es auf paradoxe Weise offen bleibt, wer oder was den Platz des genitivus subjectivus einnehmen soll (wenn schon nicht mehr die Vernunft selber). Mit dieser totalen Vernunftkritik verbinden sich die großen Verabschiedungen nicht nur von Descartes, sondern auch von dessen Tugenden: von methodischem Denken, von theoretischer Verantwortlichkeit und jenem Egalitarismus des wissenschaftlichen Denkens, das mit jedem privilegierten Zugang zur Wahrheit gebrochen hatte. Der Kreuzzug gegen eine zur Totalität aufgespreizte instrumentelle Vernunft nimmt selber totalitäre Züge an. Auf der anderen Seite steckt auch in dieser Tendenz ein Wahrheitsmoment – es ist nur gut, daß sich heute eine Empfindlichkeit für die Dialektik der Aufklärung verbreitet, dafür also, daß eine bornierte Aufklärung über sich selbst aufgeklärt werden muß.

III

Wenn dies zeitgenössische Tendenzen sind, die die Hintergrundannahmen vieler Sozialwissenschaftler und Philosophen bestimmen, kann es nicht wundernehmen, daß sich die zugrunde liegenden, im Ökonomischen verwurzelten Stimmungslagen in bestimmten Philosophien einen überprägnanten, d. h. einen dramatisierten Ausdruck verschaffen. In den Schriften mancher Poststrukturalisten findet man nicht nur scharfsinnige Fortsetzungen der von Nietzsche geübten Ideologiekritik; hier begegnet man auch den methodischen Übertreibungen einer total gewordenen Vernunftkritik, die einen diffusen Zeitgeist eher symptomatisch zum Ausdruck als auf den Begriff bringt.

Eine vermeintlich radikale Kritik erzeugt Gefühle der objektlosen Erweckungsbereitschaft; und das Ausharren vor den unbestimmt avisierten künftigen Wahrheiten läßt ein Vakuum entstehen, in das die unüberprüften Wahrheiten der Religion und der Metaphysik um so unbekümmerter einströmen können. Noch besteht glücklicherweise eine Arbeitsteilung zwischen denen, die wir in Deutschland einmal die Jungkonservativen genannt haben, und denen, die die pseudoradikale Vernunftfeindschaft beerben möchten. Noch unterscheiden sich die, die heute dem späten Heidegger folgen, mit kritischem Gestus Gehorsamsbereitschaft einüben und die Kräfte der Kritik stillegen, von denen, die eine derart stimulierte Erweckungsbereitschaft trocken zur Kasse bitten. Fürchten müßten wir den rhetorischen Kurzschluß zwischen den konträren Gesten des Abräumens alter und des Aufbaus neuer Altäre.

Gewiß, die philosophische Artikulation des Zeitgeistes spielt sich auf einer anderen Ebene ab als der Wandel politischer Mentalitäten. Aber es gibt Interferenzen zwischen beiden Bewegungen. In Deutschland mehren sich die Zeichen dafür, daß Interferenzeffekte dieser Art mit größerer Schärfe als bisher wahrgenommen werden. In der letzten Nummer des *Freibeuter*

(Heft 20) analysiert Lothar Baier eine Pressekonferenz, die der ehemalige KP-Intellektuelle Frémontier unter dem Flankenschutz des rechten Abgeordneten Alain Madelin im Pariser Hotel Méridian abgehalten hat: »Es fällt auf, daß die Sünden, die allerorten gebeichtet werden, ausschließlich linke Sünden sind. Und es fällt weiter auf, daß ein völlig normaler Meinungswandel immer seltener ohne ein Ritual der Selbstbezichtigung und der Reue über die Bühne geht. Und wir werden immer häufiger daran erinnert, daß Frankreich nicht nur das Land Descartes', der Revolution und der Erklärung der Menschenrechte ist, sondern auch das Land, von dem die Kreuzzüge ihren Ausgang nahmen ... Verwunderlich erscheint mir nur, daß in dieser laizistischen Industriegesellschaft noch soviel religiöser Geist lebendig ist, nicht aber, daß der neue Kreuzzug traditionsgemäß gegen Osten geht.« Um keinen falschen Eindruck aufkommen zu lassen – Baier bedient sich des französischen Beispiels lediglich zur Kritik an deutschen Zuständen. Er mokiert sich mit Recht über »die Linke im Büßerhemd«.

IV

Nach dieser etwas umständlichen Einleitung kann ich Ihre Fragen mit wenigen Worten beantworten:

Erstens: Ich glaube, daß sich der abendländische »Logozentrismus« nicht einem Zuviel, sondern einem Zuwenig an Vernunft verdankt. Die Privilegierung des Seienden in der Ontologie, des Bewußtseins in der Erkenntnistheorie, des Aussagesatzes und der propositionalen Wahrheit in der Semantik sind, in drei weit auseinanderliegenden Perioden, Beispiele für dieselbe kognitivistische Verengung des Vernunftbegriffs. Es mag altmodisch sein, aber ich glaube, daß wir wie Kant auch heute noch vor dem Problem stehen, zu erklären, worin die objektivierende Erkenntnis, die moralische Einsicht und die Kraft des ästhetischen Urteils ihre prozedurale Einheit finden.

Zweitens: Die kognitiv-instrumentelle Vereinseitigung des modernen Begriffs der Rationalität spiegelt die objektive Vereinseitigung einer kapitalistisch modernisierten Lebenswelt. Daher kann es nicht allein Sache des philosophischen Denkens und der sozialwissenschaftlichen Theoriebildung sein, den »Logozentrismus«

zu überwinden. Beide können freilich dazu beitragen, die verschütteten Dimensionen der Vernunft wieder zugänglich zu machen – und zwar durch die explorative Kraft der Vernunft selber. Sie können dabei helfen, das in der entfremdeten Alltagspraxis stillgestellte Zusammenspiel des Kognitiv-Instrumentellen mit dem Moral-Praktischen und dem Ästhetisch-Expressiven wie ein Mobile, das sich hartnäckig verhakt hat, wieder in Bewegung zu setzen. Wenn das Paradigma des Bewußtseins durch das der Verständigung abgelöst wird, können geduldige Analysen das in unsere kommunikativen Alltagshandlungen eingebaute Potential einer unverkürzten Rationalität wieder sichtbar machen.

Drittens: Während der letzten ein bis zwei Jahrzehnte sind, wenn ich nur an gesellschaftstheoretische Zeitdiagnosen denke, von Paris mehr produktive Anstöße ausgegangen als von irgendeinem anderen Ort. Ich denke an die Arbeiten von Bourdieu, Castoriades, Foucault, Ricoeur und Touraine – Werke, die nur durch die kontinuierlichen Anstrengungen eines ganzen Lebens zustande kommen. Diese Analysen zielen gewiß in verschiedene Richtungen. Aber aus der Distanz lassen sich auch die vielen fragmentierten Wahrheiten aufeinander beziehen. Im übrigen zeigt das Beispiel der politischen Philosophie von Luc Ferry, daß die Produktivität in der jüngeren Generation nicht erschöpft ist – und sich freigemacht hat von neuphilosophischen Berührungsängsten vor den teutonischen Meisterdenkern.

5. Die Neue Unübersichtlichkeit

Der folgende Text lag einer Rede zugrunde, die ich am 26. November 1984 auf Einladung des Präsidenten des spanischen Parlamentes vor den Cortes gehalten habe.

Die Krise des Wohlfahrtsstaates und die Erschöpfung utopischer Energien

I

Seit dem späten 18. Jahrhundert bildet sich in der westlichen Kultur ein neues Zeitbewußtsein aus.[1] Während im christlichen Abendland die »neue Zeit« das künftige, erst mit dem Jüngsten Tag anbrechende Weltalter bezeichnet hatte, heißt »Neuzeit« von nun an die eigene, die gegenwärtige Periode. Die Gegenwart versteht sich jeweils als ein Übergang zum Neuen; sie lebt im Bewußtsein der Beschleunigung geschichtlicher Ereignisse und in der Erwartung der Andersartigkeit der Zukunft. Der epochale Neubeginn, der den Bruch der modernen Welt mit der Welt des christlichen Mittelalters und des Altertums markiert, wiederholt sich gleichsam mit jedem gegenwärtigen Moment, der Neues aus sich gebiert. Die Gegenwart verstetigt den Bruch mit der Vergangenheit als kontinuierliche Erneuerung. Der zur Zukunft geöffnete Horizont gegenwartsbezogener Erwartungen dirigiert auch den Zugriff auf Vergangenes. Die Geschichte wird seit dem Ende des 18. Jahrhunderts als ein weltumgreifender, problemerzeugender Prozeß begriffen. In ihm gilt Zeit als knappe Ressource für die zukunftsorientierte Bewältigung von Problemen, die uns die Vergangenheit hinterläßt. Exemplarische Vergangenheiten, an denen sich die Gegenwart unbedenklich orientieren könnte, sind verblaßt. Die Moderne kann ihre orientierenden Maßstäbe nicht mehr den Vorbildern anderer Epochen entlehnen. Die Moderne sieht sich ausschließlich auf sich gestellt – sie muß ihre Normativität aus sich selber schöpfen. Die authentische Gegenwart ist von nun an der Ort, wo sich Traditionsfortsetzung und Innovation verschränken.

Die Entwertung exemplarischer Vergangenheit und der Zwang, den eigenen, den modernen Erfahrungen und Lebensformen normativ gehaltvolle Prinzipien abzugewinnen, erklärt die veränderte Struktur des »Zeitgeistes«. Der Zeitgeist wird zum Medium, in dem sich fortan das politische Denken und die politische Auseinandersetzung bewegen. Der Zeitgeist erhält Anstöße von zwei konträren, aber aufeinander verwiesenen und sich durchdringenden Denkbewegungen: der Zeitgeist entzündet sich an dem Zusammenstoß von geschichtlichem und utopischem Denken.[2] Auf den ersten Blick schließen sich diese beiden Denkweisen aus. Das erfahrungsgesättigte *historische Denken* scheint dazu berufen zu sein, die utopischen Entwürfe zu kritisieren; das überschwengliche *utopische Denken* scheint die Funktion zu haben, Handlungsalternativen und Möglichkeitsspielräume zu erschließen, die über die geschichtlichen Kontinuitäten hinausschießen. Tatsächlich hat aber das moderne Zeitbewußtsein einen Horizont eröffnet, in dem das utopische mit dem geschichtlichen Denken verschmilzt. Dieses Einwandern utopischer Energien ins Geschichtsbewußtsein kennzeichnet jedenfalls den Zeitgeist, der die politische Öffentlichkeit der modernen Völker seit den Tagen der Französischen Revolution prägt. Das von der Aktualität des Zeitgeistes angesteckte politische Denken, das dem Problemdruck der Gegenwart standhalten will, wird von utopischen Energien aufgeladen – aber gleichzeitig soll dieser Erwartungsüberschuß am konservativen Gegengewicht geschichtlicher Erfahrungen kontrolliert werden.

»Utopie« wird, seit dem frühen 19. Jahrhundert, zu einem politischen Kampfbegriff, den jeder gegen jeden verwendet. Zunächst wird der Vorwurf gegen das abstrakte Aufklärungsdenken und dessen liberale Erben ins Feld geführt, dann natürlich gegen Sozialisten und Kommunisten, aber auch gegen die konservativen Ultras – gegen die einen, weil sie eine abstrakte Zukunft, gegen die anderen, weil sie eine abstrakte Vergangenheit beschwören. Weil alle vom utopischen Denken infiziert sind, möchte niemand ein Utopist sein.[3] Thomas Morus »Utopia«, Campanellas »Sonnenstaat«, Bacons »Nova Atlantis« – diese in der Renaissance entworfenen Raumutopien konnten noch »Staats*romane*« genannt werden, weil ihre Autoren niemals einen Zweifel am fiktiven Charakter der Erzählung gelassen hatten. Sie hatten paradiesische Vorstellungen in geschichtliche Räume und irdische Gegenwelten rückübersetzt, eschatologische Erwartungen in profane Lebensmöglichkeiten zurückverwandelt. Die klassischen Utopien vom besseren und ungefährdeteren Leben präsentierten sich, wie Fourier bemerkt, als ein »Traum vom Guten – ohne Mittel zur Ausführung desselben, ohne Methode«. Trotz ihres zeitkritischen Bezuges kommunzierten sie noch nicht mit der Geschichte. Das ändert sich erst, als Mercier, ein Anhänger Rousseaus, mit seinem Zukunftsroman über das Paris im Jahre

2440, jene Inseln des Glücks aus räumlich entfernten Regionen in eine entfernte Zukunft projiziert – und damit eschatologische Erwartungen über die künftige Wiederherstellung des Paradieses auf die *innerweltliche* Achse eines historischen Fortschritts abbildet.[4] Sobald sich aber Utopie und Geschichte in dieser Weise berühren, verwandelt sich die klassische Gestalt der Utopie, streift der Staatsroman seine romanhaften Züge ab. Wer für die utopischen Energien des Zeitgeistes am empfindlichsten ist, wird von nun an die Verschmelzung des utopischen mit dem geschichtlichen Denken am energischsten betreiben. Robert Owen und Saint-Simon, Fourier und Proudhon lehnen den Utopismus heftig ab; und sie wiederum werden von Marx und Engels als »utopische Sozialisten« angeklagt. Erst Ernst Bloch und Karl Mannheim haben in unserem Jahrhundert den Ausdruck »Utopie« vom Beigeschmack des Utopismus gereinigt und als unverdächtiges Medium für den Entwurf alternativer Lebensmöglichkeiten rehabilitiert, die im Geschichtsprozeß selber angelegt sein sollen. Dem politisch wirksamen Geschichtsbewußtsein selbst ist eine utopische Perspektive eingeschrieben.

So jedenfalls schien es sich zu verhalten – bis gestern. Heute sieht es so aus, als seien die utopischen Energien aufgezehrt, als hätten sie sich vom geschichtlichen Denken zurückgezogen. Der Horizont der Zukunft hat sich zusammengezogen und den Zeitgeist wie die Politik gründlich verändert. Die Zukunft ist negativ besetzt; an der Schwelle zum 21. Jahrhundert zeichnet sich das Schreckenspanorama der weltweiten Gefährdung allgemeiner Lebensinteressen ab: die Spirale des Wettrüstens, die unkontrollierte Verbreitung von Kernwaffen, die strukturelle Verarmung der Entwicklungsländer, Arbeitslosigkeit und wachsende soziale Ungleichgewichte in den entwickelten Ländern, Probleme der Umweltbelastung, katastrophennah operierende Großtechnologien geben die Stichworte, die über Massenmedien ins öffentliche Bewußtsein eingedrungen sind. Die Antworten der Intellektuellen spiegeln nicht weniger als die der Politiker Ratlosigkeit. Es ist keineswegs nur Realismus, wenn eine forsch akzeptierte Ratlosigkeit mehr und mehr an die Stelle von zukunftsgerichteten Orientierungsversuchen tritt. Die Lage mag objektiv unübersichtlich sein. Unübersichtlichkeit ist indessen auch eine Funktion der Handlungsbereitschaft, die sich eine Gesellschaft zutraut. Es geht um das Vertrauen der westlichen Kultur in sich selbst.

II

Für die Erschöpfung der utopischen Energien gibt es freilich gute Gründe. Die klassischen Utopien haben die Bedingungen für ein menschenwürdiges Leben, für das gesellschaftlich organisierte Glück *ausgemalt;* die mit geschichtlichem Denken verschmolzenen Sozialutopien, die seit dem 19. Jahrhundert in die politischen Auseinandersetzungen eingreifen, wecken realistischere Erwartungen. Sie stellen Wissenschaft, Technik und Planung als verheißungsvolle und unbeirrbare Instrumente einer vernünftigen Kontrolle von Natur und Gesellschaft vor. Genau diese Erwartung ist inzwischen durch massive Evidenzen erschüttert worden. Die Kernenergie, die Waffentechnologie und das Vordringen in den Weltraum, die Genforschung und der biotechnische Eingriff ins menschliche Verhalten, Informationsverarbeitung, Datenerfassung und neue Kommunikationsmedien sind von Haus aus Techniken mit zwiespältigen Folgen. Und je komplexer die steuerungsbedürftigen Systeme werden, um so größer wird die Wahrscheinlichkeit dysfunktionaler Nebenfolgen. Wir erfahren täglich, daß sich Produktivkräfte in Destruktivkräfte, Planungskapazitäten in Störpotentiale verwandeln. Deshalb nimmt es nicht wunder, daß heute vor allem jene Theorien an Einfluß gewinnen, die zeigen möchten, daß dieselben Kräfte der Machtsteigerung, aus denen die Moderne einst ihr Selbstbewußtsein und ihre utopischen Erwartungen geschöpft hat, tatsächlich Autonomie in Abhängigkeit, Emanzipation in Unterdrückung, Rationalität in Unvernunft umschlagen lassen. Derrida zieht aus Heideggers Kritik der neuzeitlichen Subjektivität den Schluß, daß wir der Tretmühle des abendländischen Logozentrismus nur durch ziellose Provokation entkommen können. Statt die vordergründigen Kontingenzen *in* der Welt beherrschen zu wollen, sollten wir uns besser den geheimnisvoll verschlüsselten Kontingenzen der Welterschließung ergeben. Foucault radikalisiert Horkheimers und Adornos Kritik der instrumentellen Vernunft zu einer Theorie der Ewigen Wiederkehr der Macht. Seine Botschaft vom immer gleichen Machtzyklus der immer neuen Diskurs-Formationen muß den letzten Funken von Utopie und von Vertrauen der westlichen Kultur in sich selbst ersticken.

Auf der intellektuellen Szene breitet sich der Verdacht aus, daß die Erschöpfung utopischer Energien nicht nur eine der vorübergehenden kulturpessimistischen Stimmungslagen anzeigt, sondern tiefer greift. Sie könnte eine Veränderung des modernen Zeitbewußtseins überhaupt anzeigen. Vielleicht löst sich jenes Amalgam von geschichtlichem und utopischem Denken wieder auf; vielleicht verwandeln sich die Struktur des Zeitgeistes und der Aggregatzustand der Politik. Vielleicht wird das Geschichtsbewußtsein von seinen utopischen Energien *ent*laden: wie am Ende des 18. Jahrhunderts die Paradieseshoffnungen mit der Verzeitlichung der Utopien ins Diesseits eingewandert sind, so würden heute, zweihundert Jahre danach, die utopischen Erwartungen ihren säkularen Charakter verlieren und wiederum religiöse Gestalt annehmen.

Ich halte diese These vom Anbruch der Postmoderne für unbegründet. Nicht die Struktur des Zeitgeistes, nicht der Modus des Streites über künftige Lebensmöglichkeiten ändert sich; nicht die utopischen Energien überhaupt ziehen sich vom Geschichtsbewußtsein zurück. An ein Ende gelangt ist vielmehr eine bestimmte Utopie, die sich in der Vergangenheit um das Potential der Arbeitsgesellschaft kristallisiert hat.

Die Klassiker der Gesellschaftstheorie von Marx bis Max Weber waren sich darin einig, daß die Struktur der bürgerlichen Gesellschaft durch abstrakte Arbeit, durch den Typus einer über den Markt gesteuerten, kapitalistisch verwerteten und betriebsförmig organisierten Erwerbsarbeit geprägt ist. Weil die Form dieser abstrakten Arbeit eine derart prägende, alle Bereiche penetrierende Kraft entfaltet hat, konnten sich auch die utopischen Erwartungen auf die Produktionssphäre richten, kurz: auf eine Emanzipation der Arbeit von Fremdbestimmung. Die Utopien der frühen Sozialisten haben sich zum Bild der Phalanstère verdichtet – einer arbeitsgesellschaftlichen Organisation freier und gleicher Produzenten. Aus der richtig eingerichteten Produktion selbst sollte die kommunale Lebensform frei assoziierter Arbeiter hervorgehen. Die Idee der Arbeiterselbstverwaltung hat noch die Protestbewegung der späten sechziger Jahre inspiriert.[5] Bei aller Kritik am Frühsozialismus hat auch Marx im ersten Teil der *Deutschen Ideologie* dieselbe arbeitsgesellschaftliche Utopie verfolgt: »Es ist also jetzt soweit gekommen, daß die Individuen sich die vorhandene Totalität von Produktivkräften aneignen müssen, um zu ihrer Selbstbestätigung zu kommen ... Die Aneignung dieser Kräfte ist weiter nichts als die Entwicklung der den materiellen Produktionsinstrumenten entsprechenden individuellen Fähigkeiten. Erst auf dieser Stufe fällt die Selbstbetätigung mit dem materiellen Leben zusammen, was der Entwicklung der Individuen zu totalen Individuen und der Abstreifung aller Naturwüchsigkeit entspricht.«

Die arbeitsgesellschaftliche Utopie hat heute ihre Überzeugungskraft eingebüßt – und dies nicht nur, weil die Produktivkräfte ihre Unschuld verloren haben oder weil die Abschaffung des Privateigentums an Produktionsmitteln offensichtlich nicht per se in Arbeiterselbstverwaltung einmündet. Vor allem hat die Utopie ihren Bezugspunkt in der Realität verloren: die strukturbildende und gesellschaftsformierende Kraft der abstrakten Arbeit. Claus Offe hat überzeugende »Anhaltspunkte für die objektiv abnehmende Determinationskraft der Tatbestände von Arbeit, Produktion und Erwerb für die Gesellschaftsverfassung und die Gesellschaftsentwicklung im ganzen« zusammengetragen.[6]

Wer eine der seltenen Schriften aufschlägt, die heute noch einen utopischen Bezug schon im Titel anzukündigen wagen – ich meine André Gorz' *Wege ins Paradies* –, wird diese Diagnose bestätigt finden. Gorz begründet seinen Vorschlag, auf dem Wege eines garantierten Mindesteinkommens Arbeit und Einkommen zu entkoppeln, mit dem Abschied von jener Marxschen Erwartung, daß Selbstbetätigung mit dem materiellen Leben noch zusammenfallen könne.

Aber warum sollte die schwindende Überzeugungskraft der arbeitsgesellschaftlichen Utopie für die breitere Öffentlichkeit von Bedeutung sein und eine *allgemeine* Erschöpfung utopischer Antriebe erklären helfen? Nun, diese Utopie hat nicht nur Intellektuelle angezogen. Sie hat die europäische Arbeiterbewegung inspiriert und in unserem Jahrhundert in drei sehr verschiedenen, aber weltgeschichtlich wirksam gewordenen Programmatiken ihre Spuren hinterlassen. In Reaktion auf die Folgen des Ersten Weltkrieges und die Weltwirtschaftskrise haben sich die entsprechenden politischen Strömungen durchgesetzt: der Sowjetkommunismus in Rußland; der autoritäre Korporatismus im faschistischen Italien, im NS-Deutschland und im falangistischen Spanien; und der sozialdemokratische Reformismus in den Massendemokratien des Westens. Allein dieses Sozialstaatsprojekt hat sich das Erbe der bürgerlichen Emanzipationsbewegungen, den demokratischen Verfassungsstaat, zu eigen gemacht. Obschon aus der sozialdemokratischen Tradition hervorgegangen, ist es keineswegs nur von sozialdemokratisch geführten Regierungen verfolgt worden. Nach dem Zweiten Weltkrieg haben in westlichen Ländern alle regierenden Parteien ihre Mehrheiten mehr oder weniger prononciert im Zeichen sozialstaatlicher Zielsetzungen gewonnen. Seit Mitte der siebziger Jahre kommen aber die Grenzen des sozialstaatlichen Projektes zu Bewußtsein – ohne daß bis jetzt eine klare Alternative erkennbar wäre. Ich möchte deshalb meine These dahingehend präzisieren, daß die Neue Unübersichtlichkeit zu einer Situation gehört, in der eine immer noch von der arbeitsgesellschaftlichen Utopie zehrende Sozialstaatsprogrammatik die Kraft verliert, künftige Möglichkeiten eines kollektiv besseren und weniger gefährdeten Lebens zu erschließen.

III

Der utopische Kern, die Befreiung von heteronomer Arbeit, hatte freilich im sozialstaatlichen Projekt eine andere Form angenommen. Die menschenwürdigen, emanzipierten Lebensverhältnisse sollen nicht mehr unmittelbar aus einer Revolutionierung der Arbeitsverhältnisse, also aus der Umwandlung von heteronomer Arbeit in Selbsttätigkeit hervorgehen. Reformierte Beschäftigungsverhältnisse behalten jedoch einen zentralen Stellenwert auch in diesem Projekt.[7] Sie bleiben der Bezugspunkt nicht nur für Maßnahmen der Humanisierung einer weiterhin fremdbestimmten Arbeit, sondern vor allem für die kompensatorischen Leistungen, die die Grundrisiken der Lohnarbeit (Unfall, Krankheit, Verlust des Arbeitsplatzes, unversorgtes Alter) auffangen sollen. Daraus ergibt sich die Konsequenz, daß alle Arbeitsfähigen in das derart abgeschliffene und abgefederte Beschäftigungssystem eingegliedert werden müssen – also das Ziel der Vollbeschäftigung. Der Ausgleich funktioniert nur, wenn die Rolle des vollzeitbeschäftigten Lohnempfängers zur Norm wird. Für Belastungen, die mit einem gepolsterten Status abhängiger Erwerbsarbeit immer noch verknüpft sind, wird der Bürger in seiner Rolle als Klient wohlfahrtsstaatlicher Bürokratien mit Rechtsansprüchen, und in seiner Rolle als Konsument von Massengütern mit Kaufkraft entschädigt. Der Hebel für die Befriedung des Klassenantagonismus bleibt also die Neutralisierung des im Lohnarbeiterstatus angelegten Konfliktstoffes.

Dieses Ziel soll auf dem Wege über die sozialstaatliche Gesetzgebung und die Kollektivverhandlungen unabhängiger Tarifparteien erreicht werden. Die sozialstaatlichen Politiken beziehen ihre Legitimation aus allgemeinen Wahlen und finden in autonomen Gewerkschaften wie in Arbeiterparteien ihre gesellschaftliche Basis. Über den Erfolg des Projektes entscheidet freilich erst die Macht und Handlungsfähigkeit eines interventionistischen Staatsapparates. Der soll ins Wirtschaftssystem mit dem Ziel eingreifen, das kapitalistische Wachstum zu hegen, die Krisen zu glätten, gleichzeitig die internationale Wettbewerbsfähigkeit der Unternehmen und Arbeitsplätze zu sichern, damit Zuwächse entstehen, aus denen umverteilt werden kann, ohne die privaten Investoren zu entmutigen. Das beleuchtet die *methodische Seite*: der sozialstaatliche Kompromiß und die Befriedung des Klassenantagonismus sollen dadurch erreicht werden, daß demokratisch legitimierte staatliche Macht zur Hegung und zur Zähmung des naturwüchsigen kapitalistischen Wachstumsprozesses eingesetzt wird. Die *substantielle Seite* des Projektes zehrt von Resten der arbeitsgesellschaftlichen Utopie: indem der Status der Arbeitnehmer durch staatsbürgerliche Teilnahme- und soziale Teilhaberechte normalisiert wird, erhält die Masse der Bevölkerung die Chance, in Freiheit, sozialer Gerechtigkeit und wachsendem Wohlstand zu leben. Dabei wird vorausgesetzt, daß zwischen Demokratie und Kapitalismus durch staatliche Interventionen eine friedliche Koexistenz gesichert werden kann.

In den entwickelten Industriegesellschaften des Westens konnte diese prekäre Bedingung im großen und ganzen erfüllt werden, jedenfalls unter den günstigen Konstellationen der Nachkriegs- und Wiederaufbauperiode. Aber nicht mit der seit den siebziger Jahren veränderten Konstellation will ich mich beschäftigen, nicht mit den Umständen, sondern mit den inneren Schwierigkeiten, die dem Sozialstaat aus seinen eigenen Erfolgen entstehen.[8] In dieser Hinsicht sind immer wieder zwei Fragen aufgetaucht. Verfügt der interventionistische Staat über genügend Macht, und kann er effizient genug arbeiten, um das kapitalistische Wirtschaftssystem im Sinne seiner Programmatik zu bändigen? Und ist der Einsatz politischer Macht die richtige Methode, um das substantielle Ziel der Förderung und Sicherung menschenwürdiger, emanzipierter Lebensformen zu erreichen? Es handelt sich also erstens um die Frage nach den Grenzen der Versöhnbarkeit von Kapitalismus und Demokratie und zweitens um die Frage nach den Möglichkeiten, neue Lebensformen mit rechtlich-bürokratischen Mitteln hervorzubringen.

Ad 1). Von Anfang an hat sich der Nationalstaat als ein zu enger Rahmen erwiesen, um die keynesianischen Wirtschaftspolitiken nach außen, gegen die Imperative des Weltmarktes und die Investitionspolitik weltweit operierender Unternehmen hinreichend abzusichern. Sichtbarer sind aber die Grenzen der Interventionsmacht und der Interventionsfähigkeit des Staates im Inneren. Hier stößt der Sozialstaat, je erfolgreicher er seine Programme durchsetzt, um so deutlicher, auf den Widerstand der privaten Investoren. Es gibt natürlich viele Ursachen für eine verschlechterte Rentabilität der Unternehmen, für schwindende Investitionsbereitschaften und fallende Wachstumsraten. Aber die Verwertungsbedingungen des Kapitals bleiben eben auch vom Ergebnis der sozialstaatlichen Politiken nicht unberührt, weder tatsächlich noch – und erst recht nicht – in der subjektiven Wahrnehmung der Unternehmen. Zudem verstärken wachsende Lohn- und Lohnnebenkosten die Neigung zu Rationalisierungsinvestitionen, die – im Zeichen einer zweiten industriellen Revolution – die Arbeitsproduktivität so erheblich steigern und die gesamtgesellschaftlich notwendige Arbeitszeit so erheblich senken, daß trotz des säkularen Trends zur Arbeitszeitverkürzung immer mehr Arbeitskräfte freigesetzt werden. Wie dem auch sei – in einer Situation, in der mangelnde Investitionsbereitschaft und wirtschaftliche Stagnation, steigende Arbeitslosigkeit und die Krise öffentlicher Haushalte auch in der Wahrnehmung der Öffentlichkeit mit den Kosten des Wohlfahrtsstaates in eine suggestive Verbindung gebracht werden können, machen sich die strukturellen Beschränkungen fühlbar, unter denen der sozialstaatliche Kompromiß gefunden und aufrechterhalten worden ist. Weil der Sozialstaat die Funktionsweise des Wirtschaftssystems unangetastet lassen muß, hat er nicht die Möglichkeit, auf die private Investitionstätigkeit anders als durch systemkonforme Eingriffe Einfluß zu nehmen. Er hätte dazu auch gar nicht die Macht, weil sich die Umverteilung von Einkommen im wesentlichen auf eine horizontale Umschichtung innerhalb der Gruppe der abhängig Beschäftigten beschränkt und die klassenspezifische

Vermögensstruktur, insbesondere die Verteilung des Eigentums an Produktionsmitteln, nicht berührt. So schlittert gerade der erfolgreiche Sozialstaat in eine Situation, in der die Tatsache zu Bewußtsein kommen muß, daß er selbst keine autonome »Quelle von Wohlstand« ist und Arbeitsplatzsicherheit nicht als Bürgerrecht garantieren kann (C. Offe).

In einer solchen Situation gerät der Sozialstaat zugleich in die Gefahr, daß ihm seine gesellschaftliche Basis wegrutscht. Die aufwärtsmobilen Wählerschichten, die von der Sozialstaatsentwicklung unmittelbar den größten Nutzen hatten, können in Krisenzeiten eine Mentalität der Besitzstandswahrung ausbilden und sich mit dem alten Mittelstand, überhaupt mit den »produktivistisch« gesonnenen Schichten zu einem defensiven Block gegen die unterprivilegierten oder ausgegrenzten Gruppen zusammenschließen. Durch eine solche Umschichtung der Wählerbasis sind in erster Linie die Parteien bedroht, die sich, wie die Demokraten in den USA, die englische Labour Party oder die deutsche Sozialdemokratie, über Jahrzehnte auf ein festes sozialstaatliches Klientel verlassen konnten. Gleichzeitig geraten die Gewerkschaftsorganisationen durch die veränderte Situation des Arbeitsmarktes unter Druck; ihr Drohpotential wird geschwächt, sie verlieren Mitglieder und Beiträge und sehen sich zu einer Verbandspolitik gedrängt, die auf die kurzfristigen Interessen der noch Beschäftigten zugeschnitten ist.

Ad 2). Selbst wenn der Sozialstaat unter glücklicheren Rahmenbedingungen die Nebenwirkungen seines Erfolgs, die seine eigenen Funktionsbedingungen gefährden, verzögern oder ganz vermeiden könnte, bliebe ein weiteres Problem ungelöst. Die Anwälte des sozialstaatlichen Projektes hatten immer nur in eine Richtung geblickt. Im Vordergrund stand die Aufgabe, die naturwüchsige ökonomische Macht zu disziplinieren und die zerstörerischen Auswirkungen eines krisenhaften ökonomischen Wachstums von der Lebenswelt der abhängig Arbeitenden abzuwenden. Die parlamentarisch errungene Regierungsmacht erschien als eine ebenso unschuldige wie unerläßliche Ressource; aus ihr mußte der interventionistische Staat gegenüber dem systemischen Eigensinn der Ökonomie Stärke und Handlungsfähigkeit schöpfen. Daß der aktive Staat nicht nur in den Wirtschaftskreislauf, sondern auch in den Lebenskreislauf seiner Bürger eingriff, hatten die Reformer als ganz unproblematisch angesehen – die

Reform der Lebensbedingungen der Beschäftigten war ja das Ziel der sozialstaatlichen Programme. Tatsächlich ist auf diesem Wege ein höheres Maß an sozialer Gerechtigkeit errungen worden.

Aber gerade diejenigen, die diese historische Errungenschaft des Sozialstaates anerkennen und sich die Kritik an seinen Schwächen nicht zu billig machen, erkennen inzwischen auch *den* Fehlschlag, der nicht diesem oder jenem Hindernis, nicht einer halbherzigen Verwirklichung des Projektes zuzuschreiben ist, sondern einer spezifischen Einäugigkeit dieses Projektes selber. Ausgeblendet ist jede Skepsis gegenüber dem vielleicht unerläßlichen, aber nur vermeintlich unschuldigen Medium der Macht. Die sozialstaatlichen Programme verbrauchen davon eine ganze Menge, damit sie Gesetzeskraft erlangen, aus öffentlichen Haushalten finanziert – und in der Lebenswelt ihrer Nutznießer implementiert werden können. So überzieht ein immer dichteres Netz von Rechtsnormen, von staatlichen und parastaatlichen Bürokratien den Alltag der potentiellen und tatsächlichen Klienten.

Ausgedehnte Diskussionen über Verrechtlichung und Bürokratisierung im allgemeinen, über die kontraproduktiven Wirkungen der staatlichen Sozialpolitik im besonderen, über Professionalisierung und Verwissenschaftlichung der sozialen Dienste haben die Aufmerksamkeit auf Tatbestände gelenkt, die eines deutlich machen: die rechtlich-administrativen Mittel der Umsetzung sozialstaatlicher Programme stellen kein passives, gleichsam eigenschaftsloses Medium dar. Vielmehr ist mit ihnen eine Praxis der Tatbestandsvereinzelung, der Normalisierung und der Überwachung verknüpft, deren verdinglichende und subjektivierende Gewalt Foucault bis in die feinsten kapillarischen Verästelungen der Alltagskommunikation hinein verfolgt hat. Die Verformungen einer reglementierten, zergliederten, kontrollierten und betreuten Lebenswelt sind gewiß sublimer als die handgreiflichen Formen von materieller Ausbeutung und Verelendung; aber die aufs Psychische und Körperliche abgewälzten und verinnerlichten sozialen Konflikte sind darum nicht weniger destruktiv. Kurzum, dem sozialstaatlichen Projekt als solchem wohnt der Widerspruch zwischen Ziel und Methode inne. Sein Ziel ist die Stiftung von egalitär strukturierten Lebensformen, die zugleich Spielräume für individuelle Selbstverwirklichung und Spontaneität freisetzen sollten. Aber offensichtlich kann dieses Ziel nicht auf dem direkten Wege einer rechtlich-administrativen Umsetzung politischer Programme erreicht werden. Mit der Hervorbringung von Lebensformen ist das Medium Macht überfordert.

IV

Anhand von zwei Problemen habe ich Hindernisse behandelt, die sich der erfolgreiche Sozialstaat selbst in den Weg legt. Damit will ich nicht sagen, daß die Sozialstaatsentwicklung eine Fehlspezialisierung gewesen ist. Im Gegenteil: die sozialstaatlichen Institutionen kennzeichnen in nicht geringerem Maße als die Einrichtungen des demokratischen Verfassungsstaates einen Entwicklungsschub des politischen Systems, zu dem es in Gesellschaften unseres Typs keine erkennbare Alternative gibt – weder im Hinblick auf die Funktionen, die der Sozialstaat erfüllt, noch im Hinblick auf die normativ gerechtfertigten Forderungen, denen er genügt. Vor allem die in der Sozialstaatsentwicklung noch zurückgebliebenen Länder haben keinen plausiblen Grund, von diesem Pfad abzuweichen. Es ist gerade die Alternativenlosigkeit, vielleicht sogar Irreversibilität dieser immer noch umkämpften Kompromißstrukturen, die uns heute vor das Dilemma stellen, daß der entwickelte Kapitalismus ebensowenig ohne den Sozialstaat leben kann – wie mit dessen weiterem Ausbau. Die mehr oder weniger ratlosen Reaktionen auf dieses Dilemma zeigen, daß das politische Anregungspotential der arbeitsgesellschaftlichen Utopie erschöpft ist.

Mit C. Offe lassen sich in Ländern wie der Bundesrepublik und den USA drei Reaktionsmuster unterscheiden.[9] Der *industriegesellschaftlich-sozialstaatliche Legitimismus* der rechten Sozialdemokratie befindet sich in der Defensive. Diese Kennzeichnung verstehe ich in einem weitgefaßten Sinne, so daß sie beispielsweise auch auf den Mondale-Flügel der Demokraten in den USA oder auf die zweite Regierung unter Mitterand Anwendung finden kann. Die Legitimisten streichen aus dem sozialstaatlichen Projekt genau die Komponente, die es der arbeitsgesellschaftlichen Utopie entlehnt hatte. Sie verzichten auf das Ziel, die heteronome Arbeit so weit zu bezwingen, daß der in die Produktionssphäre hineinreichende Status des freien und gleichberechtigten Bürgers zum Kristallisationskern autonomer Lebensformen werden kann. Die Legitimisten sind heute die eigentlich Konservativen, die das Erreichte stabilisieren möchten. Sie hoffen, den Gleichgewichtspunkt zwischen Sozialstaatsentwicklung und marktwirtschaftlicher Modernisierung wieder ausfindig zu machen. Die gestörte Balance zwischen demokratischen Gebrauchswertorientierungen und abgemilderter kapitalistischer Eigendynamik soll sich wieder einpendeln. Diese Programmatik ist auf die Bewahrung sozialstaatlicher Besitzstände fixiert. Sie verkennt aber die Widerstandspotentiale, die sich im Sog einer fortschreitenden bürokratischen Erosion der aus naturwüchsigen Zusammenhängen freigesetzten, kommunikativ strukturierten Lebenswelten ansammeln; ebensowenig nimmt sie Verschiebungen in der sozialen und der gewerkschaftlichen Basis ernst, auf die sich die sozialstaatlichen Politiken bisher stützen konnten. Im Hinblick auf die Umschichtungen der Wählerstruktur und die Schwächung der gewerkschaftlichen Position droht einer solchen Politik ein verzweifelter Wettlauf mit der Zeit.

Im Aufwind befindet sich der *Neokonservativismus,* der ebenfalls industriegesellschaftlich orientiert ist, aber entschieden sozialstaatskritisch auftritt. Die Reagan-Administration und die Regierung von Margaret Thatcher sind in seinem Namen angetreten; die konservative Regierung in der Bundesrepublik ist auf eine ähnliche Linie eingeschwenkt. Der Neokonservativismus ist im wesentlichen durch drei Komponenten gekennzeichnet.

Erstens: Eine angebotsorientierte Wirtschaftspolitik soll die Verwertungsbedingungen des Kapitals verbessern und den Akkumulationsprozeß wieder in Gang setzen. Sie nimmt, der Intention nach nur vorübergehend, eine relativ hohe Arbeitslosenquote in Kauf. Die Einkommensumschichtung geht, wie die Statistiken in den USA belegen, zu Lasten der ärmeren Bevölkerungsgruppen, während nur die großen Kapitalbesitzer deutliche Einkommensverbesserungen erzielen. Damit gehen deutliche Einschränkungen sozialstaatlicher Leistungen Hand in Hand. Zweitens: Die Legitimationskosten des politischen Systems sollen gesenkt werden. »Anspruchsinflation« und »Unregierbarkeit« sind Stichworte für eine Politik, die auf eine stärkere Entkoppelung von Administration und öffentlicher Willensbildung abzielt. In diesem Zusammenhang werden neokorporatistische Entwicklungen gefördert, also eine Aktivierung des nicht-staatlichen Steuerungspotentials von Großverbänden, in erster Linie von Unternehmerorganisationen und Gewerkschaften. Die Verlagerung von normativ geregelten parlamentarischen Zuständigkeiten auf nur noch funktionierende Verhandlungssysteme macht den Staat zu einem Verhandlungspartner unter anderen. Die Kompetenzverschiebung in die neokorporativen Grauzonen entzieht immer mehr gesellschaftliche Materien einem Entscheidungsmodus, der durch Verfassungsnormen darauf verpflichtet ist, alle jeweils berührten Interessen gleichmäßig zu berücksichtigen.[10] Drittens: Schließlich erhält die Kulturpolitik den Auftrag, an zwei Fronten zu operieren. Sie soll einerseits die Intellektuellen als die zugleich machtbesessene und unproduktive Trägerschicht des Modernismus in Mißkredit bringen; denn postmaterielle Werte, vor allem die expressiven Bedürfnisse nach Selbstverwirklichung und die kritischen Urteile einer universalistischen Aufklärungsmoral, gelten als Bedrohung für die motivationalen Grundlagen einer funktionierenden Arbeitsgesellschaft und der entpolitisierten Öffentlichkeit. Auf der anderen Seite soll die traditionelle Kultur, sollen die haltenden Mächte der konventionellen Sittlichkeit, des Patriotismus, der bürgerlichen Religion und der Volkskultur gepflegt werden. Diese sind dazu da, um die private Lebenswelt für die persönlichen Belastungen zu entschädigen und gegen den Druck von Konkurrenzgesellschaft und beschleunigter Modernisierung abzufedern.

Die neokonservative Politik hat eine gewisse Chance der Durchsetzung, wenn sie in jener zweigeteilten segmentierten Gesellschaft, die sie zugleich fördert, eine Basis findet. Die ausgegrenzten oder an den Rand gedrückten Gruppen verfügen über keine Vetomacht, da sie eine ausgehaltene, aus dem Produktionsprozeß ausgegliederte Minderheit darstellen. Das Muster, das sich im internationalen Rahmen zwischen den Metropolen und der unterentwickelten Peripherie mehr und mehr eingespielt hat, scheint sich im Inneren der entwickeltsten kapitalistischen Gesellschaften zu wiederholen: die etablierten Mächte sind für ihre eigene Reproduktion auf die Arbeit und die Kooperationsbereitschaft der Verarmten und Entrechteten immer weniger angewiesen. Allerdings muß sich eine Politik nicht nur durchsetzen können, sie muß auch funktionieren. Eine *entschlossene* Aufkündigung des sozialstaatlichen Kompromisses müßte aber Funktionslücken hinterlassen, die nur durch Repression oder Verwahrlosung geschlossen werden könnten.

Ein drittes Reaktionsmuster zeichnet sich ab in der *Dissidenz* von *Wachstumskritikern*, die gegenüber dem Sozialstaat eine ambivalente Einstellung haben. So sammeln sich beispielsweise in den Neuen Sozialen Bewegungen der Bundesrepublik Minderheiten der verschiedensten Herkunft zu einer »antiproduktivistischen Allianz« – Alte und Junge, Frauen und Arbeitslose, Schwule und Behinderte, Gläubige und Ungläubige. Was sie einigt, ist die Ablehnung jener produktivistischen Fortschrittsvision, die die Legitimisten mit den Neokonservativen teilen. Für diese beiden Parteien liegt der Schlüssel zur möglichst krisenfreien gesellschaftlichen Modernisierung darin, die Aufteilung der Problemlasten zwischen den Subsystemen Staat und Wirtschaft richtig zu dosieren. Die einen sehen die Krisenursachen in der entfesselten Eigendynamik der Wirtschaft, die anderen in den bürokratischen Fesseln, die dieser auferlegt werden. Soziale Bändigung des Kapitalismus oder Rückverlagerung der Probleme von der planenden Verwaltung auf den Markt sind die entsprechenden Therapien. Die eine Seite sieht in der monetarisierten Arbeitskraft, die andere in der bürokratischen Lähmung von Eigeninitiative die Quelle von Störungen. Aber beide Seiten stimmen darin überein, daß die schutzbedürftigen Interaktionsbereiche der Lebenswelt gegenüber den eigentlichen Motoren der gesellschaftlichen Modernisierung, Staat und Ökonomie, nur eine passive Rolle einnehmen können. Beide Seiten sind davon überzeugt, daß die Lebenswelt von diesen Subsystemen hinreichend entkoppelt und gegen systemische Übergriffe geschützt werden kann, wenn sich Staat und Ökonomie nur im richtigen Verhältnis ergänzen und gegenseitig stabilisieren.

Allein die industriegesellschaftlichen Dissidenten gehen davon aus, daß die Lebenswelt durch Kommodifizierung *und* Bürokratisierung in gleichem Maße bedroht ist – keines der beiden Medien, weder Macht noch Geld, ist von Haus aus »unschuldiger« als das jeweils andere. Allein die Dissidenten halten es auch für notwendig, daß die Autonomie einer in ihren vitalen Grundlagen und in der kommunikativen Innenausstattung bedrohten Lebenswelt gestärkt wird. Nur sie fordern, daß die Eigendynamik der über Macht und Geld gesteuerten Subsysteme durch Formen basisnaher und selbstverwalteter Organisationen gebrochen, wenigstens eingedämmt werden sollte. In diesem Zusammenhang kommen dualwirtschaftliche Konzepte und Vorschläge zur Entkoppelung von sozialer Sicherung und Beschäftigung ins Spiel.[11] Die Entdifferenzierung soll freilich nicht nur an der Rolle des Erwerbstätigen, sondern auch an der des Konsumenten, des Staatsbürgers und des Klienten wohlfahrtsstaatlicher Bürokratien ansetzen. Die industriegesellschaftlichen Dissidenten beerben mithin die Sozialstaatsprogrammatik in der von den Legitimisten preisgegebenen, radikaldemokratischen Komponente. Allein, soweit sie über bloße Dissidenz nicht hinausgehen, soweit sie im Fundamentalismus der Großen Weigerung befangen bleiben und nicht mehr anbieten als Negativprogramme des Wachstumsstops und der Entdifferenzierung, fallen sie hinter *eine* Einsicht des Sozialstaatsprojektes zurück.

In der Formel von der sozialen Bändigung des Kapitalismus steckte ja nicht nur die Resignation vor der Tatsache, daß sich das Gehäuse einer komplexen Marktwirtschaft nicht mehr mit den einfachen Rezepten der Arbeiterselbstverwaltung von innen aufsprengen und demokratisch umformen läßt. Jene Formel enthielt auch die Einsicht, daß eine von außen ansetzende, indirekte Einflußnahme auf Mechanismen der Selbststeuerung etwas Neues erfordert, nämlich eine höchst innovative Kombination von Macht und intelligenter Selbstbeschränkung. Dem lag freilich zunächst die Vorstellung zugrunde, daß die Gesellschaft mit dem neutralen Mittel politisch-administrativer Macht gefahrlos auf sich selber einwirken könne. Wenn jetzt nicht mehr nur der Kapitalismus, sondern der interventionistische Staat selber »sozial gebändigt« werden soll, kompliziert sich die Aufgabe erheblich. Denn dann kann jene Kombination von Macht und intelligenter Selbstbeschränkung nicht länger der staatlichen Planungskapazität anvertraut werden.

Wenn sich Eindämmung und indirekte Steuerung nun auch gegen die Eigendynamik der öffentlichen Verwaltung richten sollen, muß das erforderliche Reflexions- und Steuerungspotential woanders gesucht werden, und zwar in einem vollständig veränderten Verhältnis zwischen autonomen, selbstorganisierten Öffentlichkeiten einerseits, den über Geld und administrative Macht gesteuerten Handlungsbereichen andererseits. Daraus ergibt sich die schwierige Aufgabe, die demokratische Verallgemeinerung von Interessenlagen und eine universalistische Rechtfertigung von Normen bereits *unterhalb* der Schwelle der zu Großorganisationen verselbständigten und ins politische System gleichsam abgewanderten Parteiapparate zu ermöglichen. Ein naturwüchsiger Pluralismus von abwehrenden Subkulturen, der nur aus spontaner Verweigerung hervorginge, müßte sich an den Normen staatsbürgerlicher Gleichheit vorbeientwickeln. Es entstünde dann lediglich eine Sphäre, die sich zu den neokorporatistischen Grauzonen spiegelbildlich verhielte.

V

Die Sozialstaatsentwicklung ist in eine Sackgasse geraten. Mit ihr erschöpfen sich die Energien der arbeitsgesellschaftlichen Utopie. Die Antworten der Legitimisten und der Neokonservativen bewegen sich im Medium eines Zeitgeistes, der nur noch defensiv ist; sie drücken ein Geschichtsbewußtsein aus, das seiner utopischen Dimension beraubt ist. Auch die Dissidenten der Wachstumsgesellschaft verharren in der Defensive. Ihre Antwort könnte nur ins Offensive gewendet werden, wenn das Sozialstaatsprojekt nicht einfach festgeschrieben oder abgebrochen, sondern auf höherer Reflexionsstufe fortgesetzt würde. Das reflexiv gewordene, nicht nur auf die Zähmung der kapitalistischen Ökonomie, sondern auf die Bändigung des Staates selbst gerichtete Sozialstaatsprojekt verliert freilich als seinen zentralen Bezugspunkt die Arbeit. Es kann nämlich nicht mehr um die Einfriedung einer zur Norm erhobenen Vollzeitbeschäftigung gehen. Ein solches Projekt dürfte sich nicht einmal darin erschöpfen, durch Einführung des garantierten Mindesteinkommens den Bann zu brechen, den der Arbeitsmarkt über die Lebensgeschichte *aller* Arbeitsfähigen verhängt – auch über das wachsende und immer weiter ausgegrenzte Potential derer, die nur noch in Reserve stehen. Dieser Schritt wäre revolutionär, aber nicht revolutionär genug – sogar dann nicht, wenn die Lebenswelt nicht allein gegen menschenunwürdige Imperative des Beschäftigungssystems abgeschirmt werden könnte, sondern gegen die kontraproduktiven Nebenfolgen einer administrativen Daseinsvorsorge im ganzen.

Solche Hemmschwellen im Austausch zwischen System und Lebenswelt könnten erst funktionieren, wenn zugleich eine neue

Gewaltenteilung entstünde. Moderne Gesellschaften verfügen über drei Ressourcen, aus denen sie ihren Bedarf an Steuerungsleistungen befriedigen können: Geld, Macht und Solidarität. Deren Einflußsphären müßten in eine neue Balance gebracht werden. Damit will ich sagen: die sozialintegrative Gewalt der Solidarität müßte sich gegen die »Gewalten« der beiden anderen Steuerungsressourcen, Geld und administrative Macht, behaupten können. Nun waren Lebensbereiche, die darauf spezialisiert sind, tradierte Werte und kulturelles Wissen weiterzugeben, Gruppen zu integrieren und Heranwachsende zu sozialisieren, immer schon auf Solidarität angewiesen. Aus derselben Quelle müßte aber auch eine politische Willensbildung schöpfen, die auf die Grenzziehung und den Austausch zwischen diesen kommunikativ strukturierten Lebensbereichen auf der einen, Staat und Ökonomie auf der anderen Seite Einfluß nehmen soll. Das liegt übrigens nicht weit ab von den normativen Vorstellungen unserer Sozialkundelehrbücher, nach denen die Gesellschaft über demokratisch legitimierte Herrschaft auf sich selbst und ihre Entwicklung einwirkt.

Dieser offiziellen Version zufolge geht politische Macht aus der öffentlichen Willensbildung hervor und fließt via Gesetzgebung und Verwaltung gleichsam durch den Staatsapparat hindurch und kehrt zurück zu einem janusköpfigen Publikum, das sich am Eingang des Staates als Publikum von Staatsbürgern und an dessen Ausgang als eines von Klienten darstellt. Ungefähr so sehen die Staatsbürger und die Klienten der öffentlichen Verwaltung aus ihrer Perspektive den Kreislauf der politischen Macht. Aus dem Blickwinkel des politischen Systems stellt sich derselbe Kreislauf, gereinigt von allen normativen Beimischungen, anders dar. Nach dieser inoffiziellen Version, die uns immer wieder von der Systemtheorie vorgeführt wird, erscheinen Staatsbürger und Klienten als Mitglieder des politischen Systems. Unter dieser Beschreibung verändert sich vor allem der Sinn des Legitimationsvorgangs. Interessengruppen und Parteien setzen ihre Organisationsmacht ein, um für ihre Organisationsziele Zustimmung und Loyalität zu erzeugen. Die Verwaltung strukturiert nicht nur, großenteils kontrolliert sie auch den Gesetzgebungsprozeß; sie muß ihrerseits Kompromisse schließen mit mächtigen Klienten. Parteien, gesetzgebende Körperschaften, Bürokratien müssen dem nicht-deklarierten Druck funktionaler Imperative Rechnung tragen und diese mit der öffentlichen Meinung in Einklang bringen – »symbolische Politik« ist das Ergebnis. Auch die Regierung muß sich gleichzeitig um die Unterstützung der Massen und der privaten Investoren bemühen.

Wenn man die beiden konträren Beschreibungen zu einem realistischen Bild zusammenfügen will, bietet sich das in der Politikwissenschaft gebräuchliche Modell verschiedener Arenen an, die einander überlagern. C. Offe beispielsweise unterscheidet drei solcher Arenen. In der ersten bringen, leicht erkennbar, politische Eliten innerhalb des Staatsapparates ihre Entscheidungen zustande. Darunter liegt eine zweite Arena, in der eine Vielzahl anonymer Gruppen und kollektiver Akteure aufeinander einwirken, Koalitionen eingehen, den Zugang zu Produktions- und Kommunikationsmitteln kontrollieren und, schon weniger deutlich erkennbar, durch ihre soziale Macht den Spielraum für die Thematisierung und Entscheidung politischer Fragen vorgängig festlegen. Darunter schließlich befindet sich eine dritte Arena, in der schwer greifbare Kommunikationsströme die Gestalt der politischen Kultur bestimmen und mit Hilfe von Realitätsdefinitionen um das, was Gramsci kulturelle Hegemonie genannt hat, wetteifern – hier vollziehen sich die Trendwenden des Zeitgeistes. Die Wechselwirkung zwischen den Arenen ist nicht leicht dingfest zu machen. Bisher scheinen die Vorgänge in der mittleren Arena Vorrang zu haben. Wie immer die empirische Antwort ausfällt, jedenfalls läßt sich unser *praktisches Problem* jetzt anschaulicher fassen: jedes Projekt, das die Gewichte zugunsten solidarischer Steuerungsleistungen verschieben möchte, muß die untere Arena gegenüber den beiden oberen mobilisieren.

In dieser Arena wird nicht unmittelbar um Geld oder Macht, sondern um Definitionen gestritten. Es geht um die Unversehrtheit und Autonomie von Lebensstilen, etwa um die Verteidigung traditionell eingewöhnter Subkulturen oder um die Veränderung der Grammatik überlieferter Lebensformen. Für das eine bieten regionalistische Bewegungen, für das andere feministische oder ökologische Bewegungen Beispiele. Diese Kämpfe bleiben meist latent, sie bewegen sich im Mikrobereich alltäglicher Kommunikationen, verdichten sich nur dann und wann zu öffentlichen Diskursen und höherstufigen Intersubjektivitäten. Auf solchen Schauplätzen können sich autonome Öffentlichkeiten bilden, die auch miteinander in Kommunikation treten, sobald das Potential zur Selbstorganisation und zum selbstorganisierten Gebrauch von Kommunikationsmedien genutzt wird. Formen der Selbstorganisation verstärken die kollektive Handlungsfähigkeit unterhalb einer Schwelle, an der sich die Organisationsziele von den Orientierungen und Einstellungen der Organisationsmitglieder ablösen und wo die Ziele vom Bestandserhaltungsinteresse verselbständigter Organisationen abhängig werden. Die Handlungsfähigkeit basisnaher Organisationen wird immer hinter ihrer Reflexionsfähigkeit zurückbleiben. Das muß für die Bewältigung jener Aufgabe, die sich bei der Fortführung des Sozialstaatsprojektes in den Vordergrund schiebt, kein Hindernis sein. Die autonomen Öffentlichkeiten müßten eine Kombination von Macht und intelligenter Selbstbeschränkung erreichen, die die Selbststeuerungsmechanismen von Staat und Wirtschaft gegenüber den zweckorientierten Ergebnissen radikaldemokratischer Willensbildung hinreichend empfindlich machen könnte. Vermutlich kann das nur gelingen, wenn die politischen Parteien *eine* ihrer Funktionen ersatzlos, d. h. ohne einem funktionalen Äquivalent bloß Platz zu machen, aufgeben: die der *Erzeugung* von Massenloyalität.

Diese Überlegungen werden um so provisorischer, ja unklarer, je mehr sie sich ins normative Niemandsland vorantasten. Da sind negative Abgrenzungen schon einfacher. Das reflexiv gewordene Sozialstaatsprojekt nimmt Abschied von der arbeitsgesellschaftlichen Utopie. Diese hatte sich am Kontrast der lebendigen und der toten Arbeit, an der Idee der Selbsttätigkeit orientiert. Dabei mußte sie freilich die subkulturellen Lebensformen der Industriearbeiter als eine Quelle von Solidarität voraussetzen. Sie mußte voraussetzen, daß Kooperationsbeziehungen in der Fabrik die naturwüchsig eingespielte Solidarität der Arbeitersubkultur sogar verstärken würden. Diese sind aber inzwischen weitgehend zerfallen. Und ob deren solidaritätsstiftende Kraft am Arbeitsplatz regeneriert werden kann, ist einigermaßen zweifelhaft. Wie dem auch sei – was für die arbeitsgesellschaftliche Utopie Voraussetzung oder Randbedingung war, wird heute zum Thema. Und mit diesem Thema verschieben sich die utopischen Akzente vom Begriff der Arbeit auf den der Kommunikation. Ich spreche nur noch von »Akzenten«, weil sich mit dem Paradigmenwechsel von der Arbeits- zur Kommunikationsgesellschaft auch die Art der Anknüpfung an die Utopietradition ändert.

Gewiß, mit der Verabschiedung von utopischen Gehalten der Arbeitsgesellschaft schließt sich keineswegs überhaupt die utopische Dimension von Geschichtsbewußtsein und politischer Auseinandersetzung. Wenn die utopischen Oasen austrocknen, breitet sich eine Wüste von Banalität und Ratlosigkeit aus. Ich bleibe bei meiner These, daß die Selbstvergewisserung der Moderne nach wie vor von einem Aktualitätsbewußtsein angestachelt wird, in dem geschichtliches und utopisches Denken miteinander verschmolzen sind. Aber mit den utopischen Gehalten der Arbeitsgesellschaft verschwinden zwei Illusionen, die das Selbstverständnis der Moderne verhext haben. Die erste Illusion entsteht aus einer mangelnden Differenzierung.

In den Ordnungsutopien waren die Dimensionen von Glück und Emanzipation mit denen der Machtsteigerung und der Produktion gesellschaftlichen Reichtums zusammengeflossen. Die Entwürfe rationaler Lebensformen gingen mit der rationalen Beherrschung der Natur und der Mobilisierung gesellschaftlicher Energien eine trügerische Symbiose ein. Die in Produktivkräften entfesselte instrumentelle Vernunft, die in Organisations- und Planungskapazitäten sich entfaltende funktionalistische Vernunft sollten den Weg zum menschenwürdigen, egalitären und zugleich libertären Leben bahnen. Das Potential der Verständigungsverhältnisse sollte am Ende umstandslos aus der Produktivität der Arbeitsverhältnisse hervorgehen. Die Hartnäckigkeit dieser Konfusion spiegelt sich noch in der kritischen Umkehrung, wenn z. B. die Normalisierungsleistungen zentralistischer Großorganisationen mit den Verallgemeinerungsleistungen des moralischen Universalismus in einen Topf geworfen werden.[12]

Noch einschneidender ist die Abkehr von der methodischen Illusion, die mit den Entwürfen einer konkreten Totalität künftiger Lebensmöglichkeiten verbunden war. Der utopische Gehalt der Kommunikationsgesellschaft schrumpft auf die formalen Aspekte einer unversehrten Intersubjektivität zusammen. Noch der Ausdruck »ideale Sprechsituation« führt, soweit er eine konkrete Gestalt des Lebens suggeriert, in die Irre. Was sich normativ auszeichnen läßt, sind notwendige, aber allgemeine Bedingungen für eine kommunikative Alltagspraxis und für ein Verfahren der diskursiven Willensbildung, welche die Beteiligten *selbst* in die Lage versetzen könnten, konkrete Möglichkeiten eines besseren und weniger gefährdeten Lebens nach *eigenen* Bedürfnissen und

Einsichten aus *eigener* Initiative zu verwirklichen.[13] Die Utopiekritik, die von Hegel über Carl Schmitt bis auf unsere Tage das Menetekel des Jakobinismus an die Wand malt, denunziert zu Unrecht die angeblich unvermeidliche Verschwisterung der Utopie mit dem Terror. Immerhin – utopistisch ist die Verwechslung einer hochentwickelten kommunikativen Infrastruktur *möglicher* Lebensformen mit einer bestimmten, im Singular auftretenden Totalität des gelungenen Lebens.

Anmerkungen

1 Ich folge den ausgezeichneten Untersuchungen von R. Koselleck, *Vergangene Zukunft*, Frankfurt/M. 1979.
2 Zum folgenden vgl. J. Rüsen, *Utopie und Geschichte*, in: W. Vosskamp (Hg.), *Utopieforschung*, Stuttgart 1982, Bd. 1, S. 356 ff.
3 L. Hölscher, *Der Begriff der Utopie als historische Kategorie*, in: Vosskamp (Anm. 2), Bd. 1, S. 402 ff.
4 R. Koselleck, *Die Verzeitlichung der Utopie*, in: Vosskamp (s. Anm. 2), Bd. 3, S. 1 ff.; R. Trousson, *Utopie, Geschichte, Fortschritt*, in: Vosskamp (s. Anm. 2), Bd. 3, S. 15 ff.
5 Aus dieser Perspektive hat Oskar Negt soeben noch eine bemerkenswerte Studie vorgelegt: *Lebendige Arbeit, enteignete Zeit*, Frankfurt/M. 1984.
6 C. Offe, *Arbeit als soziologische Schlüsselkategorie*, in: ders.; *Arbeitsgesellschaft – Strukturprobleme und Zukunftsperspektiven*, Frankfurt/M. 1984, S. 20.
7 Aus dieser Perspektive jüngst noch H. Kern und M. Schumann, *Das Ende der Arbeitsteilung?*, München 1984.
8 Zum folgenden vgl. C. Offe, *Zu einigen Widersprüchen des modernen Sozialstaates*, in: ders., *Arbeitsgesellschaft* (s. Anm. 6), S. 323 ff. J. Keane, *Public Life and Late Capitalism*, Cambridge 1984, Ch. 1, S. 10 ff.
9 C. Offe, *Perspektiven auf die Zukunft des Arbeitsmarktes*, in: ders., *Arbeitsgesellschaft* (s. Anm. 6), S. 340 ff.
10 C. Offe, *Korporatismus als System nichtstaatlicher Machtsteuerung*, in: *Geschichte und Gesellschaft*, 10. Jg., 1984, S. 234 ff.; zur systemtheoretischen Rechtfertigung des Neokorporatismus vgl. H. Willke, *Entzauberung des Staates*, Königstein 1983.
11 Th. Schmid, *Befreiung von falscher Arbeit. Thesen zum garantierten*

Mindesteinkommen, Berlin 1984.

12 Vgl. dazu J. F. Lyotard, *Das postmoderne Wissen*, Wien 1983; kritisch A. Honneth, *Der Affekt gegen das Allgemeine*, in: *Merkur* 430, Dez. 1984, S. 893 ff.

13 K. O. Apel, *Ist die Ethik der idealen Kommunikationsgemeinschaft eine Utopie?*, in: Vosskamp (s. Anm. 2), Bd. 1, S. 325 ff.

6. Klarstellungen

Für einen Autor ist es immer wieder irritierend zu sehen, wie einigermaßen differenzierte Gedanken in der politischen, sogar in der wissenschaftlichen und der literarischen Öffentlichkeit nicht nur selektiv aufgenommen und tendenziös verstümmelt, sondern oft genug in ihr bares Gegenteil verkehrt werden. Noch irritierender ist freilich die Erfahrung, daß jeder Versuch einer Differenzierung von Rollen und Textsorten ins Leere geht. In diesem Lande darf man offensichtlich nur Politiker, nur Wissenschaftler, nur Publizist sein – oder eben ein Philosoph mit Schlüsselattitüde, der das noch alles in einem sein will. Deshalb bin ich dankbar für Gelegenheiten, die Dinge zurechtzurücken. Die Gespräche mit A. Honneth, E. Knödler-Bunte und A. Widmann haben im Sommer 1981 in Berlin und Starnberg stattgefunden. Sie sollten auch der Erläuterung der damals erscheinenden *Theorie des kommunikativen Handelns* dienen. Eine weitere Gelegenheit bot sich bei der Wiederaufnahme meiner Lehrtätigkeit in Frankfurt im April 1983. Die schriftlichen Fragen der *New Left Review* habe ich im November 1984 beantwortet. Die Fragen stellten Perry Anderson und Peter Dews. Die face to face geführte Fortsetzung des Interviews lasse ich aus Gründen des Umfangs beiseite.

Dialektik der Rationalisierung

I. Zur Tradition kritischer Theorie

HONNETH Ich versuche zunächst einen kurzen Überblick zu geben über die Themen, die wir im Laufe der Diskussion ansprechen wollen. In einem ersten Punkt wollen wir eingehen auf Ihre Stellung innerhalb der Kritischen Theorie, um dann zweitens auf deren Defizite einzugehen, wie sie sich Ihrer Meinung nach darstellen. In einem dritten, mehr systematischen Punkt geht es um die Grundelemente Ihrer Theorie selbst, wie sie sich jetzt in Ihrem neuen Buch darstellen. Das wird, wenn man das umfängliche Manuskript vor Augen hat, sicherlich sehr schwierig und kompliziert. Dann interessiert uns die Anwendung dieser Theorie auf die politischen Probleme und Konflikte der Gegenwart. Und ganz am Ende haben wir uns vorgenommen, auf Fragen zu sprechen zu kommen wie Wissenschaft als Beruf, Akademisierung des Marxismus und der Gesellschaftstheorie, auf Probleme der Produktionsweise von kritischer Theorie. Wie kann sich ein im Wissenschaftssystem eingebundener Marxismus schützen gegen die Gefahr des Erfahrungsverlustes und der Selbstgenügsamkeit von Wissenschaft. Oder um es mit einem Wort zu sagen: Wie läßt sich kritische Wissenschaft heute vernünftig betreiben?

HABERMAS Das ist mir alles selbst nicht so recht klar.

HONNETH Publizistisch galten Sie als der jüngere Vertreter der Kritischen Theorie. Haben Sie diese Typisierung sich selbst zu eigen gemacht?

HABERMAS: Ich habe mich da immer überschätzt gefühlt. Schließlich waren es doch die »Alten«, die die Kritische Theorie in den dreißiger Jahren produziert hatten. Für mich war Lukács der Weg zum jungen Marx. Adorno hat allerdings, sagen wir, eine elektrisierende Rolle gespielt. Er war derjenige, bei dem ich zuerst erfahren habe, daß man sich nicht nur historisch zu Marx verhalten kann.

KNÖDLER-BUNTE Aber das war doch eher eine philosophische Marx-Lektüre?

HABERMAS Für mich waren damals, in den fünfziger Jahren, weder ein historisierter Marx noch die Theorie des Kapitalismus von Bedeutung, sondern der Marx der ökonomisch-philosophischen Manuskripte, der *Grundrisse* – Marx als Theoretiker der Verdinglichung.

Als ökonomischen Theoretiker habe ich Marx erst ernstgenommen, als ich 1958 von Szweezy die *Theorie der kapitalistischen Entwicklung* las. Adorno hat immer gesagt, und das ist ja eine typisch philosophische Verhaltensweise zu Texten: Sekundärliteratur ist unerheblich – er nannte Marx und Freud Klassiker. Er hat mir auch die Augen dafür geöffnet, daß man erst einmal den primären Text ausschöpfen muß, und zwar systematisch ausschöpfen muß, bevor man in die Wirkungsgeschichte hineingeht. Das war neu für mich, als ich 1956 nach Frankfurt kam. Das hat mich auch veranlaßt, Marx nicht mehr aus der »anthropologischen« Perspektive zu sehen. Aber sicher war Marx für mich nie primär der ökonomische Theoretiker. Er war ja auch ein politischer Theoretiker, der die Traditionen der bürgerlichen Revolutionen und ihrer theoretischen Verarbeitungen sowohl in der jakobinischen als auch in der Thomas Paineschen Form aufgenommen hatte. Allerdings kann man nur dann selber in solchen Traditionen stehen, wenn man sie auch verwandelt und kritisiert. Das ist eine hermeneutische Trivialität: nur die Traditionen bleiben lebendig, die sich in veränderten Situationen selber ändern. Das betrifft auch mein Verhältnis zu dem älteren Frankfurter Kreis. Ich bin mehr als eine Generation jünger als die »Alten«, wenn ich das mal so sagen darf, und komme aus einem anderen Erfahrungszusammenhang. Ich bin beispielsweise der erste, der kein Jude ist, jemand, der in der Nazi-Zeit in Deutschland aufgewachsen ist, der die Niederlage des Faschismus auch ganz anders erlebt hat. Schon aus diesen Gründen ist eine bruchlose Zurechnung zur Kritischen Theorie nicht möglich. Außerdem war die intellektuelle Vergangenheit des Instituts für Sozialforschung, als ich dort 1956 Adornos Assistent wurde, nicht eigentlich gegenwärtig.

HONNETH Was waren denn für Sie die lebendigen Traditionen, wenn die Kritische Theorie der dreißiger Jahre so gut wie unbekannt war?

HABERMAS Worauf ich zunächst reagiert habe – philosophisch und literarisch –, sind die linken Traditionen der zwanziger Jahre. Ich habe z. B. sehr früh während des Studiums Lukács gelesen, obwohl das damals nicht »im pattern« war. Die Umschlagstelle war die junghegelianische Kritik, wie sie damals von Löwith, noch in einer geistesgeschichtlichen, aber doch außerordentlich erhellenden Weise interpretiert wurde. Aufregend war der Blick der junghegelianischen Kritik auf das, woraus wir alle hier leben, auf das, was sich zwischen Kant und Hegel, Hölderlin eingeschlossen, abgespielt hat. Rückblickend habe ich manchmal den Eindruck, daß ein Student, der sich von Kant bis Hegel einschließlich Schellings mit einem systematischen Interesse durchgearbeitet hatte und der dann über Lukács zu Marx vorangegangen ist, ein Stück der Kritischen Theorie der dreißiger Jahre sozusagen *nach*erfinden konnte. Ich möchte das nicht als Arroganz verstanden wissen. Wenn er dann auch noch mit Adorno in den späten fünfziger Jahren konfrontiert wurde und nicht nur las, was dieser schrieb, sondern ihn über Durkheim, Hegel, Freud in den Seminaren reden hören konnte, dann war es nicht so schwer, sich die Herkunft dieses Denkens zurechtzulegen, auch wenn man die *Zeitschrift für Sozialforschung* nicht kannte. Als dieser versunkene Kontinent später – eigentlich erst in den sechziger Jahren durch die Studentenrevolte – auftauchte, auch für uns Assistenten am Institut erst richtig zu Bewußtsein gebracht wurde, hatte ich nicht den Eindruck, daß da etwas vollkommen Neues hinzukam.

WIDMANN Sie haben nicht, als Sie nach Frankfurt kamen, sich ins Institut für Sozialforschung gesetzt und die alten Sachen nachgeschlagen?

HABERMAS Die gab's doch nicht.

KNÖDLER-BUNTE Es gab die *Zeitschrift*, in der die alten Aufsätze standen ...

HABERMAS Die gab's nicht. Horkheimer hatte eine große Angst, daß wir an die Kiste gehen, in der ein komplettes Exemplar der *Zeitschrift* im Keller des Instituts lag. Hätten wir allerdings das starke Bedürfnis gehabt, hätten wir das alles lesen können, denn die *Zeitschrift* wäre bei Carlo Schmid im Institut zugänglich gewesen.

KNÖDLER-BUNTE Wie kamen Sie eigentlich nach Frankfurt, und was fanden Sie dort vor?

HABERMAS Als ich nach Frankfurt kam, fiel mir auf, daß sich Horkheimer und Adorno wenig auf die zeitgenössische Philosophie bezogen haben, die ich aus Bonn kannte. Ich habe Adorno auch nie abgenommen, daß er Heidegger intensiv gelesen hatte.

Ich wußte lange nicht, ob er nicht nur einzelne Sätze gelesen hat. Diese Selektivität – es gab keinen Jaspers, keine Phänomenologie –, das war etwas exotisch. Erst in den siebziger Jahren, als ich posthum Adornos Antrittsvorlesung las und den Aufsatz über Naturgeschichte, wurde mir klar, was Adorno als junger Mann alles im Kopf gehabt hatte. Subjektiv gesehen habe ich mich als jemanden empfunden, der gegenüber der sehr engen, beinahe dogmenbildenden Auswahl von »zugelassenen« Texten etwas unbefangener philosophische und wissenschaftliche Traditionen aufnimmt. Ich wurde auch wegen meines, sagen wir mal: systematischeren Zugriffs von den gleichaltrigen Kollegen im philosophischen Seminar eher als ein fremdes Element empfunden. Hinzu kam, daß mir klar wurde, daß die zwanziger Jahre, in denen ich während meiner Studienzeit theoretisch gelebt hatte, eben doch die zwanziger Jahre waren. Das wirkte als ein Anstoß, um z. B. die amerikanische Soziologie zu rezipieren. Die analytische Philosophie kam später. »Bürgerliche Wissenschaft«, so eine Kategorie hat es für mich nie gegeben. In den etablierten Wissenschaften gibt es eben brauchbare und weniger brauchbare Dinge. Für mich war im Prinzip alles anschlußfähig, was ein kognitivistisches, ein strukturalistisches oder hermeneutisches Element hatte, alles, was einem erlaubt, die Gegenstände von innen her aufzuschlüsseln.

HONNETH Worin lag denn Ihre – auch vortheoretische – Affinität zur Kritischen Theorie?

HABERMAS Ich hatte, wie erwähnt, Lukács gelesen, habe mit einem durch die Junghegelianer informierten Interesse auf die Schwelle zwischen Kant und dem »objektiven« Idealismus geschaut. Daneben liefen meine immer sehr starken tagespolitischen Interessen. Ich hatte *Geschichte und Klassenbewußtsein* gleichzeitig mit Faszination und mit dem Bedauern gelesen, daß diese Dinge einem vergangenen Kontext angehörten. Dann las ich die *Dialektik der Aufklärung* und die ersten nach dem Krieg veröffentlichten Sachen von Adorno. Das hat mir Mut gemacht, Marx systematisch und nicht nur historisch zu lesen. Kritische Theorie, eine Frankfurter Schule, das gab es damals nicht. Die Lektüre von Adorno hat mir Mut gemacht, das, was Lukács und Korsch historisch repräsentierten, systematisch aufzunehmen: die Theorie der Verdinglichung als eine Theorie der Rationalisierung, Max Weberisch gesprochen.

Mein Problem war schon damals eine Theorie der Moderne, eine Theorie der Pathologien der Moderne, unter dem Gesichtspunkt der Verwirklichung, der deformierenden Verwirklichung der Vernunft in der Geschichte.

So wurde die *Dialektik der Aufklärung* natürlich zu einem Schlüssel. Als ich dann Adorno kennenlernte und sah, wie atemberaubend er plötzlich über den Warenfetisch sprach ..., diesen Begriff auf kulturelle und auf alltägliche Phänomene anwandte, war das zunächst ein Schock. Aber dann dachte ich: Versuch mal so zu tun, als *seien* Marx und Freud – über den Adorno genauso orthodox sprach – *Zeitgenossen*.

KNÖDLER-BUNTE Wo sahen Sie denn dann die Defizite der Kritischen Theorie?

HABERMAS So hat es sich für mich damals nicht dargestellt. Für mich gab es keine Kritische Theorie, keine irgendwie zusammenhängende Lehre. Adorno schrieb kulturkritische Essays und machte im übrigen Hegel-Seminare. Er vergegenwärtigte einen bestimmten marxistischen Hintergrund – das war es.

Erst die klugen jungen Leute in den späten sechziger Jahren haben die frühe Kritische Theorie wiederentdeckt, haben mir klarer zu Bewußtsein gebracht, daß die Gesellschaftstheorie einmal einen systematischen Charakter haben sollte.

Was mir, rückblickend, als Schwächen der Kritischen Theorie erscheint, läßt sich unter die Stichworte »normative Grundlagen«, »Wahrheitsbegriff und Verhältnis zu den Wissenschaften« und »Unterschätzung demokratisch-rechtsstaatlicher Traditionen« bringen. Mit der Frage nach den Grundlagen macht man sich natürlich unbeliebt in allen Adorno-Kreisen. Der alte Frankfurter Kreis hat in den dreißiger Jahren noch explizit einen Vernunftbegriff in Anspruch genommen und geschichtsphilosophisch entfaltet, und zwar auf dem Weg einer ideologiekritischen Aneignung der bürgerlichen Philosophie. Das sehen wir in Horkheimers Buch über die Anfänge der bürgerlichen Geschichtsphilosophie, und vor allem in den vielen Aufsätzen der *Zeitschrift*, einschließlich der 37er Aufsätze von Marcuse und Horkheimer, wo die beiden überzeugt sind, daß die bürgerlichen Ideale – sowohl in der Kunst, wie in der Philosophie – zwar mit bestimmten Einschränkungen, aber doch als Potential präsent sind. Darauf können sie rekurrieren, weil sie sich als marxistische Gesellschaftstheoretiker in gewisser Weise noch darauf verlassen, daß, wenn schon nicht unbedingt das Proletariat in seiner Lukácsschen Form, so doch politische Gruppen im Horizont der europäischen Arbeiterbewegung mit der Entfaltung der Produktivkräfte genötigt sein würden, das vernünftige Potential der bürgerlichen Gesellschaft zu entbinden und damit historisch zu verwirklichen. Das nenne ich den »geschichtsphilosophischen« Vernunftbegriff.

An dem begannen die Frankfurter im Verlauf der dreißiger Jahre zu zweifeln, und das Ergebnis sind die *Dialektik der Aufklärung* und die *Kritik der instrumentellen Vernunft*. Adornos philosophische Bedeutung sehe ich nun darin, daß er der Einzige war, der die Aporien dieser Theoriekonstruktion der *Dialektik der Aufklärung*, die das Ganze zum Unwahren erklärt, rücksichtslos entwickelt und durchbuchstabiert hat. In diesem Sinne kritischen Insistierens ist er einer der systematischsten und konsequentesten Denker gewesen, die ich kenne. Allerdings kann man verschiedene Konsequenzen aus dem Ergebnis ziehen: entweder man bewegt sich weiterhin in dem illuminierenden Exerzitium einer negativen Philosophie, um einzusehen und vor dieser Einsicht auszuhalten, daß es, wenn überhaupt, einen Vernunftfunken nur noch in der esoterischen Kunst gibt; oder aber man tritt einen Schritt zurück und sagt sich, Adorno hat gezeigt, daß man wieder hinter die Dialektik der Aufklärung zurückgehen muß, weil man mit den Aporien einer sich selbst verneinenden Philosophie als Wissenschaftler nicht leben kann. Wenn man Adornos *Negative Dialektik* und *Ästhetische Theorie* ernstnimmt und sich auch nur einen Schritt von dieser Beckettschen Szene entfernen will, dann muß man so etwas wie ein Poststrukturalist werden. Den Schritt hat Adorno nicht getan. Das hätte er als einen Verrat am Vernunfterbe der Kritischen Theorie angesehen. Ich glaube, daß die Kritische Theorie in ihrer konsequentesten Form sich nicht mehr beziehen kann auf irgendeine Form empirischer oder auch nur diskursiver Analyse von gesellschaftlichen Zuständen. Das hängt mit dem zweiten kritischen Punkt, mit einem philosophischen, von Hegel übernommenen Wahrheitsbegriff zusammen, den die alten Frankfurter nie preisgegeben haben und der mit dem Fallibilismus wissenschaftlicher Arbeit unvereinbar ist.

Für mich sehr relevant geworden ist der dritte Punkt: auf der Ebene der politischen Theorie haben die alten Frankfurter die bürgerliche Demokratie nie so recht ernst genommen. Das sind die drei wichtigsten Defizite der Kritischen Theorie, wie ich sie heute sehe.

II. Defizite der Kritischen Theorie

HONNETH Ich glaube, jetzt bietet es sich an, von dieser Aufreihung systematischer Defizite der Tradition Kritischer Theorie schon überzuwechseln zu den Konstruktionsmitteln, die Sie auf diesen drei Feldern gewählt haben, um die genannten Defizite zu überwinden. Dann lautete die Frage, in welcher Weise Sie die normativen Defizite Kritischer Theorie behoben, in welcher Weise Sie den Wahrheitsbegriff transformiert und in welcher Weise Sie die Errungenschaften der bürgerlichen Demokratie anders eingeschätzt haben. Welche Mittel waren es, um auf diesen drei Ebenen besser zurechtzukommen?

HABERMAS Nun, da kann ich jetzt nur einige programmatische Erläuterungen geben. Ich verdanke der Rezeption sowohl der hermeneutischen wie der analytischen Spielart von Sprachtheorie, man kann auch sagen: einer durch die analytische Philosophie aufgeklärten Lektüre von Humboldt jene zentrale Intuition, die ich in meiner *Theorie des kommunikativen Handelns* expliziert habe. Das ist die Intuition, daß in sprachliche Kommunikation ein Telos von gegenseitiger Verständigung eingebaut ist. Anhand dieses Leitfadens gelangt man zu einem Begriff von kommunikativer Rationalität, der – nebenbei gesagt – auch den wenigen affirmativen Äußerungen Adornos über ein nicht-verfehltes Leben zugrunde gelegen hat. Wenn Adorno in den *Minima Moralia* tatsächlich einmal sagt, was er denn unter einem mimetischen Umgang nicht nur mit der Natur, sondern der Menschen untereinander meint, dann zitiert er aus Eichendorff die »ferne Nähe«. Er kommt dann auf Intersubjektivitätskategorien, von denen er sonst philosophisch Abstand hält, zurück.

Soweit also der Versuch, sich mit Mitteln der formalen Pragmatik – d.h. mit Mitteln einer Analyse der allgemeinen Eigenschaften verständigungsorientierten Handelns – eines Vernunftbegriffes zu vergewissern. Das kann natürlich nur ein erster Schritt sein. Der nächste Schritt soll den Begriff kommunikativer Rationalität anwendbar machen auf gesellschaftliche Verhältnisse, auf institutionalisierte Interaktionszusammenhänge. Um dabei nicht in die

Fallstricke eines Fundamentalismus, eines Sprachtranszendentalismus zu geraten, muß man einen Vorbehalt machen. Marx hat in der *Einleitung zur Kritik der politischen Ökonomie* von 1857 begründet, in welchem Sinne die Kategorie der Arbeit ein universaler, auf alle Gesellschaften anwendbarer Begriff ist. Er zeigt da nämlich, wie erst in dem Maße, in dem die kapitalistische Produktionsweise sich durchgesetzt hat, objektiv die Bedingungen erfüllt worden sind, unter denen er, Marx, die Möglichkeit erhalten hat, Zugang zu gewinnen zur Einsicht in den universalen Charakter dieser Kategorie ›Arbeit‹.

Methodisch in derselben Weise müßte man auch bei einer solchen Kommunikationstheorie klarmachen, wie die Entwicklung zum Spätkapitalismus objektiv die Bedingungen dafür erfüllt hat, daß wir erkennen können, daß in den Strukturen sprachlicher Verständigung Universalien stecken, die sogar die Maßstäbe für eine geschichtsphilosophisch nicht mehr zu begründende Kritik hergeben.

HONNETH Ein sprachtheoretischer Begriff von kommunikativer Verständigung wäre also das kategoriale Mittel, um das normative Defizit der Kritischen Theorie zu beheben?

HABERMAS Ja, und nun zu dem zweiten Punkt. Ich glaube, daß die Frankfurter an einem Theoriebegriff, auch an einem Wahrheitsbegriff festgehalten haben, der sich auf den emphatischen Vernunftbegriff der philosophischen Tradition stützt. Das ist derselbe Begriff, der in der Formulierung »Instrumentelle Vernunft« ironisch wiederkehrt. »Vernunft« soll ja gerade nicht nur Wahrheitsintentionen in dem engen Sinne decken, in dem wir von der Wahrheit von Aussagen sprechen. Vielmehr soll Vernunft die Vernunftmomente, die in allen drei Kantischen Kritiken auseinandergenommen worden sind, in ihrer Einheit zeigen: die Einheit der theoretischen Vernunft mit moralisch-praktischer Einsicht und ästhetischer Urteilskraft.

Wenn man Wissenschaft treibt und wenn man in diesem Rahmen Philosophie treibt, hat man es jedoch allein mit Wahrheitsansprüchen im engeren Sinne zu tun. Dadurch entsteht eine Verlegenheit. Einerseits soll die Begrifflichkeit der emphatischen Theorie auf »Wahrheiten« zugeschnitten sein, von denen die moralischen und ästhetisch-expressiven Momente noch nicht abgespalten sind; andererseits muß auch eine kritische Gesellschaftstheorie wissenschaftlich verfahren; sie kann nur Aussagen machen, die mit einem Anspruch auf propositionale Wahrheit verbunden sind. Das ist jetzt eine andere Formulierung des Unbehagens, das die hegelianisierenden Sozialwissenschaftler stets angesichts empirischer Verfahren empfunden haben. Wenn man nun nicht den Weg Adornos zur *Negativen Dialektik*, einen Weg der Absage an die Sozialwissenschaften einschlägt; wenn man sich auf theoretische Sprachen einläßt, die auf Wahrheitsfragen im engeren Sinne spezialisiert sind; dann muß man sehen, wie man innerhalb der sozialwissenschaftlichen, und erst recht innerhalb der philosophischen Theoriebildung die Erfahrungsbereiche sowohl des Ästhetisch-Expressiven wie des Moralisch-Praktischen ohne empiristische Umdefinitionen zur Geltung bringen kann, auch ohne dabei die Voraussetzungen theoretischer Beschreibungen zu gefährden. Das ist das Problem der *nicht-positivistischen Theorieansätze in den Sozialwissenschaften.* Die hermeneutischen Ansätze sichern den Anschluß an den Erfahrungsbereich der kommunikativen Alltagssprache, der geradezu definiert ist durch eine Nicht-Differenzierung zwischen Wahrheitsfragen, Gerechtigkeitsfragen, Geschmacksfragen (wenn Sie's 'mal so kantisch auseinandernehmen wollen). Ein anderes Beispiel ist die Freudsche Theorie. Sie läßt sich von einem Begriff des ›Bewußtseins‹ oder des ›Ichs‹ inspirieren – nehmen Sie Begriffe wie ›bewußte Triebkontrolle‹, ›Ichstärke‹, usw. –, den man nicht explizieren kann, ohne gleichzeitig auf die moralisch-praktischen Elemente des kantischen Autonomiebegriffs (oder auch des Hegelschen) einzugehen, und ganz sicher nicht, ohne auf die ästhetisch-expressiven Elemente eines ›Ich‹-gewordenen ›Es‹ zurückzugreifen.

Wie die nicht-objektivistischen Forschungsansätze innerhalb der Humanwissenschaften, ohne den Primat der Wahrheitsfragen zu gefährden, auch Gesichtspunkte der moralischen und ästhetischen Kritik zur Geltung bringen, so gibt es auch Gegenbewegungen in den Bereichen der Moral und der Ästhetik selber. Gewiß, die kognitivistischen Ethiken scheiden die Probleme des guten Lebens aus, so daß vom Guten nur das Gerechte übrig bleibt. Aber die Diskussion über Verantwortungs- und Gesinnungsethik und die stärkere Berücksichtigung hedonistischer Motive bringen dann wieder Gesichtspunkte der Folgenkalkulation und der Bedürfnisinterpretation ins Spiel, die im Geltungsbereich des Kognitiven und des Expressiven liegen. Auch die autonom gewordene Kunst drängt auf eine immer reinere Ausprägung ästhetischer Grunderfahrungen. Aber heute ist die postavantgardistische Kunst schließlich charakterisiert durch die merkwürdige Gleichzeitigkeit von realistischen und politisch engagierten Richtungen mit den authentischen Fortsetzungen der klassischen Moderne, die den Eigensinn des Ästhetischen herauspräpariert hatte. Mit realistischer und engagierter Kunst kommen also auf dem Niveau des Formenreichtums, den die Avantgarde freigesetzt hat, wiederum Momente des Kognitiven und des Moralisch-Praktischen zur Geltung.

Es scheint so, als ob in solchen Gegenbewegungen zu den radikalen Vereinseitigungen die ausdifferenzierten Vernunftmomente auch wieder auf eine Einheit verweisen wollten. Die ist allerdings nur diesseits der Expertenkulturen wiederzugewinnen, in einer nicht deformierten Alltagspraxis.

Das dritte Defizit – die Demokratietheorie – hat mit entwicklungslogischen Dingen zu tun. Da bin ich der Meinung, daß man zeigen kann, daß die formalen Merkmale des bürgerlichen Rechts- und Verfassungssystems, seiner politischen Institutionen überhaupt, eine Begrifflichkeit moralisch-praktischen Denkens und Interpretierens anzeigen, die, verglichen mit dem, was sozusagen an moralischen Kategorien eingebaut war in die Rechtsinstitutionen und auch in die politischen Institutionen traditionaler Gesellschaften, als überlegen angesehen werden können.

KNÖDLER-BUNTE Woraufhin überlegen?

HABERMAS ... Überlegen im Hinblick auf die Fähigkeit, moralisch praktische Fragen zu beantworten. Wenn man Marx richtig liest, kann man sehen, daß in den Institutionen des bürgerlichen Staates Ideen verkörpert sind, die zu dem Erbe gehören, das in einer sozialistischen Gesellschaft aufgehoben zu werden verdient.

Man kann natürlich sagen, der Horizont, aus dem heraus die ältere Kritische Theorie ihre Zeitgeschichte wahrgenommen hat, war so verdüstert, daß kein Element mehr identifizierbar war von dem, was als Vernunft reklamiert werden konnte – als utopischer Gehalt im Blochschen Sinne.

KNÖDLER-BUNTE Andererseits trifft ja die Kritik der instrumentellen Vernunft heute auf eine bemerkenswert akute Rezeptionssituation – auf ›Endzeiterwartungen‹, Katastrophenängste, die in ganz vielen Bewegungen da sind, während Ihre Konstruktion mit einer Form von Intaktheit bürgerlicher Gesellschaft rechnet, wenigstens insofern, daß sie fähig sein soll, bestimmte strukturelle Formen und Mechanismen auszubilden, die von Vernünftigkeit geprägt sind. Ganz konkret und ohne philosophisch zu werden: Ich glaube, daß institutionelle Verselbständigungsmechanismen da sind, einfach durch eine bestimmte Größe, durch Zentralisierung, durch Abkoppelung bzw. Ausblendung von Rückkoppelungsmöglichkeiten – die so eine Art steuerungslose Maschinerie in Gang setzen, mit ganz neuen Risiken, was E. P. Thompson mit ›Exterminismus‹, als Logik der Selbstauslöschung, bezeichnet.

HABERMAS Ja, es macht einen Unterschied, ob Sie *überhaupt* eine kommunikative Rationalität eingebaut sehen in die Alltagspraxis oder in die Lebenswelt, oder auch in die traditionell eingewöhnten Lebensweisen, oder ob Sie von vornherein den Maßstab, an dem Sie ja solche Verselbständigungstendenzen erst kritisieren könnten, aufgeben oder diffus im Hintergrund lassen. Mir scheint, daß aus der Perspektive der *Dialektik der Aufklärung* die Selbstdementierung der Vernunft soweit gediehen war, daß Horkheimer und Adorno, übrigens auch Pollock mit seiner Theorie des Staatskapitalismus, die politischen Institutionen vollkommen entleert gesehen haben von allen Spuren der Vernunft – alle gesellschaftlichen Institutionen und auch die Alltagspraxis. Die Vernunft war für sie im wörtlichen Sinne utopisch geworden, hatte jeden Ort verloren; und das hat dann die ganze Problematik der *Negativen Dialektik* auf den Plan gerufen.

Im Augenblick will ich nur noch mal daran erinnern, daß man die Begrifflichkeit explizieren soll, die es einem erlaubt, Einzelheiten zu kritisieren, ohne in Verlegenheit zu geraten, wenn man danach gefragt wird, unter welchen Gesichtspunkten, anhand welcher Maßstäbe, in welchem Licht man eigentlich diese Kritik durchführt. In diese Verlegenheit gerät die ältere Kritische Theorie – auch wenn Adorno sie später als Verlegenheit systematisch fruchtbar gemacht hat, indem er das Besondere als das Verletzte, Ungreifbare, als das Opfer, das aus jedem diskursiven, identifizierenden Zugriff des Denkens herausfallen muß, noch retten wollte. Adorno hat sich dieser Frage gestellt, nur auf eine Weise, die es dann doch eigentlich nicht mehr recht sinnvoll erscheinen ließ, die gesellschaftlichen Phänomene wirklich zu analysieren, auf die Sie konkret hinweisen, etwa die Eigendynamik der Aufrüstung, des Wirtschaftswachstums, der Bürokratisierung usw.

HONNETH Es ist ja auch in der marxistischen Tradition kein ungewöhnlicher Vorschlag, die Einrichtungen der bürgerlichen Demokratie unter dem Begriff der formalen Demokratie erst einmal als Errungenschaft zu werten. Die Adornosche Perspektive ist ja eher eine in der marxistischen Theorie fremde Perspektive, die unter dem Druck des Faschismus die Differenzen zwischen unterschiedlichen politischen Systemen verblassen läßt.

HABERMAS Ja, man könnte das auf einer Skala abbilden (das sind so positivistische Hilfsmittel): auf der einen Seite gibt es die Theoretiker der Kontinuität, der Zweiten Internationale; dabei erhält der Fortschritt etwas Evolutionäres in einem Sinne, in dem ich das nicht verteidigen würde; und auf der anderen Seite stehen eben Benjamin, Bloch, einige Anarchisten, die Theoretiker der totalen Diskontinuität.

Obwohl ich etwas gegen die aristotelische Tugend des Maßhaltens und des mittleren Weges habe, fühle ich mich in einer Frage wie dieser zur Mitte gedrängt. Man muß es jedenfalls als eine empirische Frage betrachten, in welchen historischen Situationen stärkere Kontinuitäten mit einer untergehenden Gesellschaftsformation gewahrt werden können und sollen, und in welchen Situationen fast alles negiert werden müßte, wenn man auch nur den kleinsten Schritt zur Emanzipation tun will.

III. Dialektik der Rationalisierung: Motive des neuen Buches

HONNETH Vielleicht kann man jetzt die globale Frage stellen, wie diese Motive sich einfügen in Ihr für Herbst dieses Jahres angekündigtes Buch; wie also die verschiedenen theoretischen Stränge, an denen Sie während der letzten zehn Jahre gearbeitet haben, im Projekt einer Theorie des kommunikativen Handelns sich zusammenfügen ...

KNÖDLER-BUNTE Adorno pflegte bei solchen Zusammenhängen immer zu sagen: Jetzt sagen Sie das mal in eigenen Worten.

HABERMAS Es gibt im wesentlichen vier zentrale Motive, die ich in diesem Monstrum untergebracht habe. Das erste Motiv ist der Versuch einer *Theorie der Rationalität*. Das ist gerade heute sehr schwierig, wo ja im Zeichen eines fragwürdig erneuerten Nietzsche der Relativismus in allen möglichen Varianten Oberwasser hat. Ich gehe dieses Problem vermutlich noch ein bißchen zu straight an, aber doch in Auseinandersetzung mit wichtigen Gegenargumenten. Beispielsweise knüpfe ich an die Rationalitätsdebatte in England an, die Anfang der siebziger Jahre zwischen einigen analytischen Philosophen und Anthropologen stattgefunden hat. Damals wollte die eine Seite die These stark machen, daß jede Kultur, jede Lebensform, jedes Sprachspiel eine in sich geschlossene Totalität sei und eigene unvergleichbare Rationalitätsmaßstäbe konstituiert. Im Anschluß an eine solche Diskussion versuche ich meinen Ansatz plausibler zu machen für alle diejenigen, für die eine solche Theorie der kommunikativen Rationalität doch zunächst einmal eine schreckliche Zumutung ist, die ein so sprödes Wort wie Rationalität ohne Erröten nicht mehr in den Mund nehmen. Dabei bin ich mir bewußt, daß eine Zeit, da in unseren liberalen Feuilletons jene Tragödie, die Lukács als »Zerstörung der Vernunft« beschrieben hat, zur komödiantischen Reprise wird, für ein derartiges Unterfangen nicht besonders günstig ist.

Das zweite, nicht ganz so unzeitgemäße Motiv entwickele ich in Form einer *Theorie des kommunikativen Handelns*, die fruchtbar gemacht wird für eine Reihe von eher theoretischen Problemen, wie z. B. die Argumentationstheorie. Ich möchte aber vor allem zeigen, daß ein solcher Anfang beim verständigungsorientierten Handeln nützlich ist für gesellschaftstheoretische Zwecke. Erst beim Schreiben ist mir klar geworden – und deshalb habe ich meine ersten Fassungen wieder weggeschmissen –, daß sich die angelsächsischen Diskussionen über Handlungs-, Sprach- und Bedeutungstheorie als l'art pour l'art verselbständigt haben. Am Ende behält man wunderbare, pedantisch begriffsgeschneiderte Vorstellungen von dem, was soziale Interaktion ist, zurück, aber man weiß nicht mehr wozu. Das hat mich veranlaßt, stärker an die Theoriegeschichte anzuknüpfen, z. B. an George Herbert Meads Theorie der symbolisch vermittelten Interaktion, um zu zeigen, daß in dieser pragmatistischen Tradition jener Rationalitätsbegriff schon angelegt war. Ferner habe ich Durkheim wieder aufgenommen, und zwar habe ich Durkheim, was nicht so üblich ist, unter evolutionstheoretischen Gesichtspunkten gelesen. Ich habe die Perspektive der Entwicklung von der mechanischen zur organischen Solidarität mit Hilfe des Begriffs der kommunikativen Rationalität entschlüsselt. Schließlich bin ich auf Max Weber zurückgegangen, um ein substantielles Thema zu behandeln. Denn ich wollte nicht nur grundsätzlich zeigen, wie sich die Theorie des kommunikativen Handelns für die Gesellschaftstheorie fruchtbar machen läßt.

Mir ging es um ein drittes Motiv, nämlich um die *Dialektik der gesellschaftlichen Rationalisierung*. Das war ja schon das Zentralthema der *Dialektik der Aufklärung*. Ich wollte zeigen, daß man in kommunikationstheoretischen Begriffen eine *Theorie der Moderne* entwickeln kann, die die nötige analytische Trennschärfe hat für sozialpathologische Phänomene, also für das, was in der Marxschen Tradition als Verdinglichung begriffen worden ist. Für diesen Zweck habe ich – vielleicht ist das ein viertes Motiv – *einen Gesellschaftsbegriff entwickelt, der System- und Handlungstheorie zusammenführt*. Weil die in Totalitätskategorien entfaltete Hegel-Marxistische Gesellschaftstheorie in ihre Elemente auseinandergefallen ist, nämlich einerseits in Handlungstheorien und andererseits in Systemtheorien, besteht die Aufgabe gegenwärtig darin, diese beiden Paradigmen auf nicht-triviale Weise, also nicht bloß eklektizitisch und additiv, zusammenzuführen. So kann man der Kritik der instrumentellen Vernunft, die sich mit den Mitteln der älteren Kritischen Theorie nicht mehr weiterführen läßt, die angemessenere Form einer Kritik der funktionalistischen Vernunft geben.

HONNETH Warum eine Theorie der Rationalisierung? Es ließen sich doch auch andere Ansätze zu einer kritischen Gesellschaftstheorie denken, z. B. eine Theorie der Kapitalisierung, eine Theorie eines bestimmten Grades von Arbeitsteilung. Warum knüpfen Sie gerade an das Motiv der ›Rationalität‹ an? Warum wird ›Rationalität‹ zum Schlüsselbegriff einer kritischen Gesellschaftstheorie?

HABERMAS Ich könnte es mir mit der Antwort leicht machen und sagen: schließlich war der Begriff der instrumentellen Vernunft bereits der Schlüssel, mit dem Horkheimer und Adorno das Verdinglichungsthema umformuliert haben. Aber vielleicht sollte ich erst einmal, sozusagen forschungspsychologisch, an den Hintergrund erinnern. Daß ich mich Ende 1977 endlich hingesetzt und die Sache ernsthaft angepackt habe, hat auch mit Folgendem zu tun – ich komme dann auf das ›Rationalitätsthema‹ noch zurück. Die innenpolitische Situation, die sich nach der Schleyer-Entführung 1977 zu einem pogromähnlichen Spannungszustand verschärft hatte, trieb mich dazu, mich aus dem theoretischen Elfenbeinturm hinauszubegeben und, sagen wir mal, im tagespolitischen Streit Stellung zu beziehen.

Damals habe ich zum ersten Mal die neokonservativen Ideologien, die etwa seit 1973 aufkamen, ernstgenommen, habe mir nicht nur achselzuckend ein déjà-vu-Erlebnis geleistet, sondern das Auftreten dieser militanten, bei uns v. a. an Gehlen und C. Schmitt anknüpfenden Spätliberalen als signifikant für eine Großwetterlage betrachtet. Ich versuchte mir den in diesen Überlegungen implizierten Begriff von Moderne, und einer Verabschiedung von der Moderne, einer Verabschiedung radikaler Demokratie und Aufklärung, der Ideen, die die Bundesrepublik schließlich getragen haben, klarzumachen. Das war die eine Seite. Die andere Seite war, daß ich zum ersten Mal die Bedeutung der neuen Protestpotentiale, neuer Bewegungen, zu denen ich von Haus aus kein Verhältnis hatte, etwas besser zu verstehen glaubte. Wenn Sie diese beiden politischen Phänomene zusammennehmen, werden Sie vielleicht verstehen, daß sich damals in meinem Kopf das Interpretationsschema gebildet hat, das vielleicht nicht dem ganzen Buch, aber dem, was ich dort in der Schlußbetrachtung entwickele, die Richtung gewiesen hat.

Das sollte ich vielleicht etwas besser erklären. Beide Seiten, die Neokonservativen und die Wachstumskritiker, die einen artikulierter, die anderen oft nur diffus, haben gegenläufige Interpretationen entwickelt von diesem Zustand, in den die westlichen Gesellschaften, mit Reagan und der Lady auf der einen, Mitterrand auf der anderen Seite – und Schmidt in der Mitte – drei Jahrzehnte nach dem letzten Schlamassel hineingeraten sind. Beide Interpretationen, Ideologien, Deutungsschemata, wie immer Sie das nennen wollen, verarbeiten mißliche soziale Nebenfolgen einer sonst ja ziemlich erfolgreichen Stabilisierung innerer Verhältnisse – einer Stabilisierung, die auf der Grundlage des sozialstaatlichen, im weiteren Sinne sozialdemokratischen Kompromisses, wie Dahrendorf sagt, erreicht worden ist.

HONNETH Was meinen Sie damit?

HABERMAS Nur als Stichwort: Sozialstaatliche Massendemokratie und staatlicher Interventionismus bilden ein System, das die kapitalistische Wachstumsdynamik einigermaßen erhält und dann mit systemkonformen Entschädigungen (Geld, arbeitsfreie Zeit usw.) aus den Zuwächsen die traditionellen Klassenkonflikte stillstellt, ohne an private Investitionshoheit, kapitalistische Vermögensstruktur usw. zu rühren. Diese Maschine läuft im Augenblick nicht mehr so richtig – *ökonomisch* nicht und *sozialpsychologisch* nicht.

Ökonomisch – die einen versuchen es mit verstärktem Neo-Neo-Keynesianismus, die anderen mit Friedmann und den Monetaristen, und was dabei zunächst herauskommt, ist eine Verschiebung ungelöster Probleme vom Markt auf den Staat, vom Staat auf den Markt und wieder zurück. Bei diesem Nullsummenspiel haben die Beteiligten irgendwie nicht begriffen, daß die Pole »Staat« und »Gesellschaft«, wenn man das aus der historischen Perspektive der kapitalistischen Modernisierung sieht, nur zwei Seiten derselben Medaille sind – nämlich Handlungssysteme, die über die Steuerungsmedien Tauschwert und administrative Macht ausdifferenziert worden sind. Die haben sich zu einem monetär-administrativen Komplex verdichtet, haben sich gegenüber der kommunikativ strukturierten Lebenswelt (mit Privatsphäre und Öffentlichkeit) verselbständigt und sind offenbar *überkomplex* geworden. Mit dem Wirtschaftswachstum werden jedenfalls zwangsläufig beide, Staat und Wirtschaft, immer komplexer (das ist, was die Neokonservativen nicht sehen). Damit hängen dann die Konflikte zusammen, die heute eher eine sozialpsychologische Gestalt haben: die Verteidigung der von innerer Kolonialisierung bedrohten Lebensformen. Hinzu kommen noch die drastischen, nur vorübergehend verdrängten militärischen Gefahren einer niemals bewältigten Labilität zwischen den Supermächten mit dem ganzen Rüstungswahnwitz.

Darauf also reagieren jetzt die gegenläufigen Interpretationen, die seit fünf, sechs Jahren schärfere Konturen angenommen haben. Was mich unmittelbar interessiert, ist, daß sich beide gegen das Erbe des okzidentalen Rationalismus (wie Weber sagt) wenden. Die eine Seite tut das im Namen einer strammen Postmoderne, die merkwürdig rückwärtsgewandte Züge trägt – egal ob man, wie die amerikanischen Neokonservativen, in die Sozialromantik des »pioneering capitalism« zurückgreift, oder ob man, wie unsere einheimischen Neokonservativen, die Gegenaufklärung mobilisiert. Die andere Seite tut es meist unter Aufbietung antimodernistischer Affekte. Ich fürchte nur, daß zwischen diesen beiden Syndromen, die heute im Wettstreit liegen, auf der Strecke bleiben könnte, was nach meiner Meinung die bewahrenswerte Substanz der genuin westlichen Traditionen und Inspirationen ausmacht.

Die Neokonservativen möchten um beinahe jeden Preis, jedenfalls ziemlich rabiat, am kapitalistischen Muster der gesellschaftlichen Rationalisierung festhalten. Sie geben dem Wachstum der Wirtschaft vor'm Sozialstaat Priorität. Den negativen Auswirkungen dieser Politik auf die sozial integrierten Lebensbereiche, auf Familie, Schule, politische Öffentlichkeit usw. soll gleichzeitig ein Stoßdämpfer aufgesetzt werden, und zwar mit einer Rückkehr zur biedermeierlichen Kultur, zu entwurzelten, aber rhetorisch wieder aufgezäumten Traditionen. Noch nie war das Luhmannsche Wort von der Ideologieplanung so wahr wie heute. Aber die Rückverlagerung der Probleme, die seit dem 19. Jahrhundert mit guten Gründen vom Markt auf den Staat verschoben worden sind, nun wieder auf den Markt – das kann die Lösung kaum bringen. Die Probleme werden ihr Hin- und Hergeschobenwerden zwischen den Medien Geld und Macht überdauern. Und wie die Traditionspolster, von denen die kapitalistischen Gesellschaften jahrhundertelang gezehrt haben – und die sie aufgezehrt haben, ohne sie regenerieren zu können – wie der Traditionalismus gerade aus einem historisch aufgeklärten Bewußtsein erneuert werden sollte, ist mir nicht klar. Verächtlich gemacht wird dabei nur der einzige Fundus, aus dem wir schöpfen können – die kulturelle Moderne.

Aber in dieser Hinsicht besteht leider eine merkwürdige Konvergenz mit der antimodernistisch zugespitzten Wachstumskritik. Die geforderte Entdifferenzierung ist erst recht keine Lösung, wenn man nicht klar unterscheidet: zwischen der Eindämmung des monetär-administrativ-militärischen Komplexes und dem Zurückschrauben der strukturellen Differenzierung von Lebensformen. Moderne Lebenswelten sind differenziert und sollten auch so differenziert bleiben, daß die Reflexivität von Überlieferung, die Individuierung der vergesellschafteten Subjekte, die universalistischen Grundlagen von Recht und Moral nicht zum Teufel gehen. Hoffentlich bahnt sich da nicht eine ironische Arbeitsteilung an: zwischen apologetischen Neukonservativen, die ihrer gefeierten funktionalistischen Vernunft ein traditionalistisches Wämschen stricken, und Jungkonservativen, die ihre Sensibilität für hohe zeitgeschichtliche Risiken, die die wichtige und mutige Verteidigung bedrohter, die Exploration neuer Lebensformen immer häufiger mit einer Art poststrukturalistischen Absage an die Vernunft selber verbinden.

Um zum Ausgangspunkt zurückzukehren:

Das eigentliche Motiv, das ich 1977 hatte, als ich anfing, das Buch zu schreiben, war, mir selbst darüber klar zu werden, wie man die Kritik der Verdinglichung, die Kritik der Rationalisierung so umformulieren kann, daß man einerseits theoretische Erklärungen anbietet für das Brüchigwerden des sozialstaatlichen Kompromisses und für die wachstumskritischen Potentiale der neuen Bewegungen, ohne doch andererseits das Projekt der Moderne preiszugeben, ohne Rückfall ins Post- oder Antimoderne, ohne neukonservativ ›stramm‹ oder jungkonservativ ›wild‹ zu werden.

HONNETH Die neopopulistischen Potentiale sitzen also Ihrer Meinung nach einem Selbstmißverständnis auf, solange sie der poststrukturalistischen oder lebensphilosophischen Kritik der Modernität folgen.

HABERMAS Das meine ich – allerdings dürfen Sie jetzt nicht den Eindruck bekommen, es handele sich um ein unmittelbar politisches Buch. Es ist ein sehr theoretischer Versuch, zunächst einmal herauszufinden, wie weit sich die politischen Intentionen dieser wachstumskritischen Bewegungen besser verstehen lassen, wenn man sie trennt von einer Kritik der Moderne schlechthin. Das ist zunächst natürlich ein theoretisches Problem, und wenn Sie es lesen, werden Sie merken, es ist ein hoffnungslos akademisches Buch geworden.

Ich wollte das systematische Problem, die Frage nach den normativen Grundlagen, wieder aufnehmen. Ist es nicht doch möglich – pace Adorno –, einen Begriff von kommunikativer Vernunft zu explizieren, der gegen Adornos Negativismus stehen kann, und zwar so stehen kann, daß er einbehält, was Adorno glaubte, nur noch auf dem Wege kontinuierlicher und konsequenter Selbstverneinungen indirekt, andeutungsweise sichtbar machen zu können?

Adorno wäre sicher nicht damit einverstanden gewesen. Das wäre ihm alles zu affirmativ gewesen. Aber wenn man, wie ich, im Wissenschaftsbetrieb drinsteckt, dann muß man sich von Positionen lösen, die ja mit einem Bein schon im Poststrukturalismus stecken; man muß versuchen, einen theoretischen Ansatz klarzumachen, der erlaubt, an produktive wissenschaftliche Ansätze anzuknüpfen, um gleichwohl den Anspruch der älteren Kritischen Theorie einzuholen und ihm Genüge zu tun.

Was dabei herauskommt, könnte aussehen wie eine Rückkehr zu Positionen, die die Kritische Theorie in den dreißiger Jahren einmal anvisiert hat. ›Rückkehr‹ natürlich mit vielen Anführungszeichen, denn ich will diese Rückkehr vollziehen, ohne den geschichtsphilosophischen Hintergrund der Kritischen Theorie in Kauf zu nehmen. Das war eine etwas langatmige Antwort auf Ihre kurze Frage: Warum kritische Gesellschaftstheorie als Theorie der Rationalität?

HONNETH Dazu noch zwei Fragen: Was heißt kommunikative Rationalität, und wie läßt sich mit diesem Begriff die Struktur gegenwärtiger Gesellschaft interpretieren?

HABERMAS Ich versuche, wie gesagt, den normativen Gehalt der in Sprachen, Kommunikationen angelegten Idee der Verständigung herauszuarbeiten. Das führt zu einem komplexen Begriff, der nicht nur meint, daß wir die Bedeutung von Sprechhandlungen verstehen, sondern der auch meint, daß Verständigungen zwischen Kommunikationsteilnehmern herbeigeführt werden über Tatsachen, Normen, auch über Erlebnisse (zu denen jeder einen privilegierten Zugang hat und die nur auf dem Wege einer expressiven Selbstdarstellung vor den Augen eines Publikums so geäußert werden können, daß sie einem als die eigenen Erlebnisse zugerechnet werden können). Damit sind die drei Dimensionen angedeutet, die im Begriff kommunikativer Rationalität drinstekken: das Verhältnis des erkennenden Subjektes zu einer Welt von Ereignissen bzw. Tatsachen, das Verhältnis des praktisch, in Interaktionen mit anderen verstrickten und handelnden Subjektes zu einer Welt der Sozialität, und schließlich das Verhältnis des im Feuerbachschen Sinne leidenden und leidenschaftlichen Subjektes zur eigenen inneren Natur, zu seiner Subjektivität und zur Subjektivität anderer. Das sind die drei Dimensionen, die in den Blick kommen, wenn man Kommunikationsprozesse aus der Perspektive der Beteiligten analysiert. Dazu gehört dann aber die Lebenswelt, was die Kommunikationsteilnehmer jeweils im Rücken haben, aus der heraus sie ihre Verständigungsprobleme lösen. Angehörige sozialer Kollektive teilen normalerweise eine Lebenswelt. Diese ist in der Kommunikation, aber auch in Erkenntnisprozessen, immer nur in einer eigentümlich präreflexiven Form von Hintergrundannahmen, von Hintergrundfertigkeiten oder

Hintergrundbeziehungen gegeben. Die Lebenswelt ist das merkwürdige Ding, das vor unseren Augen zerfällt und verschwindet, sobald wir sie stückweise *vor uns* bringen wollen. Die Lebenswelt funktioniert im Hinblick auf Kommunikationsprozesse als Ressource für das, was in explizite Äußerungen eingeht; aber in dem Augenblick, wo dieses Hintergrundwissen in kommunikative Äußerungen eingeht, wo es zu einem expliziten Wissen und damit kritisierbar wird, verliert es gerade den Gewißheitscharakter, den Hintergrundcharakter und den Nichthintergehbarkeitscharakter, den die Lebensweltstrukturen für ihre Angehörigen jeweils haben.

WIDMANN Bei diesem Ansatz müßte Sie doch das alternative Leben interessieren. Hier soll ja gerade die Lebenswelt kritisiert werden. Von den Beziehungsdiskussionen bis zu Fragen der unterschiedlichen Schmutztoleranzen wird hier doch gerade über die Fragen rational zu diskutieren versucht, die sonst jeder Kritik entzogen bleiben.

KNÖDLER-BUNTE Und zeigen nicht diese Erfahrungen, daß durch Kritik und rationale Diskussion die Lebenswelt nicht zerstört werden muß, sondern sich auch neue Lebenswelten bilden können?

HABERMAS Nun, ich meine sicher nicht, daß Versuche, alternative Lebensstile zu entwickeln, auf die Zerstörung von Lebensformen hinauslaufen. Ich denke nur, daß man als Lebenswelt nur die Ressource bezeichnen kann, die gerade nicht thematisiert, gerade nicht kritisiert wird. In dem Moment, wo eines ihrer Elemente herausgegriffen und kritisiert, der Diskussion zugänglich gemacht wird, gehört dieses Element nicht mehr zur Lebenswelt. Ich halte es allerdings auch für unmöglich, neue Lebensformen dadurch zu schaffen, daß man über die Dinge redet und redet. In diesen alternativen Lebensstilen scheint aber ein Element sich deutlich von stärker traditionellen Lebensstilen zu unterscheiden: der erweiterte Horizont dessen, was thematisiert werden kann.

Das ist wieder sehr charakteristisch für das, was ich, vielleicht mit einem etwas harten Ausdruck die »Rationalisierung der Lebenswelt« nenne.

Ich meine das durchaus positiv.

Eines dürfen Sie freilich nicht vergessen: jedem veränderten oder auch nur bewußt akzeptierten Element, auch einer sozusagen ausgekundschafteten, erprobten und ausprobierten Lebenswelt steht die ungeheure Masse all der Elemente gegenüber, die auch durch die radikalsten Alternativvorstellungen gar nicht erst über die Schwelle der Thematisierung gelangt sind. Die Lebenswelt ist für uns so unproblematisch, daß wir uns gar nicht aus freien Stücken, nach Belieben, irgendwelche Teile davon zu Bewußtsein bringen können. Daß uns bestimmte Elemente der Lebenswelt problematisch werden, ist ein objektiver Prozeß, ist abhängig von den Problemen, die sich uns von außen, objektiv dadurch aufdrängen, daß etwas hinter unserem Rücken problematisch geworden ist.

KNÖDLER-BUNTE Nehmen Sie auch, wie Agnes Heller, eine Ontologie alltagsweltlicher Strukturen an, die jeder Mensch hat?

HABERMAS Agnes Heller ist mir da etwas zu anthropologisch. Ich glaube zwar auch, daß es allgemeine lebensweltliche Strukturen gibt. Aber die stecken nur als eine Infrastruktur in geschichtlichen Lebensformen drin, die immer nur im Plural auftreten können, und außerdem verändern sie sich in der evolutionären Dimension.

Noch eines aber zum Problem der Thematisierung der Lebenswelt. Die Forderung der Studentenbewegung, formelle Regelungen und Institutionen, die bis dahin als selbstverständlich galten, zu »hinterfragen«, kann man meines Erachtens nicht einfach übertragen auf informelle lebensweltliche Kontexte im allgemeinen.

WIDMANN *Autorität und Familie* war aber doch der theoretische Ansatz der Kinderladenbewegung. ...

HABERMAS Ohne zur Kenntnis zu nehmen, was man selbst damals schon in den Seminaren von Oevermann und mir über die gegenüber den zwanziger und dreißiger Jahren radikal veränderte Lebenssituation lernen konnte. Aber das wollen wir lieber lassen; ich will hier nicht den Professor spielen.

HONNETH Bisher ging es um den Begriff der kommunikativen Rationalität. Was meinen Sie aber mit dem Begriff der Rationalisierung? Der soll nun doch, wenn ich das richtig sehe, einen dynamischen Gesichtspunkt in die Analyse bringen?

HABERMAS Ich bin zunächst einmal, theoriegeschichtlich, von Max Weber ausgegangen. Was er Prozesse gesellschaftlicher Rationalisierung nennt – im wesentlichen die Institutionalisierung zweckrationalen Handelns vor allem in Wirtschafts- und Verwaltungssystemen – kann man sich klarmachen als den Vorgang einer institutionellen Verkörperung von Rationalitätskomplexen. Die hatte Weber selbst auf einer anderen Ebene – auf der kulturellen nämlich – analysiert. Vor allem in der Religionssoziologie. Gesellschaftliche Rationalisierung heißt dann, daß eine Gesellschaft ihre Basisinstitutionen in der Weise umbaut, daß sie Gebrauch macht von kulturell sozusagen bereitstehenden Rationalitätsstrukturen.

Das kapitalistische Wirtschaftssystem hat nach Webers Auffassung nur entstehen können, weil es eine Schicht von Unternehmern gab, die sich rekrutierte aus den puritanischen Sekten, die die ethisch-motivationalen Voraussetzungen für eine methodisch rationale Lebensführung mitbrachten; zum anderen hätte sich die kapitalistische Produktionsweise nicht durchsetzen und stabilisieren können, wenn nicht ein Rechtsverkehr institutionalisiert worden wäre, der zugeschnitten war auf die strategisch-zweckrational ihre jeweils eigenen Ziele verfolgenden Privatrechtssubjekte. Die kognitiven Strukturen eines prinzipiengeleiteten gesinnungsethischen Denkens liegen dem modernen Rechtssystem ebenso zugrunde, sind in diesen Institutionen ebenso verkörpert, wie sie in den Motiven der Trägerschichten des Kapitalismus ›verankert‹ sind.

HONNETH Soweit Weber. Aber ein Begriff kommunikativen Handelns müßte doch auch dem Konzept der Rationalisierung eine andere Basis schaffen.

HABERMAS Auf eine Formel gebracht lautet meine Weber-Kritik: er sieht nicht die Selektivität des Musters der kapitalistischen Rationalisierung. Er sieht nicht, daß in der kapitalistischen Entwicklung die Elemente unterdrückt werden, die er selber unter dem Topos der ›Brüderlichkeitsethik‹ analysiert hat. Hier stecken doch auch für ihn moralisch-praktische Potentiale, die in den radikalen religiösen Bewegungen, z. B. bei den Täufern, zum Zuge gekommen sind in den Versuchen, institutionelle Formen zu schaffen, die nicht einfach nur funktional waren für das gerade entstehende kapitalistische Wirtschaftssystem. Genau diese Potentiale sind nicht eingegangen in das herrschende institutionelle Muster der kapitalistischen Moderne. Gerade die auf kommunikative Organisationsformen drängenden ethischen Visionen fallen heraus.

Im Anschluß an Mead und Durkheim versuche ich eine evolutionäre Perspektive zu entwickeln für die reflexive Verflüssigung des Weltbildwissens, für fortschreitende Individuierung und für die Entstehung universalistischer Moral- und Rechtssysteme bei gleichzeitiger Freisetzung und Entfesselung des kommunikativen Handelns aus institutionell gefrorenen Kontexten. Ferner unterscheide ich scharf zwischen den mehr oder weniger differenzierten oder »rationalisierten« Lebenswelten, die übers kommunikative Handeln reproduziert werden, und andererseits formal organisierten Handlungssystemen, die über Steuerungsmedien laufen.

Heute greifen Imperative, sowohl vom ökonomischen wie vom administrativen System her, in Bereiche ein, die von der Lebenswelt sozusagen nicht mehr abgegeben werden können. Um es ganz klotzig zu vereinfachen: Bisher sind die Zerstörungsprozesse, die den Weg der kapitalistischen Modernisierung gesäumt haben, meistens so ausgegangen, daß neue Institutionen entstanden, die soziale Materien aus dem Hoheitsgebiet der Lebenswelt in die mediengesteuerten und formal-rechtlich organisierten Problembereiche überführt haben. Das ging solange gut, wie es sich um Funktionen der materiellen Reproduktion handelte, die nicht unbedingt kommunikativ organisiert werden müssen. Inzwischen scheint es aber so zu sein, daß die systemischen Imperative eingreifen in Handlungsbereiche, von denen man zeigen kann, daß sie, gemessen an der Art ihrer Aufgaben, nicht gelöst werden können, wenn sie kommunikativ strukturierten Handlungsbereichen entzogen werden. Dabei handelt es sich um Aufgaben der kulturellen Reproduktion, der sozialen Integration und der Sozialisation. Die Frontlinie zwischen Lebenswelt und System bekommt damit eine ganz neue Aktualität. Heute dringen die über die Medien Geld und Macht vermittelten Imperative von Wirtschaft und Verwaltung in Bereiche ein, die irgendwie kaputt gehen, wenn man sie vom verständigungsorientierten Handeln abkoppelt und auf solche mediengesteuerten Interaktionen umstellt. Das sind Prozesse, die nicht mehr in das Schema der Klassenanalyse passen, aber man kann zeigen, daß es einen funktionalen Zusammenhang gibt zwischen den Konflikten, die in Kernbereichen der Lebenswelt auftreten, und den Funktionsnotwendigkeiten kapitalistischer Modernisierung. Ich habe das an Beispielen aus dem Sozial-, dem Schul- und Familienrecht gezeigt, ein bißchen auch an der neuen Protestbewegung.

HONNETH Wir sind jetzt aber bereits übergegangen zu einem weiteren Fragenkomplex: Wie werden die Mittel einer Theorie des kommunikativen Handelns genutzt, um die gegenwärtige Gesellschaftsverfassung zu beschreiben? Vielleicht sollten wir erst einmal Klärungsfragen stellen.

Ich hätte gerne eine Antwort auf die Frage, ob es nicht nützlicher ist, statt von den Systemen der Institutionen und deren Logik auszugehen, mit kollektiven Akteuren zu beginnen, also mit gesellschaftlichen Gruppen und deren Organisationen?

HABERMAS Methodisch hat mein Vorschlag den Vorzug, daß man sowohl den Strukturalismus wie die Systemtheorie beerben kann. Man kann sich ja überlegen, ob nicht diese beiden Forschungstraditionen auch gute Gründe haben, von der handlungstheoretischen Ebene herunterzugehen. Ich glaube, es gibt solche Gründe. Wenn man z. B. Steuerungskrisen der Wirtschaft analysieren will, muß man ein systemtheoretisches Instrumentarium ins Spiel bringen. Dazu gibt es wohl keine Alternative, nachdem die objektive Dialektik und die Totalitätsbegriffe der Hegelschen Theorie nicht mehr vertrauenerweckend sind, nachdem also auseinandergebrochen ist, was damals noch zusammengehalten wurde: Systemtheorie und Handlungstheorie.

WIDMANN Sie haben gesagt, gut, da gibt es ein fortgeschrittenes Arsenal von Werkzeugen, von begrifflichen Mitteln, das man verwenden kann. Aber was wird an Realitätsbereichen durch Ihren Ansatz entdeckt? Was für einen Erkenntnisgewinn versprechen Sie sich dadurch?

HABERMAS Der eine Erkenntnisgewinn besteht darin, daß man mit einer Kommunikationstheorie die normativen Gehalte humanen Zusammenlebens auf eine unverdächtige Weise einführen kann, ohne sie hinterrücks auf dem Weg einer Geschichtsphilosophie einschmuggeln zu müssen.

Wenn man eine Kommunikationstheorie hat, ist man nicht verpflichtet, nur handlungstheoretisch zu verfahren, nur von Akteuren und ihren Schicksalen, Taten und Leiden zu sprechen, sondern man kann dann auch reden von den Eigenschaften der Lebenswelten, in denen sich Akteure und Kollektive oder einzelne Subjekte bewegen. Man kann z. B. die Prozesse der Entwurzelung von plebejischen Unterschichten aus einer traditionellen Welt, die noch aus einer Zeit der Frühindustrialisierung stammt, verfolgen. In welchen Ideen haben sich denn diejenigen, die der kapitalistischen Modernisierung Jahrhunderte Widerstand geleistet haben, wiedererkannt? Bis tief ins 19. Jahrhundert hinein waren es eben nicht so sehr die Ideale bürgerlicher Emanzipationsbewegungen, und erst recht nicht die Ideen eines lupenreinen Sozialismus. Jene Revolten und Bewegungen rekurrieren meistens auf das Potential traditioneller Ideen, auf religiöse Ideen, auf das religiös verankerte Naturrecht usw. Ich meine nicht nur die Bauernkriege, sondern dies geht bis tief in die Handwerkerbewegungen des 19. Jahrhunderts hinein. Als Antrieb stehen dahinter die unmittelbar provozierten Unrechtserfahrungen, auch die Bedürfnisse nach Spontaneität und Expressivität; aber solche Empfindungen gewinnen keine historisch folgenreiche Realität, solange man sie nicht öffentlich ausdrücken kann. Es muß ein Flugblatt dasein, es muß jemand dasein, der ausspricht, worin man sich wiedererkennt. Nun sind beispielsweise die Schranken, die eine traditionale Lebenswelt politischen Bewegungen auferlegt, oder Strukturen, die objektiv über diese Lebenswelten hinauszielen, über die Hermeneutik der Absichten und Motive einzelner Akteure nicht faßbar. Es genügt nicht zu fragen, was haben die Akteure in ihren Köpfen gehabt, was waren ihre Motive, worüber haben sie geredet, obwohl alle diese Fragen mit einem gewissen Recht wieder schick geworden sind im Zeichen einer Geschichtsschreibung der Alltagswelt. Das ist sehr nützlich, bleibt aber für sich genommen, wie Adorno mit mehr Pathos gesagt haben würde, etwas begriffslos.

Deshalb ist eine kommunikationstheoretisch vorgehende Strukturanalyse von Lebenswelten vorteilhaft, wenn man nicht einfach von außen ökonomische Interessenlagen, politische Machtkämpfe usw. ans Material herantragen will. Sonst schwimmt man in einem Meer von historischen Kontingenzen herum. Wie in der Kunst eine Art Grammatik zum Zuge kommt bei der Durchorganisierung und Entfaltung eines Stils, können auch Ausdifferenzierungen der Lebenswelt von innen heraus beschrieben werden, ohne auf die Handlungsebenen zu gehen. Was bedeutet es beispielsweise, wenn sich ein stabiles Institutionensystem, das die Handlungsmuster noch präformiert in sich eingekapselt hält, ausdifferenziert und trennt erstens von den interpretierenden Weltbildern, die nun auch legitimierende und d. h. täuschende Funktionen übernehmen können, und zweitens aus sich Interaktionsnetze entläßt, die der Selbstdefinition der einzelnen Akteure überlassen werden?

HONNETH Mir leuchtet ein, daß dieser ›strukturalistische‹ Zug die Gesellschaftsanalyse sichert gegen eine begriffslose Erfassung von gesellschaftlichen Prozessen. Ich sehe nur einen Mangel dann, wenn sich eine solche Analyse nicht mehr rückübersetzen läßt in das Feld sozialer Auseinandersetzungen zwischen Kollektiven und Akteuren. Wenn man die verschiedenen Rationalitätsdimensionen in der Moderne auf diese Weise aufgefächert hat, dann müßte man doch fragen, welche Rationalisierungswege durch bestimmte kollektive Akteure vorangetrieben werden, wie das gespeicherte Wissen, z. B. von Machteliten, monopolisiert wird, und wie dadurch das soziale Schichtgefüge selbst konstituiert wird. Fächert sich dann die soziale Realität nicht auf in soziale Auseinandersetzungen um Rationalitätsmonopole?

HABERMAS Sie skizzieren ein Programm, gegen das ich keine Bedenken habe, wobei wir uns einig darüber sind, daß es dafür noch eines ungeheuren Anlaufs bedarf.

KNÖDLER-BUNTE Aber muß denn wirklich alles in einer Theorie so zusammenkommen, wie Sie das einklagen? Warum kann man nicht akzeptieren, daß es unterschiedliche Theorietypen gibt, mit je spezifischen Stärken und Schwächen, deren Aussagekraft miteinander konkurrieren und die auch mal Luft lassen für das, wofür es noch keine klaren methodischen Herangehensweisen gibt? Ist denn überhaupt *eine* Gesellschaftstheorie vorstellbar, die sich evolutionstheoretisch begründet, universalgeschichtliche Zusammenhänge aufweisen und konkrete Situations- und Gegenstandsanalysen leisten will?

HABERMAS Man kann sich mit einer anständigen Geschichtsschreibung zufriedengeben, die ihre eigenen, hermeneutischen Relativitäten an der Stirne trägt. Aber reicht das aus? Man möchte doch eine Situationsanalyse haben, die einen, wenn man Glück hat, etwas mehr begreifen läßt, als eine generalisierend verfahrende Geschichtsschreibung begreifen lassen kann. Die macht uns klar, warum wir hier in Deutschland eine so deformierte politische Kultur haben, indem sie uns Traditionslinien vergegenwärtigt: Kaiserreich, Wilhelminismus, die Nazis, die nur halb zum Zuge gekommene bürgerliche Revolution usw. Auf der anderen Seite hat man die Sprachtheorie, die Moraltheorie, die Erkenntnistheorie, und irgendwie würde das alles in der Luft hängen, ohne uns zu informieren, wenn die Gesellschaftstheorie nicht als eine Art Brennglas eine fokussierende Kraft entwickeln könnte und einen hellen Scheinwerfer auf unsere Gegenwart richten würde.

KNÖDLER-BUNTE Aber dieser helle Scheinwerfer könnte ja auch aus einem Benjaminschen Blick kommen, der disparate Zusammenhänge so miteinander verknüpft, daß am einzelnen uns schockhaft etwas klar wird über uns.

HABERMAS Wenn man von vornherein so herangeht, dann gibt man die Einstellung eines Wissenschaftlers auf, dann bekennt man sich zu einer ästhetischen Geschichtsbetrachtung. Ich möchte meine eigene Vorgehensweise nochmals explizieren. Natürlich habe ich bei meinem evolutionstheoretischen Ansatz etwas Bauchschmerzen. Da schreckt auf der einen Seite die Zweite Internationale und auf der anderen Seite der Luhmann, und drittens vielleicht sogar noch das Gespenst einer naturalisierten Geschichtsphilosophie. Das muß man vermeiden. Ich sehe aber auch, was man von einer Theorie bekommen kann, von einer, die eine Entwicklungslogik herauszuarbeiten versucht. Sobald man dann mit so schweren Geschützen ein anständiges Stück soziale oder kulturelle Geschichte aufarbeiten will, ist eine evolutionistische Perspektive gefährlich, wenn man diese nicht abschwächt, wie man das meiner Meinung nach tun muß. Was die evolutionistischen Annahmen anbetrifft, so beschränke ich mich auf einige Interpretationsgesichtspunkte für die allgemeine, genetisch-strukturalistisch sich ausdifferenzierende Infrastruktur von *möglichen* Lebenswelten.

Ich habe noch keine historische Analyse durchgeführt, die mit diesem evolutionstheoretischen Instrumentarium arbeitet, aber ich könnte mir vorstellen, daß damit einem so gut erforschten Gebiet wie den Bauernkriegen neue Dimensionen abzugewinnen wären. Man muß es eben versuchen. Auf die Gegenwart bezogen ist das etwas einfacher, da lassen wir uns ohnehin von Alltagsintuitionen leiten – wir alle sind »arm-chair«-Soziologen, die Hegels realistischen Morgensegen, d. h. die ihre Zeitungslektüre verwerten.

HONNETH In der Weise, in der Sie Ihre Begrifflichkeit von System und Lebenswelt anlegen, beschränkt sich die Gegenwartsanalyse doch darauf, die Reibungen des sozialen Systems nur noch horizontal wahrzunehmen, nämlich als Reibung zwischen Lebenswelten und systematisch integrierten Teilsystemen. Demgegenüber geraten die Dimensionen einer vertikalen Analyse sehr kurz – nicht notwendigerweise, denn ich könnte mir sehr wohl vorstellen, daß man mit Ihren Kategorien die Marxsche Klassentheorie bearbeiten könnte, die dann mehr eröffnet an sozialer Realität als das, was in den Zeitungen steht.

HABERMAS Wahrscheinlich müßte man eine Kombination aus Klassentheorie und Subkulturanalyse herstellen, um die gegenwärtigen Verschiebungen von Konfliktlagen und Bewußtseinsformen erklären zu können, aber das habe ich in meinem neuen Buch nicht gemacht. Und solange das nicht geschieht, hat man nicht den Pudding, an dem man die Sache prüfen kann.

IV. Krisentheorien und soziale Bewegungen

WIDMANN In gewissem Sinne gibt es bereits diese Kombination von Klassentheorie und Subkulturanalyse. Oder wenigstens Ansätze dazu. In der Ökologiebewegung wird auf der Ebene der Theorie kaum etwas so sehr diskutiert wie das Verhältnis zwischen der klassischen, marxistischen Krisentheorie und den neuen Komplexitätskrisen, wie sie an Verselbständigungsmechanismen der technischen und militärischen Apparate festgemacht werden.

HABERMAS Ich finde es eleganter und plausibler, dem Kapitalismus zu geben, was des Kapitalismus ist, d. h. was er dank seines Differenzierungsniveaus und seiner Steuerungsleistungen tatsächlich geleistet hat. Geben wir doch unserem marxistischen Herzen einen Stoß: er war ganz erfolgreich, der Kapitalismus, wenigstens im Bereich der materiellen Reproduktion, und ist es immer noch. Freilich hat er von Anbeginn einen enormen Raubbau mit traditionellen Lebensformen betrieben. Und weil heute die Imperative, die in die kapitalistische Wachstumsdynamik eingebaut sind, nur noch erfüllt werden können durch ein offensichtlich erhebliches Wachstum des, sagen wir einmal: monetär-bürokratischen Komplexes, beobachten wir und spüren und erleiden wir jetzt einen »overspill«, einen Übergriff des Systems in Bereiche, die gar nicht mehr die der materiellen Reproduktion sind. Diese Bereiche der kulturellen Überlieferung, der sozialen Integration über Werte und Normen, der Erziehung, der Sozialisation der nachwachsenden Generationen sind aber, wenn ich das ontologisch sagen würde, ihrer Natur nach darauf angewiesen, daß sie über das Medium des kommunikativen Handelns zusammengehalten werden. Wenn in diese Bereiche jetzt die Steuerungsmedien Geld und Macht eindringen, etwa auf dem Weg einer konsumistischen Umdefinition von Beziehungen, einer Bürokratisierung von Lebensverhältnissen, dann werden nicht nur Traditionen aufgerollt, sondern Grundlagen einer bereits rationalisierten Lebenswelt angegriffen – auf dem Spiel steht die symbolische Reproduktion der Lebenswelt. Mit einem Wort: die in Bereichen der materiellen Reproduktion entstehenden Krisen werden auf Kosten einer Pathologisierung der Lebenswelt aufgefangen. Ich habe diese These in meinem Buch entwickelt und glaube, daß damit einige Probleme gelöst werden können.

HONNETH Mir liegen Fragen näher, die noch einmal an die begriffliche Unterscheidung von verschiedenen Subsystemen anknüpfen, aber ich möchte mit empirisch orientierten Fragen anfangen. Ist nicht das, was Sie zuletzt gesagt haben, ein zu sehr BRD-zentrierter Blick? Wenn man nur mal die Grenzen nach Westen überschreitet, dann finden wir Konflikte, die doch sehr viel bestandsgefährdender sind und die mit Hilfe einer Krisentheorie von System und Lebenswelt sich kaum erklären lassen. Ich denke an sehr traditionelle Konflikte, die sich heute vor allem ergeben aus einer durch die kapitalistische Akkumulation hervorgerufenen strukturellen Arbeitslosigkeit, aus einer ungeheuren Rationalisierungswelle, die auf uns zukommt und über deren Auswirkungen wir bloß spekulieren können.

HABERMAS Wo schlagen sich denn diese Konflikte nieder, solange das soziale Netz hält?

WIDMANN Wenn der Präsident des schwedischen Sparkassenverbandes sagt, die westlichen Industrienationen werden in den nächsten 15 Jahren ein Viertel ihrer Arbeitsplätze sowohl im industriellen wie auch im Bürobereich verlieren, dann sehe ich kein soziales Netz, das das auffangen kann. Ich glaube nicht an einen Automatismus der Krise, aber ich sehe ungeheure Probleme auf uns zukommen, die mit einem Konflikt zwischen System und Lebenswelt nichts zu tun haben.

HABERMAS Nach den Krisenmöglichkeiten, die sich aus der von mir ausgearbeiteten Analyse ergeben, gibt es die Alternative: entweder kann die für den sozialstaatlichen Kompromiß notwendige Bedingung, ein kontinuierliches, wenn auch gebremstes ökonomisches Wachstum, erfüllt werden. Dann bekommen wir Probleme, die ich unter den Titel einer Kolonialisierung der Lebenswelt, einer Erosion, einer Aushöhlung kommunikativ strukturierter Handlungsbereiche bringe. Oder die Wachstumsdynamik läßt sich nicht aufrechterhalten, dann bekommt man irgendeine Variante der traditionellen Konflikte.

WIDMANN Sind denn die Bedingungen angebbar, unter denen ganz traditionelle Klassenkonflikte wieder aufbrechen können? Das, was Sie eben gesagt haben, ist also die Theorie des Spezialfalls?

HABERMAS Also erstens glaube ich nicht an das »Gesetz« der fallenden Profitrate ...

WIDMANN Das war der Spezialfall.

HABERMAS Aber es wäre absurd, ausschließen zu wollen, daß wir ökonomische Krisen haben können. Im Augenblick bekommen wir eine Menge Anschauungsmaterial für die These meines Freundes O'Connor über die Fiskalkrise.

KNÖDLER-BUNTE Unser Problem war, mal ganz platt gesagt: Gibt es nicht, gerade angesichts neuer Konfliktzonen, die Notwendigkeit, die alte Klassentheorie im Lichte neuer Erfahrungen zu rekonstruieren, ohne die Begriffe von Klasse und Klassenkampf bis zur Unkenntlichkeit zu verdünnen? Brauchen wir nicht neue theoretische Ansätze, die uns die Verschränkung von traditionellen Konfliktzonen und neuen Widerstandspotentialen erklären? Die krisentheoretischen Annahmen von System und Lebenswelt hängen doch in der Luft, wenn damit nicht ältere Probleme von klassenspezifischer Unterdrückung, von Ungleichgewichtigkeiten in den kulturellen Lebenschancen und Lebensrealisierungen neu interpretiert werden können. Ich glaube, daß eine Theorie der sozialen Bewegungen, also ganz klassische Revolutionstheorie und Klassenkampftheorie, sehr viel mehr historisiert werden müssen, also erstmal auch abgekoppelt werden müssen von politökonomischen Bestimmungen oder universalgeschichtlichen Überlegungen. Das, was wir als Arbeiterbewegung kennen, entstand in einer bestimmten Phase der kapitalistisch-industriellen Entwicklung, mit sehr vielen Ungleichzeitigkeiten und internen Widersprüchen. Die größte Radikalität erreichte die Arbeiterbewegung da, wo die Übergangssituation, in der sie sich in der zweiten Hälfte des 19. und in dem ersten Viertel des 20. Jahrhunderts in Deutschland befand, besonders dramatisch erfahren wurde. Große Teile der Arbeiterklasse konnten nicht mehr zurück in die agrarische Produktion oder ins handwerkliche Kleingewerbe, fanden aber zugleich auch keine Bedingungen vor, die ihnen eine Integration in die bürgerliche Kultur gestattet hätten. Auch diese Grunddisposition kann man also mit dem Modell von System und Lebenswelt rekonstruieren, nur waren im Unterschied zu heute die Lebenswelten von Arbeitern noch viel traditioneller in kollektiven Deutungsmustern organisiert, die später, unter dem Eindruck interner Differenzierung sowohl der bürgerlichen wie der proletarischen Kultur, weiter erodiert sind bis hin zur Privatisierung von Lebenswelten heute. Das ist jetzt alles sehr global skizziert, aber ich sehe nicht den scharfen Bruch zwischen den traditionalen Konfliktlinien der Arbeiterbewegung und den heutigen sozialen Bewegungen.

HABERMAS Es mag sein, daß die Radikalisierung durch ein Hineinfließen kultureller Konflikte zustande kam. Sie sagen es selbst: die Welt der Sozialdemokratie von 1890 oder 1910 ist mit der heutigen nicht zu vergleichen. Das war noch eine identitätssichernde politische Partei. Sie hatte auch keineswegs eine vergleichbare stabilisierende Funktion wie die heutige Sozialdemokratie. Die alte Sozialdemokratie war tatsächlich ein »Reichsfeind«.

HONNETH Gerade weil es heute die Arbeiterbewegung nicht mehr in ihrer traditionellen Gestalt gibt, müssen wir an Problemen ansetzen, die etwa zur Zeit der Weimarer Republik so noch gar nicht vorhanden waren. Ich denke einfach, daß die Konflikt- und Protestpotentiale, von denen Sie mit dem Begriff »neopopulistische Bewegungen« reden, mit einem anderen Blick betrachtet werden müssen. Man könnte sagen, da sind die Protestpotentiale, für die es heute in der Presse genügend Öffentlichkeit gibt, nur ein Eisberg, der sich erhebt über ein breites Feld von klassenspezifisch weiterhin bestehenden Problemen und Konfliktlagen, die eine angemessene Sprache schon deswegen nicht mehr finden, weil es diese Arbeiterbewegung nicht mehr gibt, die ja auch kulturelle Ausdrucksformen vermittelt hat.

HABERMAS Das wäre doch nur schlüssig, wenn die Gruppen, die heute das Resonanz- und Artikulationsmedium für die fraglich gewordene klassenspezifische Basis darstellen, auf irgendwelche klassenspezifischen Probleme reagieren würden.

HONNETH Die erste These wäre: es gibt Konfliktlagen und Protestpotentiale, die sprachlos sind bzw. gemacht worden sind, aus unterschiedlichen historischen Gründen und aus beschreibbaren Gründen kultureller Reproduktion. Diese Probleme, die dort kumulieren und die mit klassenspezifischen Lebenslagen zusammenhängen ...

HABERMAS Warum sollen denn die klassenspezifischen Probleme der sprachlos gemachten Arbeiter ausgerechnet ihre Sprache finden in den Anklagen der Söhne und Töchter aus bürgerlichen Schichten?

HONNETH Nein, nein, das ist ein Mißverständnis meiner These. Ich vermute einfach, daß es neben diesen expliziten, natürlich auch durch die Presse mitgeförderten Protestformationen einen anderen, sozusagen traditionellen Konfliktblock gibt, der in dem Sinne keine kulturelle Ausdrucksform besitzt. Ihre These von der kulturellen Verarmung wäre daher in einem anderen Sinne ernstzunehmen. Ich gebe zu, daß man, um solche Konfliktformen zu benennen, sich sicherlich nicht verlassen kann auf das, was Sie vorhin Empirie genannt haben. Man kann sich also nicht auf Fragebogen verlassen, die dann irgendwelchen ökonomischen ...

HABERMAS Ich frage mich nur, ob das nicht gerade ein unhistorischer Blick ist. Ist es nicht so, daß Sie diese Belastungen entdekken, weil Sie zu einem ganz anderen Protestpotential gehören? Daß Sie mit einem ganz anderen Sozialisationshintergrund die heute tatsächlich wahrnehmbar gewordenen, von außen in hochdifferenzierte Lebenswelten eindringenden Imperative, konsumistische, administrative, bürokratische ... als eine Verschwörung empfinden, daß Sie gleichsam ihre Augen jemandem *leihen*, der diese Augen nicht hat?

HONNETH Ja, es ist immer schwer, sich gegen solch ein Argument zu wehren, daß man sozusagen eigene Sensibilitäten in soziale Gruppen und Schichten hineinprojiziert, die möglicherweise davon nicht betroffen sind. Ich glaube, man kann das dadurch abwehren, daß man den Typus von Konflikten oder von Deprivationserfahrungen, die dort eine Rolle spielen, hypothetisch nachweist und zugleich zeigen kann, daß diese mit den eigenen Sensibilitäten und Empfindungen zunächst mal nichts zu tun haben. Der Kern dessen, was ich dort vermuten würde, wäre ein abgedrängtes und kulturell verschwiegenes Protestpotential in Dimensionen von sozialer Ehre und sozialer Anerkennung – das sind zwar altertümliche Begriffe, die jedoch fähig sind, eine Dauererfahrung in der Aberkennung von sozialer Ehre zu markieren, die wir nun wirklich haben. Das ist, glaube ich, keine Projektion. Es gäbe dafür historische Indizien, meine ich, auf die eine neue Geschichtsschreibung der Arbeiterbewegung einzugehen hätte. Gerade dies Motiv ›Kampf um soziale Anerkennung‹ ist vielleicht ein zentraler und immer auch latenter Impuls gewesen.

KNÖDLER-BUNTE Ich würde auch sagen, daß der psychische Rahmen für Sensibilisierung, für kulturelle Enteignungserfahrung sozusagen den Ausbruchspunkt hat in Teilen der Mittelschicht; das sagt aber noch gar nichts über die Genese und die Geltung dieser Konflikte, sondern zielt ja eigentlich gegen die These eines stillgelegten Klassenkampfes, wo die Arbeiterklasse kulturell integriert gedacht ist. Ist denn überhaupt das ganze Proletariat über, sagen wir, die Verinnerlichung der Normen abstrakter Arbeit in das System eingebunden worden, oder ist es nicht so, daß tatsächlich große Teile des Proletariats, die Mehrzahl der arbeitenden Bevölkerung an diesem System – bürgerliche Kultur als Durchstrukturierung des Subjekts – gar nicht in dem Maße teilgenommen hat und damit eben gar nicht den normativen Konzepten bürgerlicher Ideologie und deren Selbstverständnis und Weltbilder sozusagen immer nur ein Stück weit von außen mitgetragen hat, immer unter dem Bewußtsein, daß das System in ganz grundsätzlichen Fragen unabhängig von ihren eigenen Wünschen und Bedürfnissen der Lebenspraxis läuft? Und das meine ich, wäre die Frage, ob die Alternativbewegung nicht ein Stück weit, klassenunspezifisch, diese Erfahrung fortsetzt, daß sie innerhalb des herrschenden Systems keine kulturelle Anerkennung, keine befriedigende Organisation ihres Lebens durchsetzen kann.

HABERMAS Nun gut, Sie kennen die Szene besser als ich. Damals war es jedenfalls einfacher, die Studentenbewegung als auslösende katalysatorische Kraft für den eigentlichen Klassenkampf zu betrachten. Vielleicht sollte man jetzt sehen, daß sich die Alternativszene eher aufbaut aus den Sensibilitäten derer, die es sich leisten können, Dinge als Deprivationen zu erfahren, die ein sozialdemokratischer Arbeiter oder Angestellter der mittleren Generation so nicht empfinden würde.

HONNETH Meine Frage zielt darauf, ob sich die Dimension sozialer Klassenverhältnisse aus dem Begriff der sozialen Lebenswelt soweit herausdefinieren läßt, wie Sie es eigentlich tun. Ich denke dabei nicht nur an die Dimension klassenspezifischer Lebenslagen und bestimmter, sozusagen biographisch zentraler Problemkonstellationen, die sich empirisch an bestimmten sozialen Mobilitätschancen, an Identitätschancen, an Lebensrisiken, an Gesundheitsschäden ablesen lassen. Ich denke auch an die Dimension der kulturellen Reproduktion – ein Begriff, der ja auch in Ihrem Entwurf sehr zentral ist –, also etwa an ein schichtspezifisch gestaffeltes System kultureller Ausdruckschancen und sozialer Definitionsrechte. Läßt sich dies, was Gramsci im Begriff der kulturellen Hegemonie als die Überschichtung der Ausdrucksformen einer sozialen Klasse durch ein kulturell festgeschriebenes Netz herrschender Ausdrucksformen festhält, begrifflich einfach aus dem Begriff der kulturellen Reproduktion herauslösen? Kurz gesagt: was ließe sich aus der kulturalistischen Wende im Marxismus für den Begriff der sozialen Lebenswelt lernen? Läßt sich das ausschließen?

HABERMAS Nein, das sicher nicht. Aber schon Lukács hat Verdinglichung als einen Begriff für die Deformationen des Bewußtseins verwendet. In der Kritischen Theorie ist das ja in der Kritik der Massenkultur noch ausgeprägter.

WIDMANN Ich neige mehr zu der Ansicht, daß Ihr Entwurf gewissermaßen eine allgemeine Theorie ist, von der die Klassenkampftheorie die besondere Zuspitzung in einem bestimmten Zeitabschnitt beschreibt. Die Klassenkampftheorie wäre also der Sonderfall eines die gesamte Geschichte durchziehenden Gegensatzes von System und Lebenswelt.

HABERMAS Sie meinen, auch die klassischen Kämpfe zwischen Bauern, Proletariat und Bourgeoisie spiegeln defensive Reaktionen auf die kapitalistische Durchdringung der Lebenswelt, auf Zerstörungen, die durch die kapitalistische Modernisierung angerichtet werden. Das glaube ich unbesehen. In diesem Bild fehlt mir nur die Transformation der Lebenswelt selbst. Marx konnte nicht hinreichend unterscheiden zwischen traditionalen Lebenswelten, die durch Modernisierungsprozesse aufgerieben werden, und einer strukturellen Ausdifferenzierung der Lebensformen, die heute in ihrer kommunikativen Infrastruktur bedroht sind. Im Gefolge der kapitalistischen Modernisierung treten Zerstörungen auf, die den Untergang traditionaler Lebensformen bedeuten. Wo hingegen moderne Gesellschaften entstehen, ist dieser Zusammenbruch wohl immer unvermeidlich. Das soll nicht heißen, daß man ihn intentional betreiben und moralisch in Kauf nehmen dürfte.

KNÖDLER-BUNTE Damit bin ich einverstanden. Die Frage ist

nur: läßt sich die Zerstörung von Lebenswelten durch die Imperative eines kapitalistischen Systems jeweils nur konkret historisch am geschichtlichen Material konstruieren, oder gibt es da so etwas wie eine logische Folge von Schritten der Ausdifferenzierung von Lebenswelten? Da bin ich sehr skeptisch.

HABERMAS Nun, es gibt doch kommunikative Strukturen, die alle Lebenswelten gemeinsam haben. Das sind sehr formale Elemente, wie das Verhältnis von Persönlichkeitsstrukturen zu gesellschaftlichen Institutionen und zu Überlieferungskontexten. Die entwicklungslogische Dimension besteht nur darin, wie sich diese Elemente ausdifferenzieren und wie die Ausdifferenzierung über Individuierungsprozesse, über die Abstraktion und Verallgemeinerung von Normen und über das Reflexivwerden der kulturellen Überlieferung läuft. Das ist es, was Durkheim oder Mead beschrieben haben. Damit ist ja nicht gesagt, daß diese Prozesse irreversibel sind, sondern nur, daß sie eben stattfinden, *wenn* irgendeine Form von Modernisierung einsetzt.

V. Wissenschaft und Lebenspraxis

KNÖDLER-BUNTE Ich gebe zu, daß ich mit der Struktur Ihrer Theorie und mit der Haltung, die ich dahinter vermute, meine Schwierigkeiten habe, und wesentlich weniger mit Ihrem ausformulierten Programm und politisch-theoretischen Selbstverständnis. – Welche libidinösen Bilder hat denn eine so abstrakte, unter einem unglaublichen Synthetisierungszwang stehende Theorie? Wo liegen in der damit verknüpften intellektuellen Arbeit die Glücksmomente, die Befriedigungen, ohne die man ja eine derartige Anstrengung gar nicht begreifen kann? In ihrer Selbstexplikation taucht immer wieder das Wort ›anschlußfähig‹ auf: die eigene intellektuelle Arbeit muß sich anschließen lassen an die Standards und die Ansprüche, die das Wissenschaftssystem repräsentiert. Aber worin liegt das denn begründet, daß für Sie dieses Wissenschaftssystem ungebrochen als nahezu ausschließlicher Bezugspunkt so zentral ist? Der andere, und historisch alternative Bezugspunkt, nämlich die proletarische Organisation, hat sich inzwischen selbst erledigt, aber gibt es wirklich nur diese beiden Alternativen? Wissenschaftssystem und organisierte Arbeiterbewegung haben doch eines gemeinsam, daß sie sich institutionell verselbständigt und die einzelnen abgekoppelt haben eben von den Erfahrungen, die sie als intellektuelle Herausforderungen brauchen. Als Resultat kommt, beim verbeamteten Wissenschaftler wie beim politischen Funktionär, bestenfalls noch eine Art handwerkliches Arbeitsethos heraus, falls es nicht schon durch Betriebsamkeit und Geschäftigkeit verschüttet ist, also durch die kurzfristigen Anerkennungen, die das System bereit und die Sache am laufen hält. Radikale Haltungen und wissenschaftliche Innovationen setzen Veränderungen der Lebenspraxis voraus, eine Umstrukturierung der Wichtigkeiten, nach denen man sein Leben organisiert. Kann eine so exponierte Gesellschaftstheorie wie die Ihre denn auch begründen, daß dieses Vertrauen in die Funktionsfähigkeit des Wissenschaftssystems von der Sache her gerechtfertigt ist?

HABERMAS Das sind jetzt zwei Fragen. Die eine zielt auf die Antriebe und die Motive meiner Arbeit, die andere auf eine gewisse, sagen wir: Wissenschaftsgläubigkeit.

Was die erste Frage betrifft: ich habe ein Gedankenmotiv und eine grundlegende Intuition. Diese geht übrigens auf religiöse Traditionen, etwa der protestantischen oder der jüdischen Mystiker zurück, auch auf Schelling. Der motivbildende Gedanke ist die Versöhnung der mit sich selber zerfallenen Moderne, die Vorstellung also, daß man ohne Preisgabe der Differenzierungen, die die Moderne sowohl im kulturellen wie im sozialen und ökonomischen Bereich möglich gemacht haben, Formen des Zusammenlebens findet, in der wirklich Autonomie und Abhängigkeit in ein befriedetes Verhältnis treten; daß man aufrecht gehen kann in einer Gemeinsamkeit, die nicht die Fragwürdigkeit rückwärtsgewandter substantieller Gemeinschaftlichkeiten an sich hat. Diese Intuition stammt aus dem Bereich des Umgangs mit anderen; sie zielt auf Erfahrungen einer unversehrten Intersubjektivität, fragiler als alles, was bisher die Geschichte an Kommunikationsstrukturen aus sich hervorgetrieben hat – ein immer dichter, immer feiner gesponnenes Netz von intersubjektiven Beziehungen, das gleichwohl ein Verhältnis zwischen Freiheit und Abhängigkeit ermöglicht, wie man es sich immer nur unter interaktiven Modellen vorstellen kann. Wo immer diese Vorstellungen auftauchen, ob bei Adorno, wenn er Eichendorff zitiert, beim Schelling der »Weltalter«, beim jungen Hegel, ob bei Jakob Böhme, es sind immer Vorstellungen von geglückter Interaktion.

Gegenseitigkeiten und Distanz, Entfernungen und gelingende, nicht verfehlte Nähe, Verletzbarkeiten und komplementäre Behutsamkeit – all diese Bilder von Schutz, Exponiertheit und Mitleid, von Hingabe und Widerstand steigen aus einem Erfahrungshorizont des, um es mit Brecht zu sagen, freundlichen Zusammenlebens auf. *Diese* Freundlichkeit schließt nicht etwa den Konflikt aus; was sie meint, sind die humanen Formen, in denen man Konflikte überleben kann.

KNÖDLER-BUNTE Meine Fragen zielten eher auf das, was diesem expliziten Selbstverständnis als Antrieb, als Struktur von Realitätserfahrung zugrunde liegt. Ich möchte dies an zwei Extremen verdeutlichen. Ich kann das tragende Gefühl haben, im Grunde genommen ist die Welt, so wie sie nun mal ist, in Ordnung, und deswegen kann ich mich zu einzelnen Realitätsbereichen experimentierend und abenteuernd verhalten. Die chaotische Mannigfaltigkeit stört mich gar nicht, weil ich mich darauf mit einer affektiv gesicherten Distanz beziehen kann, und diese Haltung vermute ich im Brechtschen Gestus, der ja gewissermaßen ein Lebenskünstler einer radikalisierten Anpassung war. Die andere Grundstruktur wäre, daß man das Chaos als bedrohlich erfährt und man es deshalb versucht zu strukturieren, über begriffliche Ordnungen, um überhaupt einen Boden unter die Füße zu bekommen. Dieser Typus würde eher dem des Vermessers entsprechen, der erst die Strukturen schaffen muß, ehe er sich bewegt.

HABERMAS Nun gut; ich habe nicht dieses Urvertrauen zu einer Umgebung, aber auch nicht die Einstellung dessen, der ins Chaos eine befriedigende Ordnung bringen muß. Ich habe überhaupt zu nichts ein unambivalentes Verhältnis, jedenfalls nur in sehr seltenen Augenblicken. Deswegen ist auch meine naive Beziehung zu gesellschaftlichen Verhältnissen nicht eigentlich naiv, sondern zutiefst ambivalent. Das hat mit sehr persönlichen Erfahrungen zu tun, über die ich nicht sprechen will, aber auch mit kritischen Augenblicken – z. B. mit dem Zusammenfallen von Großereignissen und Pubertät 1945. Ambivalent bin ich auch, weil ich den Eindruck habe, daß etwas zutiefst schief ist in der rationalen Gesellschaft, in der ich aufgewachsen bin und nun lebe. Andererseits habe ich auch etwas anderes zurückbehalten von jener Erfahrung 1945 und danach, daß nämlich etwas besser geworden ist. Es ist wirklich etwas besser geworden. Auch darauf muß man sich stützen; und dazu suche ich dann eine Vorgeschichte, die mit dem Begriff »Aufklärung« zu leicht abgetan wäre.

Nun zu der Frage nach dem Vertrauen ins Wissenschaftssystem. Ich bin mir selbst heute noch nicht sicher, ob ich das, was ich wirklich will und was intuitiv meine Arbeit leitet, in seinen wesentlichen Elementen im Wissenschaftssystem sozusagen unterbringen kann. Wenn man so aufwächst, wie wir in dieser Runde, versucht man ja, irgendwie im Leben etwas zu tun, worin man seine Grundintuition hineinlegen und klären kann. Bei mir geht das nun durch das Medium des wissenschaftlichen Denkens oder durch die Philosophie hindurch. Wenn man sich an Wahrheitsfragen orientiert und sich dabei nicht selber mißversteht, dann darf man nicht, wie es Heidegger und Adorno gemeinsam versuchen, Wahrheiten an den Wissenschaften vorbei produzieren wollen und auf irgendeine höhere Einsicht setzen, auf ein Andenken des Seins oder auf ein Eingedenken der gequälten Natur. Meine tiefe Überzeugung ist, daß man, wenn man sich aufs Denken einläßt, das nicht darf.

WIDMANN Warum nicht?

HABERMAS Wenn man aus letzten Evidenzen leben und schreiben will, soll man nicht versuchen, das, was man möchte, auf einem Lehrstuhl oder in einem Forschungsinstitut zu verwirklichen. Das erinnert mich an eine Erfahrung, die ich früher auf dem Katheder und im Seminar gemacht habe. Wenn ich merke, daß Studenten emotional völlig unberührt sind von dem, was ich tue, was wir gemeinsam tun, dann bin ich unzufrieden, weil ich weiß, daß zu jedem Lernen auch die Bildung tieferer Motive gehört. Wenn ich andererseits merke, daß die Studenten von ihren Gefühlen nicht mehr herunterkommen, daß sich ein symbiotisches Verhältnis anbahnt, dann macht mich das ungeheuer nervös. Ich will den Sinn für die Isolierbarkeit von Wahrheitsfragen, den Sinn für's Diskursive, wenn Sie wollen, retten, lebendig erhalten in einer Situation, die objektiv dazu zwingt, daß man Wahrheitsfragen nicht vermischt mit Gerechtigkeits- oder Geschmacksfragen. Das ist spröde kantisch geredet; aber ich habe mich in den letzten Jahren an diesen neu-kantianischen Jargon gewöhnt, und ich bin irgendwo erleichtert, das so trivial sagen zu können. Ich habe das nie so zu sagen gewagt – »diese bürokratische Departmentalisierung von Vernunftmomenten« hätte Adorno gesagt. Gerade diese ist aber die Signatur und der Stachel der Moderne. Wie man da hindurchgeht, das ist vielleicht das Problem.

Ich komme in dem, was ich beabsichtige – man weiß ja nie, was man wirklich tut –, Max Weber auf halbem Weg entgegen, indem ich verschiedene Sphären auseinanderzuhalten versuche. Zunächst diese politisch-publizistischen Dinge, dann »richtiges« Philosophieren (was ich, paradox gesagt, nur noch gebrochen fortsetzen kann, obwohl meine Intentionen darin am ungebrochensten zum Zug kommen!). Ferner die im engeren Sinne wissenschaftliche Arbeit, schließlich die Lehrpraxis und, wenn die Zeiten danach sind, eine politische Praxis, die übers Publizistische hinausgeht. Ich halte diese verschiedenen Arbeitsformen auseinander, aber ich sage nicht, daß dies eine Arbeitsteilung ist, wo eins mit dem anderen nichts zu tun hätte, oder wo es sich um eine Addition verschiedener Rollen handelte. Ich möchte vielmehr jede dieser Rollen so spielen, daß die jeweils anderen gleichzeitig sichtbar bleiben. Was mich entsetzlich ärgert, was mich trifft, sind die Aggressionen von Leuten, die bei mir diese Rollendifferenzierungen nicht sehen, geschweige denn respektieren, und alles durcheinander rühren. Das habe ich in den letzten Wochen wieder erlebt. Ich spreche nicht von den routinierten Hetzartikeln, von den verkommenen Produkten, die unter der Herausgeberschaft des bayrischen Kultusministers im *Rheinischen Merkur* veröffentlicht werden; ich meine den schieren Opportunismus aus dem sogenannten liberalen Milieu.

Ich möchte eine gewisse Differenzierung aufrechterhalten und zwar, wenn das nicht zu hoch gegriffen ist, aus moralischen Gründen – oder vielleicht doch auch aus Angst? Es gibt eben in der heutigen Gesellschaft bestimmte Maßstäbe, an denen sich verantwortliche und unverantwortliche Geister scheiden. Man soll nicht als Professor und als Wissenschaftler mit der Autorität desjenigen, der Wahrheitsfragen untersucht, Dinge sagen, die andere Leute berühren, ohne daß man wenigstens versucht hat, sich an einer Instanz wie der institutionalisierten Forschung abzuarbeiten.

WIDMANN Liegen die Gründe dafür nicht viel stärker bei Ihnen selbst? Daß Sie nämlich sich nicht dabei erwischen wollen, an etwas festgehalten zu haben wider alle Vernunft?

HABERMAS In meinen Überzeugungen gibt es doch auch einen dogmatischen Kern. Ich würde lieber die Wissenschaft fahren lassen, als diesen Kern aufweichen zu lassen – denn das sind Intuitionen, die ich nicht durch Wissenschaft erworben habe, die überhaupt kein Mensch durch Wissenschaft erwirbt, sondern dadurch, daß er aufwächst in einer Umgebung mit Menschen, mit denen man sich auseinandersetzen muß und in denen man sich wiederfindet.

WIDMANN Wieso halten Sie den geographischen Ort der Universität für den Ort, wo vernünftiges Argumentieren und sinnvolle analytische Verfahrensweisen garantiert sind?

HABERMAS So denke ich nur, wenn ich mich über Leute ärgere, die dauernd von »bürgerlicher Wissenschaft« reden, als hätten sie eine pauschale Einsicht gepachtet. Theorien lassen sich nach diesem Kriterium jedenfalls nicht mehr sortieren. Aber das ist nur eine genetische Erklärung. Man hat damit noch immer nicht gesagt, warum ausgerechnet an diesem Ort der Universität ... Aber gibt es denn einen anderen Ort?

WIDMANN Sie knüpfen immer an herrschende Lehren oder an gute outsider an ...

HABERMAS Vielleicht wollen Sie damit sagen: sind Sie nicht im Grunde ein feiger Hund, der sich immer mit Autoritäten und dem, was gerade en vogue ist, absichert? Es stimmt wohl, daß ich in den sechziger, siebziger Jahren, und das ärgert die empiristische Bagage, einen guten Anteil daran hatte, daß man bestimmte theoretische Ansätze, die andere eigentlich verarbeiten müßten, überhaupt zur Diskussion gestellt hat, so Wittgenstein, Piaget, Chomsky, Kohlberg usw. Der Unterschied ist nur der, daß ich an dem, was ich daraus gelernt habe, auch dann festhalte, wenn die Wissenschaftsmode weitergezogen ist. Wenn ich von einem etwas gelernt habe, dann bleibe ich ihm in dieser Sache gewissermaßen treu. Ich gehe nicht nach den Moden des Wissenschaftsbetriebs. Ich weiß nicht, ob das Ihre Frage beantwortet?

WIDMANN Haben Sie selber das Gefühl, daß Sie diese Gerüste, dieses Sprechen in anderen Zungen, diese ungeheure Rezeptionsbereitschaft, brauchen, um sich selber zu artikulieren?

HABERMAS Ich glaube, daß ich mir die fremden Zungen, hermeneutisch gesehen, auf brutale Art und Weise zu eigen mache. Auch wenn ich viel zitiere und andere Terminologien übernehme, weiß ich genau, daß mein Gebrauch mit dem, was die Autoren gemeint haben, manchmal wenig zu tun hat.

Was ist aber das merkwürdige Vergnügen, das man dabei hat? Obwohl ich schwitze über meiner Arbeit, dafür auch viel an Lebensgeschichte verbrauche, macht es mir schon Spaß, wenn ich den Eindruck habe, da hast du was gesehen, das kannst du argumentativ weiter verarbeiten. Dann befriedigt mich das, weil ich denke, das ist der einzige Weg. Das sind gewiß kleine Freuden. Der Denker als Lebensform, als Vision, als expressive Selbstdarstellung, das geht nicht mehr. Ich bin kein Weltanschauungsproduzent, ich möchte tatsächlich ein paar kleine Wahrheiten produzieren, nicht die eine große Wahrheit.

Wenn ich eine interessante Blume oder ein Kraut gefunden habe, schaue ich, wie sie mit anderen zusammenpassen, ob es daraus einen Strauß, ein Muster geben kann. Das ist konstruierende Puzzlearbeit. Ich eigne mir andere Theorien an; warum nicht – man soll andere bei ihren Stärken nehmen und dann sehen, wie man damit weiter umgehen kann. Eines soll das andere stützen, denn theoretische Wahrheiten gibt es tatsächlich nur noch in der Form von Plausibilitäten. Ich habe, jedenfalls für mich selber, den emphatischen philosophischen Wahrheitsanspruch verabschiedet. Dieser elitäre Wahrheitsbegriff der Alten ist ein letztes Stück Mythos, und daß ich dahin nicht, wie der Zeitgeist heute, zurückwill, wissen Sie.

KNÖDLER-BUNTE Sind in Ihrer intellektuellen Praxis Erfahrungen von Glück und befriedigenden Situationen enthalten?

HABERMAS Es gibt eher analytische Köpfe und eher synthetische Köpfe, und ich gehöre sicher eher auf die synthetische Seite. Infolgedessen liegen auch meine Befriedigungen eher in einer argumentativen Synthesis. Früher hat es mich auch befriedigt, Texte zu fabrizieren. Dieses Element der »schönen Zunge«, wie Grass einmal über Adorno gesagt hat, ist immer mehr zurückgetreten. Ich nehme inzwischen mehr rohe Rede in Kauf, um etwas zu entwickeln, auch wenn daraus kein Text entsteht. Sie sehen das an meinem neuen Buch. Natürlich ist noch der Ehrgeiz da, daß es einen Text gibt, mit Einleitung, Exposition, Zwischenbetrachtungen usw., aber die Konstruktion von Problemstellungen ist jetzt wichtiger.

Ich spüre Probleme, mit denen ich mich gerade beschäftige, nahezu physisch; so bin ich denn glücklich, wenn mir etwas zu gelingen scheint. Ich bin ganz selten euphorisch ... Ich muß Papier, leeres Papier vor mir haben, beschriebenes Papier, Bücher um mich herum, aber ich bin kein Arbeiter mit Zettelkasten. Man muß sich in die Arbeit hineinbegeben, und dann bewegen sich die Probleme beim Schreiben. Dieses Problemehaben ist etwas Lebensgeschichtliches. Es stört das Leben, und dann ist man froh, wenn man eine Lösung hat und weiterschreiben kann.

KNÖDLER-BUNTE Was ist der nächste Berg, den Sie jetzt erklimmen müssen?

HABERMAS Hügel, nur kleine Hügel. Ich gehe vielleicht nach Frankfurt an die Universität, und ich weiß nicht, wieviel Zeit mir meine dortigen Verpflichtungen lassen. Ich plane eine Vorlesungsreihe über Theorien der Moderne. Das macht mir sicher Spaß. Mit den Kollegen anderer Fächer möchte ich gerne praktizieren, was ich immer so fordere, die Kooperation der Philosophie mit den Einzelwissenschaften. Am empirischen Material muß sich zeigen lassen, daß man Vernunft in die Wissenschaft bringen kann. Das andere Ziel wäre, aus meiner heutigen Sicht, nochmal so etwas wie den *Strukturwandel der Öffentlichkeit* zu schreiben. Es liegt so viel Nebel heute, überall. Ich gebe die Hoffnung nicht auf, daß sich dieser Nebel lichten könnte. Schön wär's, wenn ich dazu noch etwas beitragen könnte.

Bemerkungen zu Beginn einer Vorlesung

Gestatten Sie mir, bevor ich das Thema der Vorlesung aufnehme, einige Bemerkungen. Ich möchte etwas zu den Gründen sagen, die mich dazu bewegt haben, nach Frankfurt zurückzukehren. Der komische Umstand, daß man für eine andere Universität nicht tragbar ist, nicht einmal in der peripheren Stellung eines Honorarprofessors, erklärt ja noch nicht, warum ich es vorziehe, an dieser Universität meine Lehrtätigkeit wieder aufzunehmen.

Es ist einfacher, mit dem Negativen zu beginnen: ich habe nicht die Absicht, die Tradition einer Schule fortzusetzen. Das soll nicht heißen, daß ich an diesem Katheder stehen könnte, ohne mich der Figur und der Wirkungsgeschichte Adornos zu erinnern. Ich halte es für dringend notwendig, das Denken und das Werk Adornos von dem polemisch-politischen Schutt zu befreien, den eine an Klischees haftende Presse, und nicht nur sie, während der letzten anderthalb Jahrzehnte über diesen genialen Mann ausgebreitet hat. In diesem Zusammenhang freue ich mich, eine internationale Adorno-Konferenz ankündigen zu können, die am 9. und 10. September, aus Anlaß des 80. Geburtstages, in den Räumen dieser Universität stattfinden wird. Damit signalisiere ich freilich nur eine loyale Einstellung und ein Bemühen, in dem ich mich mit anderen Frankfurter Kollegen verbunden fühle. Diese Einstellung sollte nicht mit dem falschen Ehrgeiz verwechselt werden, eine Sache dogmatisch fortzubilden, die in ihren philosophischen Antrieben einer anderen Zeit angehört. Jenes Denken, das man retrospektiv der Frankfurter Schule zurechnet, hat auf die zeitgeschichtlichen Erfahrungen mit dem Faschismus und dem Stalinismus, hat vor allem auf den unfaßbaren Holocaust reagiert. Eine Denktradition bleibt nur dadurch lebendig, daß sich ihre wesentlichen Intentionen im Lichte neuer Erfahrungen bewähren; das geht nicht ohne Preisgabe überholter theoretischer Inhalte. So verhält man sich zu Traditionen im allgemeinen, erst recht zu einer Theorie, die auf ihren eigenen Entstehungszusammenhang reflektiert. Horkheimer hat ja die »kritische« von der »traditionellen Theorie« unter anderem dadurch unterschieden, daß sie sich als Bestandteil der historischen und gesellschaftlichen Prozesse begreift, die sie zugleich erklären möchte. Adorno hat vom »Zeitkern der Wahrheit« gesprochen. Deshalb ist Exploration und rücksichtsloser Revisionismus das angemessenere Verhalten – angemessener als abstrakte Verabschiedung oder bloße Konservierung.

Einer der Gründe, warum ich gerne und immer wieder einmal an amerikanischen Universitäten lehre, ist der, daß dort niemand im vorhinein weiß und mir imputiert, was ich zu sagen hätte. Ich bin heute in wesentlichen Fragen nicht weniger ratlos als andere Kollegen, soweit sie es sich eingestehen. Wenn es für mich einen Grund zur Rückkehr gibt, so ist es das Empfinden und die Erwartung, daß an *diesem* Ort die begrenzte Öffentlichkeit des akademischen Lehrbetriebs nicht nur dem Namen nach fortbesteht, sondern in ihrer Vitalität ungebrochen ist. Ich habe die Hoffnung, daß die Öffentlichkeit des akademischen Gesprächs und des akademischen Streites mit der Aufgeschlossenheit und der Liberalität, mit dem, wenn Sie das Wort gestatten, bürgerlichen Engagement und der Unvoreingenommenheit praktiziert wird – und daß sie mit dem Geist erfüllt wird, der den besten Traditionen einer Stadt wie Frankfurt würdig ist. Dabei braucht man historisch nicht weit auszuholen, nicht an die Geschichte der freien Reichsstadt zu denken, sondern nur an die Anfänge dieser ja relativ jungen Universität.

Unsere Universität ist, wie Sie wissen, zu Beginn des Jahrhunderts aus einer Handelshochschule, aus einer Gründung Frankfurter Bürger, vor allem jüdischer Kaufleute und Bankiers hervorgegangen – die Mertonstraße, die einmal auf das Portal des Hauptgebäudes zulief, erinnerte daran. Dieser Anfang erklärt auch, warum in der ersten Satzung der Universität ausdrücklich festgehalten wurde, daß niemand wegen seiner Rasse und seines Glaubens diskriminiert werden dürfe. Weil das an deutschen Universitäten damals, vor dem Ersten Weltkrieg, keineswegs selbstverständlich war – denken Sie nur an die akademische Karriere eines Georg Simmel –, konnte Frankfurt Gelehrte wie Oppenheimer, Heller, Sinzheimer, Grünberg, Mannheim, Tillich, Buber, Scheler, Horkheimer und viele andere anziehen. Sie haben der Universität in den zwanziger Jahren einen unvergleichlichen intellektuellen Glanz, einen nicht wieder erreichten akademischen Rang verliehen. Die Kehrseite dieser einzigartigen Konstellation ist die Tatsache, daß Frankfurt 1933 die deutsche

Universität mit dem höchsten Anteil an Hochschullehrern war, die zur Emigration gezwungen wurden. Dieser Typus von Professoren hat eine fortwirkende Mentalität geprägt; sie hat die Frankfurter Universität auch noch in den fünfziger und sechziger Jahren ausgezeichnet. Ich meine jenen Zug von Intellektualität und Urbanität, der diese Universität vor jener eher etwas skurrilen, kleinstädtischen, etwas verdrückten, auf Einsamkeit und Freiheit eingeschworenen Atmosphäre bewahrt hat. Ich bin zuversichtlich, daß sich etwas von diesem Klima, in dem Gelehrsamkeit und Forschung mit dem Zeitgeist kommunizieren, erhalten hat. Die Poetikvorlesungen beispielsweise, die auf private Initiative zurückgehen, spiegeln noch den Gründergeist.

Wenn ich diese Erwartung äußere, verstehen Sie vielleicht etwas besser, warum ich mit einer Vorlesung zum philosophischen Diskurs der Moderne beginnen möchte. Ich will die Frage behandeln, ob die Moderne heute als ein erledigtes Programm betrachtet werden muß – oder doch eher als ein immer noch unvollendetes Projekt.

In den geistes- und sozialwissenschaftlichen Fächern erleben wir heute, wenn ich mich nicht täusche, eine eigenartige Polarisierung der Denkweisen. Nachdem die deutschen Kontinuitäten ungebrochen durch die dreißiger Jahre hindurch bis weit in die fünfziger Jahre hineingereicht hatten, standen viele Fächer der alten Philosophischen Fakultät in den fünfziger und sechziger Jahren unter dem Druck einer mehr oder weniger radikalen Erneuerung verdrängter Aufklärungstraditionen – ich erinnere nur an die Rezeption der analytischen Philosophie und der in Amerika entwickelten Methoden der Sozialforschung wie der Psychologie oder an die Erneuerung des westlichen Marxismus und der in den angelsächsischen Ländern weitergeführten psychoanalytischen Forschung. Heute zeichnen sich wiederum, in Reaktion auf diesen verspäteten, aber tiefgreifenden Aufklärungsschub, zwei Tendenzen ab, deren Gewicht schwer einzuschätzen ist – die liberalkonservative Wiederaufnahme der etwas an den Rand gerückten, lassen Sie mich sagen: provinziell deutschen Wissenschaftstraditionen und eine Wiederbelebung von Nietzscheanischen Motiven der Vernunftkritik. Jedenfalls prallen heute in verschiedenen Disziplinen wieder einmal entgegengesetzte, von philosophischen Hintergrundannahmen gespeiste Orientierungen, um nicht zu sagen: Gesinnungen aufeinander. Ich hoffe, daß eine historische Erinnerung an den philosophischen Diskurs, den die Moderne seit dem Ende des 18. Jahrhunderts mit sich selber geführt hat, dazu beitragen kann, diese diffuse Lage zu erhellen. Dabei beschränke ich mich auf Diskurse, in denen sich der Prozeß der Selbstverständigung noch nicht narzißtisch verselbständigt hat und parasitär geworden ist.

Wenn ich ein solches Thema aufgreife und mit dem ermunternden Hinweis auf eine Mentalität verbinde, die sich dem Zeitgeist gegenüber öffnet, kann sich freilich ein falscher Eindruck bilden. Gestatten Sie mir deshalb noch ein Wort zum Verhältnis von Selbstverständigung, Politik und Wissenschaft. Ich glaube nicht, daß sich Max Webers Postulat der Wertfreiheit im strikten wissenschaftstheoretischen Sinne aufrechterhalten läßt. Aber selbstverständlich, ja trivial ist diese Forderung im institutionellen Sinne. Die Rollen des Forschers und des akademischen Lehrers sind mit guten Gründen aus dem Alltag ausdifferenziert; sie müssen verschieden bleiben von der Rolle des politisch unmittelbar engagierten Staatsbürgers oder Publizisten. Das Katheder und der Hörsaal sind nicht der Ort des politischen Meinungsstreites; sie sind der Ort der wissenschaftlichen Diskussion, in der jedes Argument, von welcher Seite auch immer, mit der gleichen Sorgfalt erwogen wird. Diese Position habe ich schon zu Zeiten vertreten, als es größerer Anstrengungen bedurfte, um ihr Respekt zu verschaffen.

Ein Interview mit der *New Left Review*

A

NEW LEFT REVIEW Können Sie uns etwas über die zeitliche Abfolge der hauptsächlichen intellektuellen Einflüsse auf Ihr Werk berichten? Sie gelten bei vielen als Erbe der Frankfurter Schule, der deren Tradition einen »linguistic turn« gegeben hat, der zu einer Abwendung von der Bewußtseins- und einer Hinwendung zur Sprachphilosophie führte. Ist diese Ansicht zutreffend – oder reicht Ihre Beschäftigung mit dem amerikanischen Pragmatismus von Dewey und Peirce weiter zurück als Ihre Begegnung mit dem Werk von Adorno und Horkheimer? Zu welcher Zeit begannen Sie, sich mit dem Werk von Wittgenstein und Austin auseinanderzusetzen? Folgte – auf dem Gebiet der Sozialwissenschaften – Ihr Interesse an Weber bzw. Parsons auf eine frühere, primär marxistische Orientierung, oder bestanden beide Interessen von Beginn an nebeneinander? In welche Zeit fällt Ihre Lektüre der phänomenologischen Tradition von Schütz oder der genetischen Psychologie von Piaget und Kohlberg?

HABERMAS Ich habe zwischen 1949 und 1954 – abgesehen von einem Sommersemester in Zürich – in Göttingen und in Bonn studiert. Soweit es meine Fächer betraf, bestand dort eine fast ungebrochene Kontinuität der Sachen und der Personen durch die Nazizeit hindurch bis in die Weimarer Republik. Die deutschen Universitäten haben sich nach dem Kriege keineswegs sofort Einflüssen von außen geöffnet. So bin ich akademisch in einem provinziellen deutschen Kontext großgeworden, in der Welt der deutschen Philosophie des ausgehenden Neukantianismus, der Deutschen Historischen Schule, der Phänomenologie, auch der philosophischen Anthropologie. Der stärkste systematische Einfluß ging vom frühen Heidegger aus. Wir Studenten kannten Sartre und den französischen Existentialismus, vielleicht noch einige Werke der amerikanischen Kulturanthropologie. Während der Arbeit an meiner Schelling-Dissertation habe ich allerdings den jungen Marx gelesen. Löwiths *Von Hegel zu Nietzsche* regte mich zur Lektüre der Junghegelianer an; auch der Lukács von *Geschichte und Klassenbewußtsein* machte einen starken Eindruck auf mich. Dieser erste Einbruch einer »linken

Lektüre« hatte immerhin zur Folge, daß ich nachträglich meine – stark von Heidegger bestimmte – Dissertation durch eine Einleitung ergänzt habe, die den Spätidealismus zu Marx in Beziehung setzte.

Unmittelbar nach dem Studium habe ich mich mit Industriesoziologie beschäftigt. Ich bekam dann ein Stipendium für eine Arbeit über den Ideologiebegriff – darüber bin ich etwas tiefer in den Hegelmarxismus und die Wissenssoziologie eingedrungen, habe auch Adornos *Prismen* gelesen und die *Dialektik der Aufklärung*. In Frankfurt, also seit 1956, kamen Bloch und Benjamin hinzu, einzelne Artikel aus der *Zeitschrift für Sozialforschung*, Marcuses Bücher und eine damals lebhaft geführte Diskussion über den sogenannten philosophischen und anthropologischen Marx. Etwas später habe ich mich ernsthaft ans *Kapital* herangemacht, habe in diesem Zusammenhang auch Dobb, Sweezy und Baran gelesen. Auch Soziologie habe ich erst in diesen ersten Frankfurter Jahren gelernt; ich las vor allem empirische Sachen zu Mass Communication, politischer Sozialisation, politischer Psychologie. Jetzt erst kam ich mit Durkheim, Weber, sehr vorsichtig mit Parsons in Berührung. Wichtiger als das waren die Freud-Vorlesungen 1956 – seitdem ich die internationale Elite von Alexander und Binswanger bis Erikson und Spitz gehört habe, halte ich die Psychoanalyse, allen Unkenrufen zum Trotz, für eine seriöse Sache.

Während dieser Assistentenjahre bei Adorno, zwischen 1956 und 1959, hat sich das herausgebildet, was in der empirischen Untersuchung zu *Student und Politik* und in meinen ersten beiden Büchern (*Strukturwandel der Öffentlichkeit* und *Theorie und Praxis*) seinen Niederschlag gefunden hat – der Versuch, den Hegel- und Webermarxismus der zwanziger Jahre mit anderen Mitteln fortzusetzen. Das alles hielt sich im Kontext einer sehr deutschen, jedenfalls in Deutschland verwurzelten Tradition – auch wenn ich damals in dem Gefühl lebte, durch den Kontakt mit Adorno und Horkheimer, später mit Abendroth und Mitscherlich in einen anderen, entschieden erweiterten Erfahrungshorizont hineingewachsen, also aus einer provinziellen Enge und auch aus einer naiv-idealistischen Welt befreit worden zu sein.

In Heidelberg, seit 1961, hat mir dann Gadamers *Wahrheit und Methode* geholfen, den Weg in die akademische Philosophie zurückzufinden. Die Hermeneutik interessierte mich einerseits im Zusammenhang mit Fragen der Logik der Sozialwissenschaften, andererseits im Vergleich zur Spätphilosophie Wittgensteins. In diese Zeit fällt nämlich meine erste intensivere Beschäftigung mit der linguistischen Philosophie und der analytischen Wissenschaftstheorie. Angeregt durch meinen Freund Apel, habe ich damals auch Peirce studiert, dazu Mead und Dewey. Ich habe den amerikanischen Pragmatismus von Anfang an als die – neben Marx und Kierkegaard – dritte produktive Antwort auf Hegel verstanden, sozusagen als radikaldemokratischen Zweig des Junghegelianismus. Seitdem stütze ich mich auf diese amerikanische Variante der Praxisphilosophie, wenn es darum geht, die demokratietheoretische Schwäche des Marxismus auszugleichen. Diese Neigung hat übrigens meine spätere Freundschaft mit Dick Bernstein begründet. Als ich 1964 auf Horkheimers Lehrstuhl nach Frankfurt zurückkehrte, hatte ich jedenfalls in angelsächsischen Diskussionen soweit Fuß gefaßt, daß ich mich von einem überanstrengten, philosophisch durch Hegel geprägten Theoriebegriff distanzieren konnte.

Cicourel und die Ethnomethodologie haben mich Mitte der sechziger Jahre zu Schütz zurückgeführt. Ich habe damals die Sozialphänomenologie als eine (in der Gestalt von Lebensweltanalysen durchgeführte) Protosoziologie verstanden. Diese Idee verband sich mit Anregungen von anderer Seite: mich faszinierten sowohl Chomskys' Programm einer allgemeinen Grammatiktheorie wie auch die durch Searle systematisierte Austinsche Sprechhandlungstheorie. Das alles hat den Gedanken einer Universalpragmatik angestoßen, mit der ich vor allem der Mißlichkeit begegnen wollte, daß die normativen Grundlagen der kritischen Gesellschaftstheorie völlig ungeklärt waren. Nach der Verabschiedung der geschichtsphilosophischen Orthodoxie wollte ich weder in ethischen Sozialismus noch in Szientismus oder gar in beides zurückfallen. Das erklärt, warum ich Althusser kaum gelesen habe. In der zweiten Hälfte der sechziger Jahre habe ich mich, dank der Zusammenarbeit mit tüchtigen Assistenten wie Offe und Oevermann, in einzelne Gebiete der Soziologie eingearbeitet, vor allem in die Sozialisations- und Familienforschung einerseits, in die politische Soziologie andererseits. Dabei habe ich auch Parsons besser kennengelernt. Piaget und Kohlberg las ich damals schon, aber der genetische Strukturalismus hat bei mir erst in unserem Starnberger Institut, d.h. nach 1971, Schule gemacht. Erst hier habe ich auch mit einem intensiveren Weber-Studium begonnen.

Sie sehen – meine theoretischen Interessen sind von Anbeginn und anhaltend durch jene Probleme bestimmt worden, die philosophisch und gesellschaftstheoretisch aus der Denkbewegung von Kant bis Marx entstanden sind. Meine Intentionen und Grundüberzeugungen sind in der Mitte der fünfziger Jahre durch den westlichen Marxismus geprägt worden, durch die Auseinandersetzung mit Lukács, Korsch und Bloch, mit Sartre und Merleau-Ponty, und natürlich mit Horkheimer, Adorno und Marcuse. Alles, was ich mir sonst angeeignet habe, erhält seinen Stellenwert einzig im Zusammenhang mit dem Projekt einer auf dieser Traditionslinie erneuerten Gesellschaftstheorie.

NLR Sie haben in den 25 Jahren seit dem Erscheinen von *Strukturwandel der Öffentlichkeit* ein äußerst umfangreiches, an Komplexität und Reichweite ständig zunehmendes Werk geschaffen, dessen Richtung eine beeindruckende Kontinuität aufweist. Jedoch haben sich offensichtlich im selben Zeitraum bei Ihnen bestimmte Akzente oder Überzeugungen gewandelt. Welches ist für Sie die bedeutendste Veränderung?

HABERMAS Meine Anfang der sechziger Jahre erschienenen Bücher drücken ja implizit die Überzeugung aus, daß sich die Dinge, die ich im Sinne hatte, mehr oder weniger in dem überlieferten theoretischen Rahmen unterbringen ließen – wobei ich mich der existentialistischen, d.h. der Marcuseschen Variante der Kritischen Theorie besonders nahe fühlte. Das hat übrigens Herbert, mit dem ich mich in den sechziger Jahren anfreundete, selbst so empfunden. Ich erinnere mich noch an den Tag, als er mir ein Exemplar des *One Dimensional Man* mit einem schmeichelhaften Benjamin-Zitat widmete – »der Hoffnung der Hoffnungslosen«. Die Beschäftigung mit der analytischen Philosophie, auch der Positivismusstreit haben mich dann aber in dem Zweifel bestärkt, ob nicht die Totalitäts-, Wahrheits- und Theoriebegriffe Hegelscher Herkunft für eine Gesellschaftstheorie, die schließlich auch empirischen Ansprüchen genügen sollte, eine zu schwere Hypothek darstellten. Allerdings war ich damals, in Heidelberg und dann wieder in Frankfurt, der Meinung, dieses Problem sei erkenntnistheoretischer Natur. Ich wollte es mit einer methodologischen Klärung des Status einer doppelt (d.h. im Hinblick auf Entstehungs- und Anwendungskontext) reflexiven Gesellschaftstheorie aus der Welt schaffen. Das Ergebnis war *Erkenntnis und Interesse*; ein Buch, das zwischen 1964 und 1968 entstanden ist. Grundzüge des darin entwickelten Argumentes halte ich nach wie vor für richtig. Aber ich glaube heute nicht mehr an die Erkenntnistheorie als via regia. Die kritische Gesellschaftstheorie muß sich nicht in erster Linie methodologisch ausweisen; sie bedarf einer substantiellen Grundlegung, die aus den Engpässen der bewußtseinsphilosophischen Begrifflichkeit herausführt und, ohne dabei die Intentionen des westlichen Marxismus preiszugeben, das Produktionsparadigma überwindet. Das Ergebnis ist die *Theorie des kommunikativen Handelns*. In seiner brillanten Einleitung zu einem Sonderband, den die Zeitschrift *Praxis International* soeben meinen Arbeiten gewidmet hat, entwickelt Dick Bernstein die einzelnen Probleme, die mich immanent zu einer nochmaligen Veränderung der Position genötigt haben – weg von »Erkenntnis und Interesse« hin zu »Gesellschaft und kommunikative Rationalität«.

NLR Wie beurteilen Sie die gegenwärtige intellektuelle Konstellation im Westen? Sie vertraten in *Wozu noch Philosophie?* die Ansicht, daß die Intensität und Originalität des deutschen Philosophierens auf die USA übergegangen seien, während Europa auf eine »komfortable Verschweizerung« (S. 24) zurückgefallen sei. Würden Sie dieses Urteil aufrechterhalten? Allgemeiner formuliert: Die meisten Ihrer Stellungnahmen aus den letzten Jahren beziehen sich auf einen Vergleich Deutschland–USA – wie erst kürzlich Ihre Kritik der unterschiedlichen Formen des Neokonservativismus in beiden Ländern. Sind dafür biographische Gründe ausschlaggebend, oder liegt dem Ihre Überzeugung von der Vorherrschaft und Bedeutung dieser beiden Kulturen gegen Ende des 20. Jahrhunderts für den gesamten Westen zugrunde? Ist die Annahme zutreffend, daß z. B. Frankreich und England – die in *Strukturwandel der Öffentlichkeit* für Ihre Behandlung der bürgerlichen Kultur des 18. und 19. Jahrhunderts von zentraler Bedeutung waren – in Ihren darauffolgenden Arbeiten ihren herausragenden Stellenwert eingebüßt haben?

HABERMAS Diese Orientierung an Entwicklungen in den USA hat sicher triviale Gründe – ist ja typisch für die Nachkriegsgeneration deutscher Soziologen und Philosophen überhaupt. Das hat natürlich auch einen machtpolitischen Hintergrund. Die Bundesrepublik ist so sehr zum 52. US-Bundesstaat geworden, daß uns nur noch das Wahlrecht fehlt. Nie zuvor hat sich diese totale Abhängigkeit so ungeschminkt gezeigt wie im vergangenen Herbst bei der oktroyierten Raketenstationierung. Trotzdem – ich habe tatsächlich Präferenzen für eine politische Kultur, die, wie die amerikanische, aus dem 18. Jahrhundert stammt. Ich bewundere die intellektuelle Offenheit und Diskussionsbereitschaft, diese Mischung aus Unbefangenheit und Engagement, die ich bei amerikanischen Studenten eher antreffe als hier in Europa. Für einen Deutschen meines Alters und meiner Geisteshaltung mag noch hinzukommen, daß wir an amerikanischen Universitäten mit großer Selbstverständlichkeit in die Fußstapfen von deutschen Emigranten treten konnten, die sich eine große Reputation erworben hatten. Auch das Institut für Sozialforschung, an dem ich gearbeitet habe, ist schließlich aus den USA zurückgekehrt. Und die nicht zurückgekehrten Institutsmitglieder – Marcuse, Löwenthal, Kirchheimer, Neumann und andere – haben erst recht an dem dichten Geflecht akademischer und persönlicher Beziehungen zwischen hier und dort mitgewirkt. Dieses Geflecht erstreckt sich heute sogar auf eine dritte Generation von jüngeren Wissenschaftlern.

Wenn wir von den Jüngeren sprechen, ist nicht zu übersehen, daß in Deutschland seit etwa zehn Jahren der intellektuelle Einfluß der Franzosen stetig wächst. In Fragen der Gesellschaftstheorie stammen die geistreichsten Anregungen aus Paris – von Leuten wie Bourdieu, Castoriadis, Foucault, A. Gorz, Tourraine usw.

Was schließlich England anbetrifft – Sie sagen ja selbst, daß mich die analytische Philosophie stark geprägt hat. Trotzdem möchte ich einen gewissen Klimaunterschied zwischen England und dem Kontinent nicht leugnen. Zwischen dem nach wie vor dominanten Geist des Empirismus und dem Deutschen Idealismus bestehen keine tiefen Wahlverwandtschaften. Im philosophischen Stoffwechsel fehlt ein Ferment, das zwischen den beiden Mentalitäten vermitteln könnte – wie beispielsweise der Pragmatismus in Amerika. Diese Fremdheit in den philosophischen Grundüberzeugungen meine ich zu spüren. Ich sehe z. B. diese gewisse Verständnislosigkeit, mit der bedeutende Kollegen wie Quentin Skinner oder W. G. Runciman, selbst mein Freund Steven Lukes über meine Sachen schreiben. Bei ihnen ist die empiristische Ontologie zur zweiten Natur geworden. Natürlich gibt es dazu auch Gegenbeispiele, z. B. Tony Giddens.

NLR In der *Theorie des kommunikativen Handelns* haben Sie die These vertreten, daß Horkheimer und Adorno der totalisierten Zweckrationalität nur die irrationalen mimetischen Kräfte von Kunst und Liebe entgegensetzen können, »die ohnmächtige Wut der revoltierenden Natur« (*Theorie des kommunikativen Handelns*, Bd. 2, S. 451). Obwohl diese kritischen Bemerkungen für eine bestimmte Tendenz der klassischen Kritischen Theorie zutreffend sind, so ist doch fraglich, ob sie ohne Einschränkung auf Adorno beziehbar sind, der sich stets der Gefahr eines Appells an eine unvermittelte Natur bewußt war. Könnte es sein, daß Ihr Bemühen, sich von einem unermüdlichen Negativismus zu distanzieren und jene auf Zusammenarbeit abstellenden und konstruktiven Konzeptionen zu rehabilitieren, die für die Kritische Theorie der dreißiger Jahre kennzeichnend waren, Sie zu polemischen Übertreibungen geführt hat, bei denen Sie unterschätzt haben, in welchem Ausmaß Adorno in grundlegender Weise den Idealen der Autonomie und Aufklärung verpflichtet war?

HABERMAS Ich stimme Ihnen zu: Adornos und Horkheimers Vernunftkritik verfinstert sich an keiner Stelle zum Widerruf dessen, was die große philosophische Tradition, insbesondere die Aufklärung, mit dem Begriff der Vernunft, wie vergeblich auch immer, einmal intendiert hat. Die beiden radikalisieren, wie Nietzsche, die Vernunftkritik bis zur Selbstbezüglichkeit, d. h. bis zu dem Punkt, an dem die Kritik auch noch ihre eigenen Grundlagen zersetzt. Aber Adorno unterscheidet sich von den Nietzschenachfolgern, von Heidegger auf der einen, Foucault auf der anderen Seite, gerade darin, daß er aus den Paradoxien dieser gleichsam subjektlos gewordenen Vernunftkritik nicht mehr ausbrechen will – er will im performativen Widerspruch einer Negativen Dialektik, die die unumgänglichen Mittel des identifizierenden und objektivierenden Denkens gegen dieses selbst richtet, ausharren. Im Exerzitium des Ausharrens glaubte er, der Intention einer verschollenen, nicht-instrumentellen Vernunft am ehesten treu zu bleiben. Die verschollene, der Vorvergangenheit angehörende Vernunft findet einzig ein Echo in Kräften einer wortlosen Mimesis. Dieses Mimetische soll sich durch Negative Dialektik einkreisen, aber nicht – gut Heideggerisch – erschließen lassen. Das Mimetische läßt wohl ahnen, wofür es die Statthalterrolle übernommen hat – aber es gibt keine Struktur zu erkennen, die sich als vernünftig auszeichnen ließe. Insofern kann sich Adorno auf keine der instrumentellen Vernunft heterogene Struktur beziehen, auf die die Gewalt totalisierter Zweckrationalität aufprallen müßte. An der Stelle, die Sie erwähnen, bin ich dabei, eine solche widerständige Struktur dingfest zu machen – nämlich jene der kommunikativen Alltagspraxis innewohnende Rationalität, die den Eigensinn von Lebensformen gegenüber den funktionalen Erfordernissen des verselbständigten ökonomischen und administrativen Handlungssystems zur Geltung bringt.

NLR Ist der Vorwurf gegenüber Adornos Beschwörung der Versöhnung berechtigt, sie verwende insgeheim den Begriff der Intersubjektivität, auf den sie als philosophische Kategorie verzichtet? Und kann, was er »Liebe zu den Dingen« nennt, einfach in Begriffen der unverzerrten Kommunikation reformuliert werden? Man betrachte z. B. die folgende Passage aus der *Ästhetischen Theorie*, in der Adorno eine reziproke Beziehung zwischen Natur und menschlicher Technologie zu entwerfen sucht, ohne anzunehmen, Natur könne legitimerweise als Subjekt angesehen werden: »Entfesselung der Produktivkräfte könnte, nach Abschaffung des Mangels, in anderer Dimension verlaufen als einzig der quantitativer Steigerung der Produktion. Ansätze dazu zeigen sich, wo Zweckbauten an landschaftliche Formen und Linien sich anpassen; wohl bereits wo die Materialien, aus denen Artefakte gebildet wurden, ihrer Umgebung entstammten und dieser sich einfügten wie manche Burgen und Schlösser. Was Kulturlandschaft heißt, ist schön als Schema dieser Möglichkeit. Rationalität, die solche Motive aufgriffe, könnte die Wunden von Rationalität schließen helfen.« (*Ästhetische Theorie* G. S., Band 7, S. 75 f.) Ist in Anbetracht solcher Passagen nicht die Vermutung angebracht, daß Adornos Exploration der Subjekt-Objekt-Beziehung und Ihre Kommunikationstheorie sich nicht ausschließen, sondern sich ergänzen?

HABERMAS Ich halte Ihren Vorschlag, Adornos *Ästhetische Theorie* und meine Kommunikationstheorie so zu verstehen, daß sie einander bloß ergänzen, mit Verlaub, für ein bißchen zu harmlos. Andererseits kann die eine die andere auch nicht einfach ersetzen, schon deshalb nicht, weil ich mich zu ästhetischen Dingen kaum geäußert habe.

Albrecht Wellmer, der von Haus aus mehr davon versteht, hat in einer vorzüglichen Abhandlung über *Wahrheit, Schein und*

Versöhnung[1] dargelegt, wie Adornos ästhetische Utopie gleichsam »kippt«, sobald sie aus dem geschichtsphilosophischen Zusammenhang der *Dialektik der Aufklärung* herausgelöst wird. Damit würden nämlich Adornos ästhetische Einsichten unabhängig von der metaphysischen These, daß sich die Menschheit mit jedem weiteren Schritt der Subjektivierung nur um so tiefer in Verdinglichung verstrickte. Zu diesem Negativ gehört dann jene ins Positive verlängerte Perspektive einer Versöhnung der menschlichen Produktivität mit Natur, an die Sie mit Ihrem Zitat erinnern. Adorno appelliert an die »Liebe zu den Dingen« nicht ohne Ironie und doch ernsthaft. Diese Liebe ist utopisches Gegenbild zur Verzweiflung darüber, daß die Subjektivität »kraft ihrer eigenen Logik an ihrer eigenen Ausrottung arbeitet«.[2] Dieser »Logik«, diesem scheinbar unauflöslichen internen Zusammenhang zwischen Emanzipation und Unterjochung entzieht eine Kommunikationstheorie, die mit der subjektphilosophischen Begrifflichkeit bricht, den Boden. Sie entdeckt nämlich das mimetische Moment bereits in der Alltagspraxis sprachlicher Verständigung, nicht erst in der Kunst. Lassen Sie mich das in Wellmers Worten sagen: »Einer Philosophie, die (wie die Adornosche) die Funktion des Begriffs aus der Polarität von Subjekt und Objekt versteht, muß dies verborgen bleiben; sie kann hinter den objektivierenden Sprachfunktionen nicht die kommunikativen Leistungen als Bedingungen ihrer eigenen Möglichkeit erkennen. Deshalb kann sie Mimesis nur als das Andere der Rationalität verstehen. ... Um die vorgängige Einheit des mimetischen und des rationalen Moments in der Grundlage der Sprache zu erkennen, bedarf es eines philosophischen Paradigmenwechsels ... Wenn hingegen Intersubjektivität der Verständigung, kommunikatives Handeln, für die Sphäre des Geistes ebenso konstitutiv ist wie die Objektivierung der Wirklichkeit in Zusammenhängen instrumentellen Handelns, dann wandert die utopische Perspektive, die Adorno durch den bewußtseinsphilosophischen Begriff einer gestaltlosen Synthesis zu erläutern versucht, gleichsam in die Sphäre der diskursiven Vernunft selber ein: unversehrte Intersubjektivität, das zwanglose Beisammen des Vielen, welches Nähe und Ferne, Identität und Verschiedenheit der Einzelnen zur gleichen Zeit ermöglichen würde, bezeichnen eine utopische Projektion, deren Elemente die diskursive Vernunft aus den Bedingungen ihrer eigenen Sprachlichkeit gewinnt.«[3]

NLR In mehreren Essays jüngeren Datums haben Sie scharfe Urteile über den Poststrukturalismus gefällt, wonach die französischen Poststrukturalisten als »Jungkonservative« angesehen werden müssen. Sie sagten: »Mit modernistischer Attitüde begründen sie einen unversöhnlichen Antimodernismus.« (*Kleine Polit. Schriften I-IV*, S. 463) Könnten Sie diese Einschätzung ausführlicher begründen und dabei, wenn nötig, die Unterschiede zwischen verschiedenen poststrukturalistischen Denkern aufzeigen? Und wie läßt sich die Diskrepanz erklären zwischen Ihrer Verurteilung des Poststrukturalismus und Ihrer relativ freundlichen Rezeption des Werkes von Richard Rorty, das nicht nur Parallelen zu poststrukturalistischen Themen aufweist, sondern in einigen Fällen auch unmittelbar durch diese beeinflußt worden ist?

HABERMAS Wie Sie anhand der demnächst erscheinenden Vorlesungen zum philosophischen Diskurs der Moderne sehen werden, ist »Verurteilung« nicht das richtige Wort für meine Einstellung zum Poststrukturalismus. Es bestehen ja viele Ähnlichkeiten zwischen der Negativen Dialektik und dem Verfahren der Dekonstruktion einerseits, der Kritik der instrumentellen Vernunft und der Analyse von Diskurs- und Machtformationen andererseits. Das subversiv-spielerische Element einer Vernunftkritik, die sich ihrer paradoxalen Selbstbezüglichkeit bewußt ist, und die Ausschöpfung eines Erfahrungspotentials, das erst durch die ästhetische Avantgarde erschlossen worden ist – beides kennzeichnet einen Nietzscheanischen Gestus des Denkens und der Darstellung, der die geistige Verwandtschaft Adornos mit Derrida auf der einen und Foucault auf der anderen Seite begründet. Was ihn von beiden ebenso wie von Nietzsche selber trennt, und das scheint mir politisch entscheidend zu sein, ist ganz einfach dies: Adorno steigt aus dem der Moderne von Anbeginn innewohnenden *Gegen*diskurs nicht einfach aus, sondern bleibt in seinem verzweifelten Festhalten am Verfahren bestimmter Negation der Idee treu, daß gegen die Wunden der Aufklärung kein Kraut gewachsen ist außer – dem der radikalisierten Aufklärung selber. Adorno täuscht sich nicht, wie Nietzsche und dessen Schüler, über den genuin modernen Ursprung der ästhetischen Erfahrung, in deren Namen die Moderne einer einebnenden, undialektischen Ablehnung verfällt.

Was nun Richard Rorty anbetrifft – seiner Position stehe ich nicht weniger kritisch gegenüber; aber er steigt wenigstens nicht ins Geschäft des »Antihumanismus« ein, dessen Spuren in Deutschland zu politisch eindeutigen Figuren wie Heidegger und Gehlen führen. Rorty behält aus dem pragmatistischen Erbe, das er in mancher Hinsicht, aber doch nicht in jeder Hinsicht, zu Unrecht für sich reklamiert, immerhin eine Intuition zurück, die uns beide verbindet – die Überzeugung, daß ein humanes Zusammenleben von den versehrbaren Formen innovationsträchtiger, reziproker, zwanglos egalitärer Alltagskommunikationen abhängt. Diese Intuition ist Derrida und Foucault noch fremder als Adorno, der ja auch ein Romantiker geblieben ist – und das nicht nur als Komponist.

NLR Gegenwärtig gewinnt der Poststrukturalismus, da sein Denkstil in der Bundesrepublik immer weiter vordringt, offensichtlich an Relevanz. Welche sind Ihrer Meinung nach die Gründe für diesen Erfolg, und was halten Sie von der Repatriierung der Philosophie Nietzsches und Heideggers in poststrukturalistischer Form?

HABERMAS Der Einfluß der Poststrukturalisten auf deutschen Universitäten hat sicher auch mit der Lage auf dem akademischen Arbeitsmarkt zu tun. Der Erwartungshorizont der jüngeren Intellektuellen hat sich so verdüstert, daß sich eine negativistische Stimmung ausgebreitet hat, die teilweise sogar in eine apokalyptische Erweckungsbereitschaft umschlägt. Die gesellschaftliche Realität tut ein übriges – sie ist nicht eben kleinlich mit der Erzeugung immer neuer Risiken, die sich auch einer ruhigeren Betrachtung geheimnislos als Nebenfolgen zweckrationalen Handelns, d. h. als selbstverschuldete Risiken zu erkennen geben. Deshalb treffen Theorien, die das Ganze als das Unwahre begreifen und als einzige Affirmation die der Ausweglosigkeit anbieten, nicht nur auf zivilisationskritische Stimmungslagen – sie haben sogar einen wachsenden Realitätsgehalt. Wie soll man sich eigentlich zu dem letzten amerikanischen Wahlspektakel verhalten, in dem alle Realitätsebenen triumphal durcheinander geraten sind: in dem ein Schauspielerpräsident dem hingerissenen Publikum vor Augen führt, daß er allen Beteuerungen von leadership und he-man-ship zum Trotz nur noch als Präsidentenschauspieler agiert und daraufhin vom Volk im Amt bestätigt wird? Darauf kann man doch nur noch mit den kynischen Späßen der Dekonstruktivisten antworten.

Etwas anders liegen die Dinge bei Heidegger, der ja hierzulande immer noch eher heilige Schauer erweckt. Die jüngste Rückkehr des glücklich Entnazifizierten zehrt natürlich von der unhistorischen Heideggerrezeption in Frankreich und in Amerika – wo er nach dem Kriege wie Phönix aus der Asche als der Autor des *Humanismusbriefes* auf die Bühne getreten ist.

NLR Die Infragestellung des Systemgedankens in der Philosophie ist das Kennzeichen vieler Denkrichtungen des 20. Jahrhunderts. So unterschiedlichen Denkern wie Wittgenstein, Merleau-Ponty und Adorno gemeinsam ist die Skepsis gegenüber der Möglichkeit einer Philosophie als eines geordneten Kanons von Wahrheiten. Wie würden Sie die Notwendigkeit und Möglichkeit der systematischen Philosophie gegen diese tiefverwurzelten Einwände verteidigen?

HABERMAS Philosophische Systeme sind seit Hegels Tod guten Gewissens nicht mehr zu haben. Wer immer es war, der im 20. Jahrhundert den Tod, die Aufhebung, das Ende oder die Verabschiedung der Philosophie behauptet und praktiziert hat, hat doch nur mit Verspätung ein Dekret vollstreckt, das schon die erste Generation der Hegelschüler ausgestellt hat. Seit damals versucht das philosophische Denken in ein anderes Medium überzutreten – in dieser Hinsicht sind wir Zeitgenossen der Junghegelianer geblieben –, allen postmodernen Ambitionen zum Trotz. »After Philosophy« – der Titel einer von Tom McCarthy geplanten Aufsatzsammlung – bezeichnet eine Situation, die für mich so selbstverständlich geworden ist, daß ich die großen Gesten der Antisystematiker für ziemlich überflüssig halte. Aufs Systemdenken tut jede philosophische Arbeit stillschweigend Verzicht, die sich ohne fundamentalistische Ansprüche und in fallibilistischem Bewußtsein in das verzweigte Netz der Human- und Gesellschaftswissenschaften einfädelt, um Nützliches überall dort beizusteuern, wo es um präsumptiv allgemeine Grundlagen des Erkennens, Sprechens und Handelns geht.

NLR Die beständig wachsende Relevanz von Argumenten und Verfahrensweisen der analytischen Philosophie ist eine der offensichtlichen Veränderungen innerhalb Ihres Werks. Könnten Sie die Gründe für diese Entwicklung erläutern? Worin unterscheiden sich die Mittel, die die analytische Philosophie bereitstellt, von denen anderer, auch der deutschen Haupttraditionen?

HABERMAS Im allgemeinen hat das Vorbild der analytischen Philosophie einen heilsamen Zwang auf die deutsche Nachkriegsphilosophie allein dadurch ausgeübt, daß es höhere Forderungen an das Explikationsniveau gestellt hat. Ich habe am meisten gelernt von Wittgenstein, Austin und Searle – wie Sie wissen, finde ich hier Instrumente zur Untersuchung allgemeiner pragmatischer Voraussetzungen für die Verwendung von Sätzen in Äußerungen.

NLR Innerhalb des letzten Jahrzehnts bildeten das Erscheinen neuer substantieller Arbeiten der politischen Philosophie (Rawls, Nozick, Dworkin, Walzer) und die sich daran anschließende ausgedehnte Debatte die wichtigste Entwicklung innerhalb der englischsprachigen Philosophie. Welche Bedeutung messen Sie dieser Entwicklung bei? Und würden Sie es, angesichts der Tatsache, daß die Themen dieser Denker in vieler Hinsicht mit den Ihren identisch sind, für angebracht halten, in diese Debatte in einer direkteren Weise als bisher einzugreifen?

HABERMAS Ich hätte soeben neben der Sprechakttheorie auch die Moralphilosophie nennen können, jedenfalls die Linie, auf der (von Baier und Singer bis Rawls) die Substanz der Kantischen Ethik sprachanalytisch gewissermaßen eingeholt werden sollte. Ich selbst habe den von Apel und mir favorisierten Ansatz einer Diskursethik inzwischen ausführlicher begründet.[4] Das ist der Versuch, die Kantische Ethik mit kommunikationstheoretischen Mitteln zu rekonstruieren. Die Anregungen, die ich dabei verarbeitet habe, stammen vor allem von Rawls und von Kohlberg. Als ich im vergangenen Jahr aus aktuellem Anlaß eine Diskussion über zivilen Ungehorsam in Gang gebracht habe, waren die Arbeiten von Rawls und Dworkin die wichtigsten Anknüpfungspunkte. Wenn Sie den Eindruck gewonnen haben, daß ich mich an dieser Front nicht hinreichend engagiere, mag das mit einem eher restriktiven Verständnis des Geschäfts der philosophischen Ethik zusammenhängen.

Der Philosoph soll nach meiner Auffassung den »moral point of view« erklären und nach Möglichkeit den Allgemeinheitsanspruch dieser Explikation begründen, d. h. zeigen, warum sich darin nicht nur die moralischen Intuitionen des durchschnittlichen männlichen, mittelständischen Mitgliedes einer modernen westlichen Gesellschaft spiegeln. Alles weitere ist Sache des moralischen Diskurses unter den Beteiligten. Soweit der Philosoph bestimmte Gerechtigkeitsprinzipien und bestimmte Grundinstitutionen im Rahmen einer normativen Theorie der Moral und der

Politik rechtfertigen möchte, sollte er das als einen Vorschlag für den unter Staatsbürgern geführten Diskurs betrachten. Mit anderen Worten: der Moralphilosoph muß die substantiellen Fragen, die über eine grundsätzliche Kritik am Wertskeptizismus und am Wertrelativismus hinausgehen, den Beteiligten überlassen – oder den Erkenntnisanspruch der normativen Theorie von vornherein auf die Rolle eines Beteiligten zuschneiden. Damit gewinnen wir auch einen breiteren Raum für den zeitdiagnostischen Beitrag von Gesellschaftstheorien. Für deren Konstruktion sind freilich ethische Überlegungen manchmal von großem methodologischen Nutzen. Ich habe das in den *Legitimationsproblemen* anhand des Problems, wie man allgemeine von besonderen Interessen unterscheiden kann, diskutiert.

NLR Stilistische Überlegungen scheinen in Ihren neueren Arbeiten gegenüber einer funktionaleren Ausdrucksweise in den Hintergrund zu treten – eine Veränderung, die wohl mit der wachsenden Bedeutung der analytischen Philosophie für Ihr Werk zusammenhängt. Ist Ihrer Meinung nach – in Anbetracht Ihrer Bemerkungen in *Wozu noch Philosophie*? über das Ende der »großen Tradition«, die Transformation der Philosophie in einen Teilbereich der »Forschung« und die Überlebtheit des »an die individuelle Gelehrsamkeit und persönliche Repräsentation gebundenen philosophischen Denkstils« – die Beschäftigung mit Fragen des Stils im Werk des zeitgenössischen Philosophen eine Ablenkung oder eine Regression? Kann eine philosophische Position immer in eine direkte Aussage gekleidet werden?

HABERMAS Die Textsorte verändert sich jeweils mit dem Zweck – je nachdem, ob ich etwa mit dem Thema der Berufsverbote oder des zivilen Ungehorsams in die politische Öffentlichkeit gehe, oder ob ich auf Gadamer eine Lobrede halte, gegen Gehlen polemisiere, für Scholem einen Nachruf schreibe, oder ob ich mich schließlich bemühe, ein Moralprinzip zu begründen oder Sprechakte zu klassifizieren. Mit diesen Zwecken variieren eben auch die rhetorischen Anteile. Wohl wissen wir, spätestens seit Mary Hesse, daß selbst die Sprache der Wissenschaften von Metaphern durchsetzt ist; das gilt erst recht für die Sprache der Philosophie, die ja in ihrer Rolle als Platzhalter für wissenschaftliche Theorien mit starkem universalistischem Anspruch nicht aufgeht. Aus dem unvermeidlich rhetorischen Charakter *jeder* Sprache, auch der philosophischen, kann man freilich nicht, wie

Derrida, den Schluß ziehen, daß nun alles eins sei – daß die Kategorien von Alltag und Literatur, Wissenschaft und Fiktion, Dichtung und Philosophie zusammenstürzen. Für Derrida sind in der Nacht des »Schreibens« alle Kühe grau. Diese Konsequenz möchte ich nicht ziehen. Der Sprachgebrauch der Alltagspraxis steht unter anderen Beschränkungen als der auf Problemlösungen oder auf innovative Welterschließung spezialisierte Sprachgebrauch von Theorie und Kunst.

NLR Wie würden Sie Ihre gegenwärtige Theorie der Wahrheit zusammenfassen? Unterstellt, jeder adäquate Zugang zum Problem der Wahrheit sollte sowohl eine Theorie der Evidenz wie eine Theorie der Argumentation umfassen – könnte man dann sagen, daß Ihr bisheriges Werk der letztgenannten Theorie mehr Aufmerksamkeit gewidmet hat als der erstgenannten? Würden Sie zum gegenwärtigen Zeitpunkt die kategoriale Unterscheidung – wie Sie sie im *Nachwort* zu *Erkenntnis und Interesse* getroffen haben – von auf Erfahrung gründender »Objektivität« und diskursiv einlösbarem Geltungsanspruch auf »Wahrheit« aufrechterhalten?

HABERMAS Der Kern der Diskurstheorie der Wahrheit läßt sich mit Hilfe von drei Grundbegriffen formulieren: *Geltungsbedingungen* (die erfüllt sind, wenn eine Äußerung gilt), *Geltungsansprüche* (die Sprecher mit ihren Äußerungen für deren Gültigkeit erheben) und *Einlösung* eines Geltungsanspruchs (im Rahmen eines Diskurses, der den Bedingungen einer idealen Sprechsituation hinreichend angenähert ist, so daß ein unter den Teilnehmern erzielter Konsens einzig durch den Zwang des besseren Argumentes herbeigeführt werden kann und in diesem Sinne »rational motiviert« ist). Der intuitive Grundgedanke ist einfach. Geltungsansprüche werden nur in nicht-trivialen Fällen zum Thema gemacht, aber in genau diesen Fällen sind keine Verifikationsregeln verfügbar, um direkt zu entscheiden, ob bestimmte Geltungsbedingungen erfüllt sind oder nicht. Wenn Wahrheits- oder Gerechtigkeitsansprüche überhaupt hartnäckig problematisiert werden, fehlen logische Ableitungen oder schlagende Evidenzen, die eine Entscheidung pro oder contra *erzwingen* könnten. Vielmehr bedarf es dann eines Argumentationsspiels, in dem rational motivierende Gründe die Stelle der fehlenden knock-down-Argumente einnehmen. Wenn man diesem Gedanken folgt, sieht man, daß sich bei dem Versuch, zu erklären, was es heißt, eine

Äußerung sei gültig, die folgende Schwierigkeit ergibt. Eine Äußerung ist gültig, wenn ihre Gültigkeitsbedingungen erfüllt sind. Nun lassen sich aber, wie angenommen, die Erfüllung oder Nichterfüllung von Geltungsbedingungen nur mit Hilfe der argumentativen Einlösung eines entsprechenden Geltungs*anspruchs* feststellen. Deshalb muß der Sinn der Erfüllung von Geltungsbedingungen anhand des Verfahrens für die Einlösung entsprechender Geltungsansprüche erläutert werden. Die Diskurstheorie der Wahrheit unternimmt einen solchen Erläuterungsversuch, indem sie in Begriffen allgemeiner pragmatischer Voraussetzung für die diskursive Herbeiführung eines rational motivierten Einverständnisses erklärt, was es heißt, einen Geltungsanspruch einzulösen. Diese Wahrheitstheorie leistet nur eine Bedeutungsexplikation, sie gibt kein Kriterium an; zugleich untergräbt sie freilich die klare Unterscheidung zwischen Bedeutung und Kriterium.

NLR Inwieweit ist der Begriff der idealen Sprechsituation als regulatives Prinzip von Wahrheit zirkulär? Wenn Wahrheit als jener Konsens definiert wird, der von den Sprechern in einer idealen Sprechsituation hergestellt würde – wie kann das Vorliegen einer solchen Situation selbst jemals wahrheitsgemäß festgestellt werden? In anderen Worten: Unterliegt dieser Gedanke nicht derselben Kritik, die Hegel gegen Kants Theorie der Erkenntnis vorgebracht hat – ebenso wie Sie in bezug auf Hegels Erkenntnistheorie in *Erkenntnis und Interesse* –, nämlich des »Apriori des Erkennens vor der Erkenntnis«? Möglicherweise kann man eine solche Kritik reformulieren: In welcher Weise kann eine Sprechsituation – außer in der Beziehung der Gleichberechtigung und Aufrichtigkeit der Sprecher untereinander – ideal sein? Aber selbst im Idealfall könnten diese Bedingungen nur zur Übereinstimmung und nicht zur Wahrheit führen – das heißt unter Absehung der Evidenz, für die die Möglichkeiten niemals ideal sein können, da sie in bestimmtem Ausmaß von historisch sich verändernden Techniken abhängen. Selbst die makelloseste demokratische und egalitäre communitas im klassischen Griechenland hätte aufgrund des Fehlens der modernen Optik die Gesetze der Thermodynamik nicht entdecken können. Bildet dies nicht eine der Grenzen jeder Konsensus-Theorie der Wahrheit?

HABERMAS Die Diskurstheorie der Wahrheit beansprucht nur, ein intuitives Wissen vom Sinn universaler Geltungsansprüche, über das jeder kompetente Sprecher verfügt, zu rekonstruieren.

»Ideale Sprechsituation« ist ein etwas zu konkretistischer Ausdruck für die Menge der allgemeinen und unvermeidlichen Kommunikationsvoraussetzungen, die jedes sprach- und handlungsfähiges Subjekt immer dann machen muß, wenn es ernsthaft an einer Argumentation teilnehmen möchte. Ich habe in Beantwortung Ihrer vorigen Frage daran erinnern wollen, wie dieses intuitive Wissen von Argumentationsvoraussetzungen mit dem Vorverständnis von propositionaler Wahrheit und moralischer Wahrheit oder Richtigkeit, d. h. von Wahrheits- und Sollgeltung verknüpft ist. Man weiß aus der Philosophie und Wissenschaftsgeschichte, daß diese Ideen auf sehr verschiedene Weise operationalisiert werden; was jeweils als ein guter Grund, als Beweis, als Erklärung oder Bestätigung zählt, hängt offensichtlich von historisch wechselnden Hintergrundüberzeugungen, auch, wie Sie sagen, von den zugehörigen Techniken der Naturbeherrschung und der Naturbeobachtung, kurz: von wechselnden Paradigmen ab. Die Paradigmenabhängigkeit der Theorien läßt sich aber eher mit einer Diskurstheorie der Wahrheit als mit einer realistischen Theorie in Einklang bringen. Unvereinbar ist die Diskurstheorie nur mit einem Feyerabendschen Paradigmen*relativismus*, weil sie davon ausgeht, daß die paradigmenabhängigen Interpretationen der Wahrheits- oder Richtigkeitsidee gleichwohl auf einen universalen Bedeutungskern *verweisen*.

NLR Welches ist Ihrer Ansicht nach die Beziehung zwischen philosophischen und wissenschaftlichen Wahrheitsbehauptungen? Sind philosophische Wahrheitsbehauptungen kognitive Behauptungen, und würde ein rationaler Konsens letztlich die Wahrheit der Konsensus-Theorie der Wahrheit selbst garantieren?

HABERMAS Das ist eine interessante Frage, die mich seit längerem beschäftigt, ohne daß ich inzwischen eine schlüssige Antwort bei der Hand hätte.

NLR Welches ist gegenwärtig Ihre Einstellung zur Psychoanalyse? Sie haben die Psychoanalyse in *Erkenntnis und Interesse* als Paradigma einer kritischen Wissenschaft genannt, die emanzipatorischen Interessen dient. Zugleich stellen Sie fest, daß Freuds Metapsychologie ein Selbstmißverständnis seines eigenen Projektes sei; von den aus der Instinkttheorie abgeleiteten Aussagen sei »keine einzige ... je experimentell überprüft worden« ist. Inwieweit läßt sich diese Kritik auf den Kern der psychoanalytischen

Theorie selbst anwenden? Aber selbst wenn man diese weithin diskutierte offensichtliche Schwäche der Psychoanalyse beiseite läßt – birgt diese Theorie nicht besondere Probleme für eine Konsensus-Theorie der Wahrheit insofern, als die Interaktion zwischen Analytiker und Analysand auf Vertrauen gründet, also nicht auf andere Personen übertragbar ist? Beinhaltet die Kluft zwischen »klinischer« und »idealer« Sprechsituation für Ihre ursprüngliche Konzeption nicht die Versuchung, auf eine im Grunde pragmatische Rechtfertigung der Freudschen Theorie zurückzugreifen, deren Wahrheitskriterium eine Veränderung im Verhalten des Patienten darstellt: die »Fortsetzung des Bildungsprozesses« in eine unbestimmbare Richtung und für eine unbestimmbare Zeit. Es hat den Anschein, als würde diese Rechtfertigung einem Instrumentalismus in der Art Deweys entsprechen, wie Sie ihn im *Nachwort* von *Erkenntnis und Interesse* zurückweisen. Aber selbst unter einer solchen Perspektive ist die Erfolgsrate nicht sehr hoch. Zusammengefaßt: Bestehen nicht, wie in einer umfangreichen Literatur diskutiert, mehr Zweifel an der Wissenschaftlichkeit vieler Freudscher Behauptungen, als Sie gegen Ende der sechziger Jahre annahmen?

HABERMAS Mein Freund Mitscherlich hat seine Erfahrungen als psychoanalytischer Arzt einmal so zusammengefaßt: die Therapie erreiche »oft nicht mehr als die Verwandlung von Krankheit in Leid, aber in ein Leid, das den Rang des homo sapiens erhöht, weil es seine Freiheit nicht vernichtet«. Mit diesem Satz möchte ich meine Skepsis gegenüber den Kriterien der sogenannten Erfolgsstatistiken ausdrücken.

Es scheint allerdings heute so zu sein, daß die psychoanalytische Forschung nicht nur in Deutschland, sondern international ins Stocken geraten ist, daß die intelligenten jungen Leute eher in andere Disziplinen gehen. Aber wie definitiv ist das? Viele Disziplinen haben ähnliche Stagnationsphasen überlebt. Auch der Soziologie weht heute der Wind ins Gesicht. Ich selbst habe mich seit Ende der sechziger Jahre nicht mehr mit Freuds Metapsychologie beschäftigt. Aber die von verschiedenen Seiten unternommenen Versuche, Freud und Piaget zusammenzubringen, finde ich ebenso spannend wie fruchtbar. Im übrigen erscheint mir meine kommunikationstheoretische Freudinterpretation nach wie vor plausibel. Ihren Einwand kann ich nicht ganz akzeptieren. Den therapeutischen Diskurs habe ich, wegen der in ihn eingebauten Asymmetrien zwischen Arzt und Patient, niemals als Diskurs oder Argumentation im strengen Sinne verstanden. Allerdings wohnt ihm sozusagen das Telos inne, jene Asymmetrien wegzuarbeiten. Aus diesem Grunde erwirbt auch der Patient am Ende, wenigstens idealiter, eine Freiheit des Ja- und Nein-Sagens, die ihn gegen das suggestive Aufdrängen von funktionalen, im vordergründigen Sinne »lebensdienlichen« Deutungen immunisiert. Es soll sich ja um die *durch reflexive Einsicht* ermöglichte Fortsetzung eines unterbrochenen, neurotisch gehemmten Bildungsprozesses handeln.

NLR *Die Theorie des kommunikativen Handelns* enthält eine faszinierende Rekonstruktion und Kritik von Webers Analyse der »Rationalisierung« als welthistorischem Prozeß. In diesem Buch werfen Sie Weber vor, seinen Ausgangspunkt – die mit den großen Weltreligionen einhergehende Entstehung substantieller Rationalität – in seiner ausschließlichen Konzentration auf die formale Rationalität als der notwendigen Matrix des modernen Kapitalismus aufzugeben – und Sie weisen auch auf signifikante Lücken in seiner regionalen Theorie des Ursprungs des Kapitalismus hin – seine Vernachlässigung des Entstehens der modernen Wissenschaft und, allgemeiner, dessen sozialer Träger während der Renaissance. Dies sind überzeugende Darlegungen. Nicht so klar ist jedoch, ob Sie dem Kernstück seiner These über die Bedeutung der protestantischen Ethik selbst zustimmen, wonach dieser die Antriebskraft einer rationalisierten Lebenswelt und damit der Motor des frühen Kapitalismus war. Viele Historiker nahmen Webers Behauptung von der Bedeutung des Calvinismus sehr kritisch auf – es seien nur die kritische Darstellung der offensichtlichen Fakten von Kurt Samuelsons *Religion and Economic Action* oder Trevor-Ropers Essays über Erasmus genannt. Sind Sie der Meinung, daß diese Zweifel Ihre Behandlung Webers nicht betreffen?

HABERMAS Ich habe in der Tat die weitläufige Diskussion über die Frage, ob und inwieweit Webers Kapitalismusanalyse nun zutrifft oder nicht, vernachlässigt. Das hatte in erster Linie pragmatische Gründe – daraus wäre, wenn nicht ein weiteres Buch, so doch wenigstens ein weiteres Kapitel entstanden. Auch aus diesen Gründen – um mich zu entlasten – habe ich die *Theorie des kommunikativen Handelns* als eine Verschränkung von Theoriegeschichte und systematischer Untersuchung angelegt. Im Falle von Weber bot das zudem den Vorteil, eine Lieblingsidee zu illustrieren: Weber sieht mit großer Schärfe die Enge des calvinistischen Gnadenpartikularismus und die repressiven Züge der davon geprägten Lebensformen; aber Weber weigert sich, diese protestantische Ethik als *vereinseitigte* Ausschöpfung eines Potentials zu verstehen, das in der universalistischen Brüderlichkeitsethik angelegt war. Tatsächlich spiegelt sich darin nur das selektive Muster kapitalistischer Rationalisierung im allgemeinen.

Solche Darstellungsinteressen dürfen natürlich nicht überhand nehmen; sonst wird man zum Zyniker in Wahrheitsfragen. Soweit ich die Literatur kenne, glaube ich, daß Webers These im Hinblick auf *andere* Trägerschichten des Frühkapitalismus erweitert und revidiert werden muß. Ich bezweifele aber, daß die Revision den allgemeinen Zusammenhang von Gesinnungsethik, innerweltlicher Askese und Wirtschaftsverhalten angreifen müßte.

NLR Allgemeiner gefragt: Welches ist Ihrer Meinung nach die Position der Geschichte als Fachdisziplin innerhalb der Sozialwissenschaften und welchen Beitrag kann sie zu diesen leisten? Sie haben (in *Zur Rekonstruktion des Historischen Materialismus*) die These aufgestellt, daß »Geschichte als solche nicht theoriefähig ist« (S. 204), da sie notwendigerweise eine retrospektive Erzählung ist, während »theoretische Aussagen die Ableitung von bedingten Voraussagen über *künftig eintretende Ereignisse* gestatten« (S. 207). Diesem Mangel an Theoriefähigkeit und Aussagekraft stellen Sie die Fähigkeiten der Soziologie und der Evolutionstheorie in dieser Hinsicht gegenüber. Diese Unterscheidung scheint eng verwandt zu sein mit der neokantianischen Dichotomie zwischen ideographischen und nomothetischen Wissenschaften. Aber ist sie gerechtfertigt? Es ist nicht recht einzusehen, warum Historiker wie Taylor oder Hobsbawm nicht in der Lage sein sollten, Voraussagen zu machen, die mindestens ebenso – um es vorsichtig zu formulieren – zuverlässig sein sollen wie die von Soziologen, etwa Bells oder Dahrendorfs, die Sie als sichere Zeitdiagnostiker zitieren. Besitzen, zum Beispiel, Warnungen vor der wachsenden Gefahr eines nuklearen Krieges, wenn sie von einem Historiker mit der Autorität Edward P. Thompsons geäußert werden, nicht ein besonderes Gewicht? Sind die Auswirkungen einer scharfen Trennung zwischen »Geschichte« und »Theorie« auf den Historischen Materialismus selbst nicht notwendigerweise paradox – in dem Sinne, daß seine Rekonstruktion als Theorie notwendigerweise seine drastische Beschränkung als Geschichte zur Folge hat, wie dies in der evolutionären Form des Historischen Materialismus in *Kommunikation und die Evolution der Gesellschaft*, geschieht. Auf den ersten Blick schiene die Vorstellung plausibler, daß marxistische (und andere) Historiker mehr zum Unternehmen einer Rekonstruktion des Historischen Materialismus beitragen als Kinderpsychologen. Könnte man nicht den *Strukturwandel der Öffentlichkeit* gegen Sie selbst ins Feld führen, als ein denkwürdiges Beispiel für eine Arbeit, die zugleich und untrennbar sowohl historisch als auch theoretisch ist und auf beiden Gebieten große diagnostische Kraft besitzt?

HABERMAS Die prognostische Kapazität von Gesellschaftstheorien war und ist sehr gering – das kann auf der hohen Abstraktionsstufe, auf der diese Aussagen über sehr komplexe Sachverhalte formuliert sind, kaum anders sein. Ich bezweifle auch nicht, daß ein kluger und politisch gewitzter Historiker mit seinen erfahrungsgesättigten Intuitionen zeitgeschichtliche Entwicklungstendenzen manchmal mit erstaunlicher Sicherheit beurteilt. Auf Unterschieden – nicht auf Rangunterschieden – zwischen sozialwissenschaftlicher Theorie und Geschichtsschreibung habe ich aus methodologischen Gründen beharrt. Wenn man sozialevolutionäre Gesichtspunkte unvermittelt in die Historie hineinträgt, verfällt man leicht geschichtsphilosophischen Denkfiguren, überhaupt der Gefahr eines geschichtsteleologischen Denkens, der gerade Marxisten oft genug erlegen sind. Die Überlegungen, auf die Sie sich beziehen, gehörten in den Zusammenhang der Kritik des Geschichtsobjektivismus und seiner unseligen Folgen für die politische Praxis von sogenannten Avantgardeparteien. Keinesfalls wende ich mich gegen die Notwendigkeit einer theoretisch angeleiteten historischen Forschung. Zumal marxistisch inspirierte Theorien sich letztlich nur daran bewähren, daß sie zur Erklärung konkreter geschichtlicher Abläufe etwas beitragen. Ich selbst empfinde es als mißlich, daß mein Interesse seit zwei Jahrzehnten (wenn ich von kleineren politischen Schriften absehe) ausschließlich von Problemen in Anspruch genommen worden ist, die man im weiteren Sinne als solche der Theoriekonstruktion bezeichnen kann. Die Kritik, die in dieser Hinsicht Tom Bottomore jüngst an mir geübt hat, muß ich akzeptieren.

NLR Welches sind die methodologischen Gründe für die von

Ihnen postulierte Homologie zwischen dem Heranwachsen des Einzelnen und der sozialen Evolution? Sie stellen in der *Theorie des kommunikativen Handelns* fest, daß in *allen* Gesellschaften die meisten Erwachsenen die höheren Ebenen der moralischen und kognitiven Kompetenz, wie sie von Piaget und Kohlberg beschrieben wurden, erreichen. Welchen Beitrag können – wenn dies so ist – die von Ihnen unterschiedenen Reifestufen zur Erklärung der großen Differenzen *zwischen* solchen Gesellschaften leisten, wenn man diese anhand einer Skala der Rationalisierung ihrer Weltanschauungen anordnet?

HABERMAS Empirische Untersuchungen sprechen durchaus dagegen, daß alle erwachsenen Mitglieder, sei es auch nur in modernen westlichen Gesellschaften, die Fähigkeiten zu formal-operationalem Denken (im Sinne Piagets) oder zu postkonventionellen Urteilen (im Sinne von Kohlbergs Moralentwicklungstheorie) erworben hätten. Ich behaupte nur (z. B. im Hinblick auf Stammesgesellschaften), daß Individuen Bewußtseinsstrukturen ausbilden können, die auf einer höheren Stufe liegen als die, die bereits in den Institutionen ihrer Gesellschaft verkörpert sind. Es sind eben primär Subjekte, die lernen, während Gesellschaften insgesamt nur in einem übertragenen Sinne evolutionäre Lernschritte tun können. Neue Formen der sozialen Integration und neue Produktivkräfte verdanken sich der Institutionalisierung und Nutzung von individuell erworbenen, aber überlieferungsfähigen und schließlich kollektiv zugänglichen Wissensformen. Der Vorgang der gesellschaftlichen Implementierung vollzieht sich allerdings nur im Zusammenhang mit politischen Kämpfen und sozialen Bewegungen, mit der Vorreiterrolle innovativer Randgruppen usw. Ich gehe also von der trivialen Annahme aus, daß sprach- und handlungsfähige Subjekte nicht nicht lernen können, und stütze darauf die Annahme, daß ontogenetische Lernprozesse Schrittmacherfunktionen übernehmen. Diese These bestreitet übrigens Klaus Eder in seiner Habilitationsschrift zur Entwicklung des deutschen Verfassungsrechts seit dem späten 18. Jahrhundert. Er führt die innovativen Anstöße unmittelbar auf *soziale* Lernprozesse im Rahmen neuer Assoziationsformen zurück, d. h. auf neue Erfahrungen eines egalitären Umgangs zuerst in den Freimaurerbünden, Geheimgesellschaften und Levereinigungen, später in den frühsozialistischen Handwerkerbünden.

NLR Kann eine Theorie der Emanzipation ohne den Begriff des Fortschritts auskommen? In der *Theorie des kommunikativen Handelns* betonen Sie, daß wir den Wert einer Gesellschaft nicht an dem Grad ablesen können, in dem ihre Lebenswelten rationalisiert sind, selbst wenn wir eine *umfassende* Rationalität, die nicht nur formal, sondern substantiell ist, als Maßstab anlegen; und Sie schlagen vor, daß man von der relativen »Gesundheit« oder »Krankheit« einer bestehenden gesellschaftlichen Ordnung reden sollte. In einem früheren Buch, in *Legitimationsprobleme im Spätkapitalismus*, kritisierten Sie dagegen den Gebrauch solcher Begriffe, die von der Biologie übernommen sind, als auf die Gesellschaft grundsätzlich unanwendbar. Haben Sie in diesem Punkt Ihre Meinung geändert oder bleibt dies als ein relativ ungelöstes Problem für Sie bestehen? Die Schwierigkeit scheint darin zu liegen, die historische Haltung des Siegers zu vermeiden – eine aufklärerische Selbstzufriedenheit, die alle vorhergehenden oder fremden Sozialformen abwertet –, ohne in einen politischen Agnostizismus zu verfallen. Denn warum sollte man, wenn alle Epochen und Gesellschaften »gleich unmittelbar zu Gott« sind, für eine bessere Gesellschaft kämpfen? Ein konsistenter Kulturrelativismus muß konservativ sein. Wie könnte Ihrer Meinung nach eine Lösung dieses Dilemmas aussehen?

HABERMAS Ich habe meine Auffassung in diesem Punkt nicht revidiert, sondern meine nach wie vor, daß sich Aussagen über den Entwicklungsstand einer Gesellschaft immer nur auf *einzelne* Dimensionen und auf *allgemeine* Strukturen beziehen können: auf die Selbststeuerungsfähigkeit und die Systemkomplexität einerseits, auf die gesellschaftlichen Produktivkräfte und die Formen der Sozialintegration andererseits. Eine Gesellschaft kann einer anderen im Hinblick auf den Grad der Ausdifferenzierung ihres Wirtschafts- oder Verwaltungssystems oder im Hinblick auf Technologien und Rechtsinstitutionen überlegen sein. Daraus folgt aber nicht, daß wir diese Gesellschaft *im ganzen*, als eine konkrete Totalität, als eine Lebensform höher einschätzen dürften. Sie wissen, daß ich hinsichtlich der objektivierenden Erkenntnis und der moralischen Einsicht die Position eines vorsichtigen Universalismus vertrete. Wir beobachten Tendenzen zu einer »fortschreitenden« Rationalisierung der Lebenswelt – natürlich nicht als Gesetz, sondern als historische Tatsache. Immer wieder sind jene Tendenzen festgestellt worden, durch die sich moderne Gesellschaften vor traditionalen auszeichnen – das Reflexivwerden der kulturellen Überlieferung, die Generalisierung von Werten und Normen, die Freisetzung kommunikativen Handelns von normativ eng umschriebenen Kontexten, die Verbreitung von Sozialisationsmustern, die Individuierungsprozesse und die Bildung abstrakter Ich-Identitäten fördern usw. Aber alle diese »Fortschritte« betreffen die allgemeinen Strukturen von Lebenswelten überhaupt; sie sagen nichts über den Wert einer konkreten Lebensweise. Dieser Wert müßte sich an anderen Dingen bemessen, die wir bei klinischen Beurteilungen im Auge haben: ob die Leute unter diesen oder jenen Umständen ein »schweres« Leben führen, ob sie sich selbst entfremdet sind. Für die Intuition eines nicht-verfehlten Lebens bringen wir Maßstäbe in Anschlag, die zunächst einmal im Rahmen unserer Kultur gelten, in unserem Traditionszusammenhang plausibel sind, die jedenfalls nicht in derselben Weise generalisiert werden können wie die Standards, anhand deren wir Lernprozesse beurteilen – Naturerkenntnisse, Moral- und Rechtsvorstellungen, die trotz ihrer Paradigmenabhängigkeit eben nicht *völlig* inkommensurabel sind. Ich weiß bis heute nicht, wie man den universellen Kern jener klinischen Intuitionen, wenn sie denn einen haben, theoretisch fassen kann.

NLR Kann eine Moraltheorie der Aufklärung eine Verpflichtung zum Glück umgehen? Wenn nicht – wie bezieht sich eine »diskursive Ethik« auf Glück? Sie beschreiben in Ihrem Essay über Walter Benjamin die Möglichkeit einer Gesellschaft, die von Herrschaft befreit und zugleich ohne Sinn ist – Rationalität ohne Glück. Aber widerlegt eine solche Möglichkeit nicht das Argument, daß jede wahre Aussage eine »Antizipation des guten Lebens« ist? Anders formuliert: In der *Theorie des kommunikativen Handelns* sagen Sie, daß Ethik eine »rekonstruktive« Wissenschaft ist, und an anderer Stelle definieren Sie solche Wissenschaften als diejenigen, die, im Unterschied zur Kritischen Theorie, ohne praktische Auswirkungen auf das Verhalten der Akteure sind. Aber ist die Vorstellung einer *post facto*-Ethik der problemlosen Kodifizierung bestehender Praktiken nicht virtuell ein Widerspruch in sich selbst?

HABERMAS Lassen Sie mich ein paar allgemeine Sätze vorausschicken. Die Moral hat gewiß mit Gerechtigkeit und auch mit dem Wohlergehen anderer, sogar mit der Förderung des allgemeinen Wohls zu tun. Aber Glück läßt sich nicht intentional herbeiführen und nur sehr indirekt fördern. Ich bevorzuge einen relativ engen Begriff von Moral. Moral bezieht sich auf die praktischen Fragen, die sich mit Gründen entscheiden lassen – auf konsensuell lösbare Handlungskonflikte. Moralischer Natur sind nur solche Fragen, die sich sinnvollerweise unter dem Kantischen Gesichtspunkt der Universalisierung – was *alle* wollen könnten – beantworten lassen. Gleichzeitig bevorzuge ich einen schwachen Begriff von Moraltheorie. Wir sprachen schon davon: sie soll den »moral point of view« erklären und rechtfertigen, nichts weiter. Deontische, kognitivistische und universalistische Moraltheorien in der Nachfolge Kants sind Theorien der Gerechtigkeit, die die Fragen des guten Lebens unbeantwortet lassen müssen. Sie sind typischerweise auf die Frage der *Rechtfertigung* von Normen und Handlungen spezialisiert. Auf die Frage, wie gerechtfertigte Normen auf bestimmte Situationen *angewendet* und wie moralische Einsichten *verwirklicht* werden können, haben sie keine Antwort. Kurzum – man soll die Moraltheorie nicht überfordern, sondern einiges der Gesellschaftstheorie und das meiste den Beteiligten selbst überlassen – sei es deren moralischen Diskursen oder deren Klugheit. Die bloß advokatorische Rolle zieht der Theorie enge Grenzen: wer ein Risiko auf sich nimmt, muß *selbst* entscheiden dürfen. Nun aber zu Ihren Fragen.

Die Moraltheorie verfährt rekonstruktiv, d. h. nachträglich. Aristoteles hatte recht, wenn er meinte, daß wir die moralischen Intuitionen, die die Theorie klärt, andernorts, d. h. in mehr oder weniger gelungenen Sozialisationsprozessen erworben haben müssen. Einer kritischen Gesellschaftstheorie möchte ich hingegen auch die Aufgabe zumuten, aufklärende Situationsdeutungen zu ermöglichen, die unser Selbstverständnis betreffen und uns im Handeln orientieren. Auch die Gesellschaftstheorie würde indessen ihre Kompetenzen überschreiten, wenn sie sich anheischig machte, wünschenswerte Lebensformen in die Zukunft zu projizieren, statt bestehende Lebensformen zu kritisieren. Dabei kann sie sich auf historisch überflüssige Repressionen und auf jene unausgeschöpften Rationalitätspotentiale beziehen, die sich am jeweiligen Stand der Produktivkräfte, am Niveau der Rechts- und Moralvorstellungen, am Grad der Individuierung usw. ablesen lassen. Deshalb kann auch die marxistische Theorie mit dem Ausdruck »Sozialismus« keinen Wechsel auf eine *konkrete* Lebensform ausstellen; sie kann bestenfalls notwendige Bedingungen angeben, unter denen heute emanzipierte Lebensformen allein möglich wären.

NLR Inwieweit bilden für Sie Bedürfnisse eine Quelle möglicher Werte? Wiederholt haben Sie auf die notwendige »Verflüssigung« dieser Bedürfnisse in jeder postkonventionalen Moral oder Gesellschaft hingewiesen und zu verstehen gegeben, daß die Kunst eine besonders wichtige Rolle in einer solchen Umstrukturierung zu spielen hätte. Könnten Sie einige Beispiele für die Art des Prozesses, der Ihnen vorschwebt, angeben?

HABERMAS Unsere Bedürfnisse sind uns immer nur in interpretierter Form zugänglich, d.h., die Sprache ist konstitutiv für die Bedürfnisse, in deren Licht sich uns die immer auch affektiv getönten Situationen erschließen. Der Wandel der evaluativen, bedürfnisinterpretierenden Sprachen hat sich bisher naturwüchsig vollzogen; der Wandel dieses Vokabulars hat sich in einem mit dem Wandel sprachlicher Weltbilder vollzogen. In dem Maße freilich, wie sich Kunst und Literatur zu einer eigensinnigen Sphäre ausdifferenziert haben und in diesem Sinne autonom geworden sind, hat sich eine Literatur- und Kunstkritik etabliert, die daran arbeitet, die innovativen Erfahrungsgehalte in die Umgangssprache und damit auch in die kommunikative Alltagspraxis einzuholen. Im Medium dieser Kritik wird der vordem naturwüchsige Prozeß der schleichenden Umwertung unseres evaluativen Vokabulars, unserer welterschließenden und bedürfnisinterpretierenden Sprache überhaupt, mehr und mehr reflexiv; der ganze Vorgang wird gleichsam diskursiv verflüssigt. Zentrale Begriffe wie Glück, Würde, Unversehrtheit der Person wandeln sich jetzt gleichsam vor aller Augen. Diffuse Erfahrungen, die sich unter sozialstrukturell veränderten Lebensumständen herauskristallisieren, finden ihren einleuchtenden, prägnanten, sichtbar machenden Ausdruck durch kulturelle Produktivität. Das meint Castoriadis mit »Imagination«. Benjamin ist beispielsweise anhand von Baudelaire jenen Erfahrungen einer großstädtisch konzentrierten Lebenswelt nachgegangen, die wie ein neuer Kontinent im Paris des 19. Jahrhunderts, der »Hauptstadt des 19. Jahrhunderts«, wie er sagte, aufgetaucht sind. Kafka und Musil bieten sich als literarische Beispiele für den Erfahrungsraum der zerfallenden K.u.K.-Monarchie an, Celan und Beckett für eine durch Auschwitz veränderte Welt. Unsere moralisch-praktischen Überlegungen und Diskurse sind durch diese Produktivität betroffen, insofern nämlich, als wir nur im Lichte solcher Innovationen sagen können, was wir *wirklich* wollen, und vor allem: was wir *nicht* wollen können. Nur in diesem Lichte finden wir einen genauen Ausdruck für unsere Interessen.

NLR Sie haben in den vergangenen Jahren gegen die Theorien der Postmoderne polemisiert und diese Theorien mit dem Begriff des »Posthistoire« und den neokonservativen Implikationen des Poststrukturalismus in Verbindung gebracht. Nicht eindeutig ist jedoch, ob Sie die Existenz von Entwicklungen leugnen wollen, denen der Begriff der Postmoderne entspricht, oder ob Sie die Angemessenheit der Bezeichnung bestreiten. Würden Sie z. B. bestreiten, daß die Abwendung vom Esoterischen der Hochkultur und die Hinwendung zu einer Fusion von Hoch- und Massenkultur eine Entwicklung darstellt, auf die der Begriff »Postmodernismus« angewendet werden könnte? In Ihrer *Theorie des kommunikativen Handelns* (Bd. 2, S. 586) verweisen Sie auf die Entstehung einer »postavantgardistischen Kunst«, die »charakterisiert (ist) durch die Gleichzeitigkeit von realistischen und engagierten Richtungen mit authentischen Fortsetzungen jener klassischen Moderne, die den Eigensinn des Ästhetischen herauspräpariert hatte«. Könnten Sie uns Kunstwerke nennen, die sich in dieser Richtung bewegen? Und würde, da Sie, der Massenkultur nicht jedes progressive Potential absprechen, die Fusion von Hoch- und Massenkultur ein Aspekt einer solchen »postavantgardistischen Kunst« sein?

HABERMAS Peter Bürger sieht die postavantgardistische Kunst, die Kunst nach dem Scheitern der surrealistischen Revolte, überhaupt die heutige Szene durch das Nebeneinander von Stilen gekennzeichnet, die entweder aus der avantgardistischen Formensprache oder aus dem Erbe der realistischen oder dem der politisch-didaktischen Stile und Literaturen schöpfen. Beispiele finden Sie in jedem beliebigen Großstadt-Museum. Dieses Nebeneinander schließt auch die inzwischen ritualisierten Formen der »Aufhebung« esoterischer Kunst ein. Die gegenwärtige Szene würde ich nicht im Sinne des sogenannten Postmodernismus als ein Zeichen der Erschöpfung oder des »Endes« des Modernismus in Kunst und Architektur deuten. Unser Zustand spricht allenfalls dafür, daß die von der Avantgarde erschlossenen ästhetischen Erfahrungen keinen Eingang finden in eine einseitig rationalisierte Alltagspraxis, sondern vor deren Toren in abgespaltenen Expertenkulturen ruhelos kreisen. Ich teile Adornos Vorbehalt gegen die Massenkultur, gegen Benjamins voreilige Hoffnung auf deren »profane Erleuchtungen« nur insoweit, als die Fusion von Hoch- und Trivialkultur bisher ihr programmatisches Ziel verfehlt. Die entsublimierte Massenkunst greift ja nicht etwa verändernd, erhellend und befreiend in die kapitalistisch verdinglichten, konsumistisch-bürokratisch verformten und entstellten Lebensformen ein, sondern befördert ihrerseits diese Tendenzen. Nicht die Hoffnung der Surrealisten war falsch, sondern der Weg, die Aufhebung des ästhetischen Scheins, war kontraproduktiv.

NLR Eine der auffallendsten Veränderungen in Ihrem Werk während des letzten Jahrzehnts bestand in der Abschwächung der Behauptungen über die »ideale Sprechsituation«. In der *Theorie des kommunikativen Handelns* gestehen Sie den utopischen Charakter des Projekts einer idealen Kommunikationsgemeinschaft ein und weisen darauf hin, daß die prozedurale Rationalität argumentativer Begründung nicht als solche Inhalt einer Lebensform sein kann. Trotz dieser Einschränkungen könnte eine Spannung bestehen zwischen der Herbeiführung eines universalen Konsensus und dem menschlichen (und epistemologischen) Wert von Konflikt und unterschiedlichen Meinungen. Es ist diese Art der Spannung, für die Mill empfänglich ist, wenn er in *Die Freiheit* schreibt: »Der Verlust eines so wichtigen Hilfsmittels für die klare und lebhafte Erfassung der Wahrheit, wie es die Notwendigkeit ist, sie zu erklären oder gegen Angriffe zu verteidigen, schmälert in nicht unerheblichem Maße den Vorteil der allgemeinen Anerkennung, wenn er diesen freilich auch nicht zu tilgen vermag.« In *Strukturwandel der Öffentlichkeit* (S. 164) behaupten Sie, daß Mill seine »Resignation vor der rationalen Unauflösbarkeit der in der Öffentlichkeit konkurrierenden Interessen (...) in einer perspektivistischen Erkenntnistheorie verkleidet«. Dies ist jedoch, wie das oben angeführte Zitat deutlich macht, nicht ganz präzise. Mill bezweifelt nicht, daß die Wahrheit in letzter Konsequenz den Konsens impliziert, doch ist für ihn die Übereinstimmung erkauft mit der Vernachlässigung anderer menschlicher Werte. Ziehen Sie solche Überlegungen in Betracht?

HABERMAS Ich denke doch – mir wird ja von meinen marxistischen Freunden nicht ganz ohne Grund vorgeworfen, ein Radikalliberaler zu sein. Ich kann nur wiederholen, was ich andernorts schon betont habe (J. B. Thompson, D. Held (Eds.), *Habermas, Critical Debates*, p. 235): »Nothing makes me more nervous than the imputation that because the theory of communicative action focusses attention on the social facticity of recognized validity claims, it proposes, or at least suggests, a rationalist utopian society. I do *not* regard the fully transparant – lassen Sie mich in unserem Zusammenhang hinzufügen: gar eine homogenisierte und vereinheitlichte – society as an ideal, nor do I wish to suggest any other ideal – Marx was not the only one frightened by the vestiges of utopian socialism.« Die ideale Sprechsituation ist, wie gesagt, eine Beschreibung der Bedingungen, unter denen Wahrheits- und Richtigkeitsansprüche diskursiv eingelöst werden können. Im kommunikativen Handeln bleiben diese Geltungsansprüche meistens implizit und unproblematisch, weil die intersubjektiv geteilte Lebenswelt einen soliden Hintergrund von kulturellen Selbstverständlichkeiten bereithält. Die handlungskoordinierende Rolle von Verständigungsprozessen, die über die Schienen kritisierbarer Geltungsansprüche laufen, widerstreitet doch nicht dem Pluralismus von Lebensformen und Interessen. Die Tatsache, daß moderne Gesellschaften nach Lebensformen und Interessenlagen differenziert sind und sich immer weiter differenzieren, ist eine Tatsache, die verständigungsorientiertes Handeln nicht etwa außer Kraft setzt; der im gleichen Maße wachsende Verständigungsbedarf muß freilich auf immer höherer Abstraktionsebene gedeckt werden. Deshalb werden die konsensfähigen Normen und Grundsätze immer allgemeiner.

Es gibt auch noch einen anderen Weg, dem Verständigungsbedarf, der die verfügbaren Möglichkeiten der Konsensfindung überschreitet, zu begegnen; der verschwindet nämlich überhaupt, sobald sozialintegrierte Handlungsbereiche auf Systemintegration umgestellt werden. Das ist ja im Zuge der kapitalistischen Modernisierung mit vielen Lebensbereichen geschehen. Geld und Macht, konkreter: Märkte und Verwaltungen, übernehmen dann die integrativen Funktionen, die bis dahin konsensierte Werte und Normen oder eben Verständigungsprozesse erfüllt haben. Meine These, die ich im zweiten Band der *Theorie des Kommunikativen Handelns* in Auseinandersetzung mit der Medientheorie von Parsons entwickelt habe, ist freilich: daß solche Handlungsbereiche, die z. B. auf kulturelle Überlieferung oder auf die

Sozialisation von Heranwachsenden spezialisiert sind, auf das Medium verständigungsorientierten Handelns angewiesen sind und nicht systemisch integriert werden *können*. Eine Kommerzialisierung oder Bürokratisierung müßte jedenfalls in diesen Bereichen, das ist die These, Störungen, pathologische Nebeneffekte hervorrufen. Aber damit bin ich von Ihrer Frage nach dem Recht des Pluralismus abgekommen.

NLR In Ihren Diskussionen der Strukturen des kapitalistischen Herrschaftstyps betonen Sie die Art und Weise, in der diese »verallgemeinerungsfähige Interessen« ausschließen und unterdrücken, ganz im Gegensatz zu »partikularen Interessen«, die sie selbst insgeheim repräsentieren. Ihrer Meinung nach kann die Differenz zwischen diesen beiden Interessenarten prinzipiell durch eine Art Gedankenexperiment festgestellt werden, das Sie »simulierten Diskurs« nennen. Könnten Sie ein Beispiel für diesen Diskurs geben? Eines der Probleme, die diese Unterscheidung mit sich zu bringen scheint, besteht in dem Status derjenigen Interessen, die zwar nicht verallgemeinerungsfähig, aber dennoch wohl begründet sind – in anderen Worten, der Frage der »natürlichen« Heterogenität von Interessen, selbst in sozialistischen Gesellschaften, in denen unterschiedliche Handlungsträger oder Gruppen eine große Anzahl von ganz bestimmten Bedürfnissen besitzen, die, für sich selbst betrachtet, völlig legitim sind, z. B. regionale, beschäftigungsmäßige, generationenspezifische Interessen usw. In welcher Weise könnte das von Ihnen vorgeschlagene Modell der »diskursiven Willensbildung«, das einen Konsensus über verallgemeinerungsfähige Interessen zu bevorzugen scheint, dazu beitragen, zwischen widersprüchlichen Forderungen dieser Art einen Ausgleich zu schaffen?

HABERMAS Das Modell der unterdrückten verallgemeinerungsfähigen Interessen ist ja nur ein Vorschlag, wie man Interessen kritisieren kann, die sich zu Unrecht als allgemeine Interessen ausgeben. Dieses Ziel verfolgt auch Marx in seiner Kritik bürgerlicher Rechtsformen oder in seiner Kritik an den Lehren von Smith und Ricardo. Das Modell, das ich vorschlage, ist geeignet, die Nicht-Verallgemeinerungsfähigkeit von präsumptiv allgemeinen Interessen nachzuweisen. Ein Argument, das heute z. B. diesen Verdacht auf sich zieht, taucht häufig in sozialdemokratischen Erklärungen auf: man müsse diese oder jene investitionsfördernden Anreize geben, »um Arbeitsplätze zu sichern«.

Ihr Einwand richtet sich nun gegen eine Unterstellung, die ich gar nicht mache. Ich gehe keineswegs davon aus, daß bei allen oder auch nur bei den meisten politischen Entscheidungen, gesetzlichen oder administrativen Regelungen ein *allgemeines* Interesse im Spiel sei. So sind moderne Gesellschaften nicht beschaffen. Die gesellschaftlichen Materien, die heute durch staatliche Interventionen geregelt werden, berühren oft oder meistens *nur* partikulare Interessenlagen. In solchen Fällen könnten moralische Diskurse einzig den Zweck haben, der Privilegierung einer Seite, die prätendiert, ein allgemeines Interesse zu vertreten, die Legitimation zu entziehen. Wo nur besondere Interessen im Spiel sind, können Handlungskonflikte nicht, auch nicht in idealen Fällen, durch Argumentation beigelegt werden, sondern nur durch Verhandlung und Kompromiß. Die Verfahren der Kompromißbildung können allerdings ihrerseits unter normativen Gesichtspunkten beurteilt werden. Man wird etwa einen fairen Kompromiß nicht erwarten dürfen, wenn die beteiligten Parteien nicht über gleiche Machtpositionen oder Drohpotentiale verfügen. Um ein drastisches Beispiel zu geben: wenn es um die komplizierte Frage der »Drittwirkung von Grundrechten« geht, wird man erwarten dürfen, daß die Gerichtsentscheidung argumentativ begründet werden kann; wenn es um die einfache, aber politisch heikle Frage des Standortes für ein Atomkraftwerk geht, wird man bestenfalls erwarten, daß ein fairer Kompromiß zustande kommt. Ich habe *immer* darauf hingewiesen, daß Kompromisse nicht nur faktisch weitverbreitet sind, sondern auch normativ einen ganz unverächtlichen Stellenwert haben. Insofern habe ich auch mit dem Interessenpluralismus keine Schwierigkeiten. Wir haben doch selbst die Erwartung, daß der Pluralismus von Lebensformen und der Individualismus von Lebensstilen in einer Gesellschaft, die den Namen »sozialistisch« verdient, geradezu exponentiell zunehmen müßten.

NLR Vor dem Hintergrund klassischer Formen des Marxismus besteht eine der Neuerungen Ihres Gesamtwerkes in einem Übergang von der »Produktion« zur »Kommunikation«, sowohl als analytischem Focus wie als Quelle von Wert. Gleichzeitig betonen Sie jedoch immer wieder, daß Sie sich selbst für einen Materialisten halten. Könnten Sie den von Ihnen vertretenen Materialismus näher erläutern?

HABERMAS Schon in meinen frühesten Publikationen habe ich

den »Materialismus« im Marxschen Sinne als einen theoretischen Ansatz verstanden, der die Abhängigkeit des Überbaus von der Basis, der Lebenswelt von Imperativen des Akkumulationsprozesses nicht etwa als eine ontologische Konstante bloß feststellt, sondern als die latente Funktion einer bestimmten, historisch vergänglichen Gesellschaftsformation erklärt und zugleich denunziert. Der von mir propagierte Übergang vom Produktions- zum Kommunikationsparadigma bedeutet freilich, daß sich die kritische Gesellschaftstheorie nicht mehr auf die normativen Gehalte des expressivistischen Modells der Entäußerung und Wiederaneignung von Wesenskräften verlassen muß. Dieses Modell hatte der junge Marx der Produktionsästhetik von Kant, Schiller und Hegel entlehnt. Der Paradigmenwechsel von der Zwecktätigkeit zum kommunikativen Handeln bedeutet aber nicht, daß ich die materielle Reproduktion der Lebenswelt als privilegierten Bezugspunkt der Analyse aufgeben müßte. Das selektive Muster der kapitalistischen Modernisierung und die entsprechenden Pathologien einseitig rationalisierter Lebenswelten erkläre ich nach wie vor mit Hilfe eines kapitalistischen, von Gebrauchswertorientierungen weitgehend entkoppelten Akkumulationsprozesses.

NLR Inwieweit schränkt das Auftauchen der Ökologie, sowohl als Theorie wie als Bewegung, Ihre frühere Ansicht ein, daß es nur »eine theoretisch fruchtbare Haltung gegenüber der Natur« gibt, jene, die an der technischen Verfügbarkeit interessiert ist?

HABERMAS Die Aufmerksamkeit für ökologische Kreisläufe, für Biotope, für Mensch-Umweltsysteme usw. hat sicher neue Themen, neue Fragestellungen, vielleicht sogar neue Disziplinen hervorgerufen. Soweit ich sehen kann, bewegen sich diese ökologisch inspirierten Untersuchungen aber, *methodologisch* gesehen, durchaus im herkömmlichen Rahmen. Vorerst scheint nichts dafür zu sprechen, daß sich in einer nicht-objektivierenden Einstellung, z. B. in der performativen Einstellung eines Kommunikationsteilnehmers, alternative Naturwissenschaften entwickeln ließen – Theorien etwa in der Nachfolge der romantischen oder alchemistischen Naturphilosophien.

B

NLR Welches ist die Bilanz Ihres Urteils über die politische Entwicklung der westlichen Gesellschaft von den fünfziger bis zu den achtziger Jahren, die Sie erfahren und erlebt haben? Die Schlußfolgerung Ihres Buches *Strukturwandel der Öffentlichkeit* enthält eine gewisse Ambiguität. Ihrer Analyse des strukturellen Wandels der Öffentlichkeit in den kapitalistischen Gesellschaften liegt eine zutiefst pessimistische Haltung zugrunde – Sie skizzieren ein unvergeßliches Bild eines heruntergekommenen öffentlichen Lebens, in dem die Substanz der liberalen Demokratie sich aufgelöst hat in eine Kombination von plebiszitärer Manipulation und privater Apathie und in der die Kollektivität der Bürger zerfällt. Dennoch erwähnen Sie, wenn auch nur kurz, die Möglichkeit einer »Restauration« der Öffentlichkeit durch eine Demokratisierung der Parteien, freiwillige Verbindungen und Medien – Sie benennen jedoch nur wenige Gründe, die zu der Hoffnung berechtigen, daß dies geschehen könnte. Meinen Sie, wenn Sie die letzten fünfundzwanzig Jahre überblicken, daß sich die Dinge verbessert oder verschlechtert haben oder daß alles mehr oder weniger gleich geblieben ist?

HABERMAS Es ist ein halsbrecherisches Unterfangen, die intuitiven Lebenserfahrungen eines politischen Zeitgenossen in Gewinn- und Verlustrechnungen umzumünzen. Andererseits muß ich zugeben, daß ja auch eine anständige Gesellschaftstheorie, eine auf sie gestützte Zeitdiagnose keinen anderen Sinn hat, als die Wahrnehmung für das ambivalente Potential gegenwärtiger Entwicklungen zu schärfen. Lassen Sie mich's also für die Bundesrepublik versuchen. Auf der einen Seite haben sich, nach meinem Eindruck, die Tendenzen zum Zerfall einer Öffentlichkeit liberalen Zuschnitts, einer durch Lektüre, Gründe, Informationen vermittelten Meinungsbildung diskursiven Zuschnitts seit den späten fünfziger Jahren verstärkt. Dafür spricht die Funktionsweise elektronischer Medien, überhaupt eine Entwicklung der organisierten Kommunikationsstrukturen, die zentral ausgestrahlte, vertikale, einbahnig verlaufende und privatim verarbeitete Informationsflüsse aus zweiter und dritter Hand privilegiert. Wir beobachten eine zunehmende Substitution von Worten durch Bilder, auch jene Vermischung von Kategorien wie Werbung, Politik, Unterhaltung, Information, die schon Adorno kritisiert hat. Adornos Kritik der Massenkultur müßte fort- und umgeschrieben werden. Die Schauseite unserer großstädtischen Zentren hat ja auf eine ironische Weise Elemente des Surrealismus aufgesogen und die neonglänzende Wiederverzauberung der entwirklichten Realität gefördert. Das Banale verschmilzt mit dem Unwirklichen, die hellenistisch entdifferenzierten Sitten verschmelzen mit technisch Hochstilisiertem, die Trümmer der Volkskulturen mit persönlichen, konsumistisch aufpolierten Bizarrerien. Die Halden des Zivilisationsschuttes werden mit Plastik verkleidet. Die Substanz des Allgemeinen löst sich in einen Narzißmus auf, der alles Individuelle eingebüßt hat und zum Stereotyp geworden ist. Wie gesagt, Derrida und ein tänzelnder Dekonstruktivismus geben die einzig passende Antwort auf diesen real existierenden Surrealismus. Und zu diesem wiederum paßt, nun etwas ernster, eine andere Tendenz, die wohl auch fortgeschritten ist: eine zugleich perfektionierte und bieder daherkommende Manipulation von Massenloyalität, in Regie genommen durch die aus der Lebenswelt ins politische System abgewanderten politischen Parteien. Früher sagte man noch, die Parteien und deren Exponenten beschaffen sich die *Akklamation* des Wählerpublikums. Das ist ein rührend altmodischer Ausdruck für die gegen alle Spontaneität abgeriegelten Inszenierungen, die nach Drehbuch ablaufen und buchstäblich alles unter Kontrolle bringen. Jedenfalls war *das* die neue Qualität, die der letzte amerikanische Präsidentschaftswahlkampf erreicht hat – mit einem Präsidentenschauspieler, dessen Amt sich mehr und mehr darauf beschränkt, es nach außen als eine fiktive Realität darzustellen. Die Wirklichkeit holt die systemtheoretische Beschreibung ein, die Luhmann von ihr gibt: das politische System *extrahiert* aus der Öffentlichkeit die Legitimation, die es braucht. Das ist die eine Seite.

Auf der anderen Seite verstärken sich aber auch die Reaktionen auf eine solche Entleerung der politischen Öffentlichkeit. Unsere Beobachtungen, daß die Legitimationsbeschaffung auf Schwierigkeiten stößt, und die spiegelbildlichen Klagen der Neokonservativen über »Unregierbarkeit« sind ja nicht ganz falsch. Den *Strukturwandel* habe ich noch vor der Protestbewegung der sechziger Jahre geschrieben – ohne diese übrigens im geringsten vorauszusehen. In der Bundesrepublik mehren sich inzwischen die Anzeichen für lokal zersplitterte, subkulturelle Widerstände, für defensive Regungen an der »Basis«, sogar für spektakuläre Massendemonstrationen, die plötzlich aufflackern und wieder in sich zusammenfallen. Die Friedensdemonstrationen im Herbst 1983, unmittelbar vor Aufstellung der Raketen, haben einen in der Geschichte der Bundesrepublik bis dahin unvorstellbaren Umfang erreicht; sie hatten auch eine bis dahin unbekannte Qualität von, sagen wir einmal, disziplinierter Aggressivität. Die Sensibilität für Gefährdungen des Datenschutzes, wie sie sich im erfolgreichen Widerstand gegen die geplante Volkszählung, gegen die Einführung eines »fälschungssicheren« Ausweises usw. manifestiert hat, ist ein weiteres, gewiß weniger dramatisches Symptom. In diesen Zusammenhang passen wahlsoziologische Beobachtungen über eine Erosion der herkömmlichen Partei-Bindungen, über eine wachsende Fluktuation der Wähler. Nicht nur die Erfolge der »Grünen« signalisieren, was man bei uns »Parteienverdrossenheit« nennt. Es scheint überhaupt so zu sein, daß der Boden glitschig wird. Es bilden sich mehr oder weniger unberechenbare Reaktionspotentiale, die aus zufälligen Anlässen mobil werden.

Diese beiden gegenläufigen Tendenzen, für die ich einige Illustrationen genannt habe, sprechen für eine Polarisierung der Öffentlichkeit in offizielle, von oben dirigierte, austrocknende Sektoren und in örtliche, sozialstrukturell nicht gut zu definierende, teils altmittelständische, teils »postmaterialistisch« ausgerichtete, jedenfalls resistente Subkulturen, die zum Kern autonomer Gegenöffentlichkeiten geworden sind – Alte und Junge, Feministinnen und Homosexuelle, Behinderte und aktive Arbeitslose, radical professionals, grüne Witwen usw.

NLR In den auf *Strukturwandel der Öffentlichkeit* folgenden Werken taucht sozusagen ein Gegenthema auf – das der »Legitimationskrise« der bestehenden Ordnung, die nicht mit einem Niedergang der Öffentlichkeit, sondern mit dem der »Ersatzprogrammatik« oder dem staatsbürgerlichen Privatismus und der »Leistungsideologie« verbunden ist. Sie entwickelten diese optimistischere Einschätzung in *Technik und Wissenschaft als Ideologie* und *Legitimationsprobleme im Spätkapitalismus*. Wie beurteilen Sie diese Diagnose heute, in einer Zeit mit einer starken Rezession und der sie begleitenden Welle des Neokonservatismus?

HABERMAS Nun, damals habe ich bereits auf die Erfahrungen

mit der studentischen Protestbewegung reagiert.

NLR In dem Titelaufsatz von *Technik und Wissenschaft als Ideologie* vertreten Sie die These, daß die herrschende Ideologie in den westlichen Gesellschaften ihre Stichworte von »Technologie und Wissenschaft« bezieht – die gesellschaftlich-politische Ordnung wird im letzten legitimiert im Namen einer technokratischen Effizienz und Notwendigkeit. Könnte man dagegen jedoch nicht einwenden, daß eher »Demokratie« der grundlegende Legitimationscode des westlichen Kapitalismus ist? Würde sich nicht bei einer Analyse der Reden von Reagan, Thatcher, Kohl oder Mitterrand zeigen, daß zwar der »Effizienz- und Wachstums«-Diskurs sehr wichtig ist, er jedoch strukturell dem »Freiheit- und Demokratie«-Diskurs untergeordnet ist? Denn werden nicht so z. B. die Stationierung der Raketen, die Reduzierung von Sozialleistungen und die Zähmung der Gewerkschaften begründet?

HABERMAS Man könnte immerhin die These vertreten, daß Reagan seine letzte Wahl als Animateur einer Stimmung von »efficiency and prosperity« gewonnen hat. Andererseits ist es sicher richtig, daß eine fortbestehende technokratische Praxis heute, im Zeichen neokonservativer Stimmungslagen und Parolen, nicht mehr mit technokratischen Ideologien gerechtfertigt wird. Technik und Wissenschaft haben, als ideologisches Programm, viel von ihrer Öffentlichkeitswirksamkeit eingebüßt. Meine Analyse von 1968 kann heute nicht einfach fortgeschrieben werden; ich habe sie ja 1973, in den *Legitimationsproblemen* bereits ergänzt. Und in der *Theorie des kommunikativen Handelns* bin ich auf die in der Zwischenzeit eingetretene »Krise des Wohlfahrtsstaates« eingegangen. Das Sozialstaatsprojekt ist in der öffentlichen Wahrnehmung auch in der Hinsicht problematisch geworden, daß die bürokratischen Mittel, mit denen der interventionistische Staat die »soziale Bändigung des Kapitalismus« bewerkstelligen wollte, ihre Unschuld verloren haben. Nicht mehr nur die Monetarisierung der Arbeitskraft, auch die Bürokratisierung der Lebenswelt werden heute in breiten Schichten als Gefährdung empfunden. Die politisch-administrative Macht hat für die alltägliche Erfahrung der Klienten wohlfahrtsstaatlicher Bürokratien den Schein der Neutralität eingebüßt. Diese neuen Stimmungslagen macht sich auch der Neokonservatismus zunutze, um unter den Stichworten »liberty and democracy« die bekannte Politik der Rückverlagerung der Problemlasten vom Staat auf den Markt zu verkaufen – eine Politik, die nun weiß Gott nichts mit Demokratisierung zu tun hat, die vielmehr die weitere Entkoppelung der Staatstätigkeit vom Legitimationsdruck der Öffentlichkeit betreibt und mit »Freiheit« nicht die Autonomie der Lebenswelt, sondern die Freihändigkeit privater Investoren meint.

NLR In welcher Weise könnte man – unter dem Gesichtspunkt der Richtung, Beständigkeit und der Auswirkungen ihres Protests gegen die bestehende Ordnung – die neuen sozialen Bewegungen der achtziger Jahre mit der Studentenbewegung der sechziger Jahre vergleichen?

HABERMAS Das kann ich wiederum nur im Hinblick auf die Bundesrepublik zu beantworten versuchen. Unsere Studentenbewegung hat, unter Bedingungen der Hochkonjunktur, mit falschen weitgehend dem orthodoxen Marxismus entlehnten Situationsdeutungen und im schmalen Einzugsgebiet der Universitäten bereits einen Einstellungswandel kulturrevolutionär zum Ausdruck, teilweise zur Geltung gebracht, der sich in den Neuen Sozialen Bewegungen seit Mitte der siebziger Jahre fortgesetzt manifestiert. Diese Bewegungen sind unter Bedingungen anhaltender Rezession und wachsender Arbeitslosigkeit defensiver eingestellt, weniger artikuliert als damals die Studenten; vielleicht sind sie realistischer in ihren Situationsdeutungen; vor allem rekrutieren sie sich aus breiteren sozialen Einzugsbereichen. Zum Beispiel haben sich die Differenzen zwischen jüngeren Arbeitern, Lehrlingen, Studenten und Arbeitslosen im Rahmen einer – nicht nur im Erscheinungsbild – vereinheitlichten Jugendkultur abgeschliffen. Die breitere gesellschaftliche Basis spricht freilich noch nicht für eine sozialstrukturell gut verankerte Vetomacht. Diese »antiproduktivistische Allianz« beweist zur Zeit eine gewisse sozialpsychologische Ansteckungskraft, aber sie besetzt keine lebenswichtigen Funktionsbereiche der Industriegesellschaft. Dennoch – neokonservative Politiken sind der beste Weg, um dieser Allianz weiteren Zustrom zu sichern. Auch wenn es in der Manifestation dieser Widerstandspotentiale ein schon gar nicht voraussagbares Auf und Ab geben wird, halte ich die Prognose, daß der Ärger der Leute alsbald verrauchen wird, für falsch. Der Ärger wird strukturell erzeugt.

NLR Sind Sie immer noch der Meinung, daß es ein Fehler der

westdeutschen Grünen war, eine politische Partei zu gründen und sich an Wahlkämpfen zu beteiligen? Wie würden Sie gegenwärtig die Erfolgsaussichten der Grünen einschätzen?

HABERMAS Vielleicht war meine Warnung damals kleinmütig, unbegründet war sie nicht. Der vorhersehbare Kampf zwischen fundamentalistischen und reformistischen Flügeln kann die Partei der Grünen immer noch aufreiben. Das Experiment bleibt nur solange aussichtsreich, wie sich diese dialektische Spannung nicht nach einer Seite hin entlädt: Vor allem intern, im Umgang mit sich selbst, müssen die Grünen ihre Kompromißfähigkeit steigern. Denn da liegt ja das Problem, das gelöst werden müßte: Wie kann die relative Handlungsfähigkeit, ja die bloße Existenzfähigkeit einer politischen Partei gesichert werden, die in sich den Widerspruch zwischen sozialer Bewegung und politischem System austragen muß? Lassen Sie mich, um diesen Widerspruch zu erläutern, einen kleinen Umweg machen.

Die Bundesrepublik wird seit einiger Zeit vom Spendenskandal der Firma Flick heimgesucht. Der Skandal besteht nicht in der Korruption von Abgeordneten, Parteiführern und Ministern, die illegale Spenden für ihre Partei einstecken, um die Interessen des großen Kapitals zu begünstigen. Der privilegierte Einfluß der Kapitalbesitzer auf den Staatsapparat ist durch Funktionszusammenhänge und Strukturen derart abgesichert, daß es dieser riskanten und altväterlichen Methode der Beeinflussung einzelner Personen gar nicht bedarf. Die Methode Flick ist überholt und untypisch. Der Vorgang offenbart etwas anderes, und zwar gänzlich Triviales: die politischen Parteien können sich nicht mehr aus Mitgliedschaftsbeiträgen finanzieren und dürfen sich doch nur zur Hälfte aus Steuermitteln alimentieren lassen, weil sie sonst eingestehen müßten, wie weit sie sich bereits von ihrer Basis abgelöst und zu Staatsorganen verselbständigt haben. Gemessen am normativen Selbstverständnis besteht also der eigentliche Skandal, wenn er denn überhaupt als solcher noch empfunden wird, in folgendem. Die Parteien betreiben den Legitimationsprozeß guten Gewissens fast nur noch aus der Perspektive der Bestandssicherung des politischen Systems, jedenfalls so wenig aus der Perspektive eines blossen Vermittlers im Prozeß der öffentlichen Meinungsbildung, daß sie die politische Öffentlichkeit mit ihren Interventionen überziehen, statt sich *aus* ihr zu reproduzieren.

Eine solche Partei wollen nun die Grünen erklärtermaßen nicht sein und auch nicht werden. Andererseits dürfen sie ebensowenig im Sog der vielen subkulturellen und lokalen Gegenöffentlichkeiten untergehen. Als Partei müssen sie den selbstbewußten Partikularismus der um staatsbürgerliche Gleichheitsnormen unbekümmerten Dissidenten vor Ort durch den Filter der Generalisierung, der gleichmäßigen Interessenberücksichtigung hindurchtreiben. Vielleicht hätte man dieses Experiment erst starten sollen, nachdem sich in verschiedenen autonomen Öffentlichkeiten die Fähigkeit zur Selbstorganisation stärker entwickelt haben würde. Vielleicht gelingt das Experiment trotzdem – heilsame Anstöße gehen davon jetzt schon aus, z. B. auf das Innenleben der SPD, ohne die realistischerweise nichts zu bewegen ist.

NLR Wie beurteilen Sie die deutsche Frage und die Beziehungen zwischen den beiden Deutschland? Kann das Problem der »Wiedervereinigung« oder der »Konföderation« von der Linken gegenwärtig zum Thema gemacht werden?

HABERMAS Willy Brandt hat in München soeben eine eindrucksvolle Rede zu diesem Thema gehalten. Sein Tenor war: die deutsche Frage ist nicht mehr offen. Das Gerede über einen neuen deutschen Nationalismus halte ich für Unsinn – es lebt mehr von Erfindungen der *New York Times* als von den Stimmungen hier im Lande. Die Sehnsucht mancher Intellektueller nach der verlorenen deutschen Identität ist genauso verkitscht, wie die Wiedervereinigungsrhetorik von CSU-Sonntagsrednern verlogen ist. Kurt Schumacher, aus dem KZ zurückgekehrt, ist von der Idee besessen gewesen, am Ende der Weimarer Republik einen Fehler begangen zu haben – deshalb wollte er damals, als Gegenspieler Adenauers, rechte Gefühle, die es gar nicht mehr gab, präventiv eingemeinden. Diesen Irrtum zu wiederholen hat die westdeutsche Linke nicht den geringsten Anlaß.

NLR Sie haben in *Strukturwandel der Öffentlichkeit* darauf hingewiesen, daß Kant es unterlassen hat, eine Theorie zu entwickeln, wie die politische Gewalt, die die moralische Einheit einer Gesellschaft freier Bürger herstellen kann, ihrerseits errungen werden könnte – in anderen Worten: Kant ignoriert (wie Sie es an einer anderen Stelle [S. 104] Ihres Buches formulieren) den »harten Kampf mit den alten Gewalten« des Absolutismus, der den Preis für den Sieg des bürgerlichen Rechtsstaats darstellte. Könnte man nicht, mutatis mutandis, zumindest teilweise ähnliches über Ihre Theorie einer herrschaftsfreien Kommunikation sagen? Wie muß die von Kant außer acht gelassene Gewalt, die von der bürgerlichen Revolution ausging, ihrerseits transformiert werden – durch welche Art materieller Kämpfe?

HABERMAS »Herrschaftsfreiheit« wird von denen vorausgesetzt, die in eine *Argumentation* eintreten. Es wäre ein konkretistischer Fehlschluß, anzunehmen, daß eine emanzipierte Gesellschaft nur aus »herrschaftsfreier Kommunikation« bestünde – das unterstellen mir Leute, die es sich ein bißchen zu einfach machen. Die Entbindung des im kommunikativen Handeln angelegten Vernunftpotentials ist ein welthistorischer Vorgang, der mit der »Versprachlichung des Sakralen« einsetzt; in der Moderne führt er zu einer Rationalisierung von Lebenswelten, zur Differenzierung ihrer symbolischen Strukturen, die sich vor allem ausdrückt im Reflexivwerden kultureller Überlieferungen, in Prozessen der Individuierung, in Wertgeneralisierung, der Durchsetzung abstrakterer und allgemeinerer Normen usw. Das sind Trends, die nicht per se etwas Gutes bedeuten, aber doch anzeigen, daß der lebensweltlich präjudizierte Hintergrundkonsens abbröckelt, daß die Fälle zunehmen, in denen Interaktionen über ein unter den Beteiligten selbst erzieltes Einverständnis koordiniert werden müssen. Andernfalls müssen sie auf Medien wie Geld und Macht umgestellt oder durch Pseudokonsensus gesteuert werden. Dieser wiederum kann immer weniger durch Ideologien gesichert werden, eher durch die Fragmentierung des Bewußtseins und durch Kommunikationsbarrieren ersetzt werden, die die Alltagspraxis auf unauffällige Weise entstellen.

Ich erinnere an diese, im zweiten Band der *Theorie des kommunikativen Handelns* ausgeführten soziologischen Überlegungen, um zu sagen, daß ich schließlich kein Transzendentalphilosoph bin. Ich würde nicht von »kommunikativer Rationalisierung« reden, wenn nicht in den letzten zweihundert Jahren europäischer und amerikanischer Geschichte, in den letzten vierzig Jahren nationaler Befreiungsbewegungen, bei allen Katastrophen doch auch ein Stück »existierender Vernunft«, wie Hegel gesagt hätte, wiederzuerkennen wäre – in den bürgerlichen Emanzipationsbewegungen nicht weniger als in der Arbeiterbewegung, heute im Feminismus, in den Kulturrevolten, in ökologischen und pazifistischen Widerständen. Im Auge haben muß man auch die eher subkutanen Veränderungen in den Sozialisationsmustern, in den Wertorientierungen – z. B. in der Verbreitung von expressivistischen Bedürfnissen und moralischen Empfindlichkeiten, oder in der Revolutionierung der Geschlechterrollen, in einem veränderten subjektiven Stellenwert der Erwerbsarbeit usw. Solche längerfristigen Verschiebungen im Motivations- und Einstellungshaushalt der Bevölkerung hängen zudem nicht in der Luft. Sie werden strukturell vor allem dadurch gestützt, daß die zweite industrielle Revolution die Arbeitsproduktivität in einem rasanten Tempo steigert und die gesellschaftlich notwendige Arbeitszeit drastisch senkt; deshalb wird es, wie Gorz, Offe, Negt einen alten Gedanken von Marcuse fortführen, immer absurderer Anstrengungen bedürfen, um die wachsende Masse der Ausgegliederten und an den Rand Gedrängten für die vom kapitalistischen Arbeitsmarkt zur Norm erhobene Rolle des Vollzeitarbeiters in Reserve zu halten – statt Einkommen und soziale Sicherheit von der Beschäftigung zu entkoppeln und den Fetischismus des Arbeitsmarktes abzuschaffen.

NLR Die Einleitung von *Theorie und Praxis* kontrastiert »kommunikatives Handeln« mit »strategischem Handeln« – die Kunst der Überredung im Unterschied zu der des taktischen Manövers und Zwanges. Diese politische Unterscheidung ähnelt sehr stark Gramscis Begriffspaar von »Führung« und »Herrschaft«. Ihr eigenes Engagement für die weitestmögliche Ausübung des kommunikativen Handelns als dem Leitprinzip politischer Praxis ist eindeutig. Gibt es, Ihrer Meinung nach, irgendeinen Grund für die Annahme, daß im entwickelten Kapitalismus der überzeugenden Kraft des kommunikativen Handelns Grenzen gesetzt sind – mögliche oder wahrscheinliche Grenzen der Aufklärung? Oder neigen Sie zu der Ansicht, daß der Übergang zum Sozialismus im Prinzip die demokratische Übereinstimmung selbst derjenigen erlangen könnte, deren Kapital enteignet wird?

HABERMAS Sie wollen mich wohl auf den Arm nehmen!

NLR Sie haben einen Wechsel von prozeduralen zu institutionellen Demokratietheorien immer abgelehnt – so haben Sie z. B. Verfechtern der »Rätedemokratie« vorgeworfen, beide Theorien zu vermischen. Aber ist diese Änderung nicht essentiell, ja sogar dringend, wenn der Sozialismus für die westliche Gesellschaft ein glaubwürdiges Projekt werden soll? Denn wenn Sie die Transformation der bürgerlichen Öffentlichkeit *innerhalb* des Kapitalismus von größerer zu geringerer Substanz und Vitalität als »strukturelle Veränderung« beschreiben können, so scheint es doch evident zu sein, daß die Transformationen, die bei einem Übergang *über* den Kapitalismus hinaus beträchtlich größere »strukturale« Änderungen in der Demokratie mit sich bringen, die nur institutionell spezifiziert werden können.

HABERMAS Ich meine, daß man die Idee der demokratischen Rechtfertigung politischer Herrschaft von der je nach Umständen wechselnden Institutionalisierung dieses Rechtfertigungsniveaus unterscheiden muß. Die Idee eines Willensbildungsprozesses, an dem alle Betroffenen als Freie und Gleiche teilnehmen, ist eins, die Organisation von meinungs- und willensbildenden Diskursen und Verhandlungen, die unter gegebenen Umständen dieser Idee möglichst nahe kommt, ein anderes. Den bürgerlichen Parlamentarismus kann man beispielsweise in seinen verschiedenen Phasen und nationalen Kontexten angemessen nur kritisieren, wenn man beides auseinanderhält. Daraus folgt aber nicht, wie Sie zu unterstellen scheinen, daß der Übergang zum Sozialismus, wie immer man diesen sich heute in Gesellschaften unseres Typs vorstellen mag, an den bestehenden politischen Institutionen nichts ändern würde – oder nichts ändern dürfte. Ich bin überzeugt, daß sich die Konkurrenz verselbständigter Parteien, die das Geschäft der Legitimationsbeschaffung im wesentlichen manipulativ betreiben, verändern müßte. Vermutlich müßte sich eine *andere* Art der Gewaltenteilung herstellen. Freilich meine ich auch, daß sich solche Veränderungen der politischen Institutionen nur im Lichte der heute anerkannten Verfassungsprinzipien vollziehen sollten – unter Ausschöpfung des universalistischen Gehalts dieser Prinzipien. Die ganze Misere des sogenannten real existierenden Sozialismus geht doch im Ansatz auf die rücksichtslose Verachtung der Prinzipien des Verfassungsstaates zurück – als ob diese nicht auch und in erster Linie zu jenen Produktivkräften, zu jenen Ergebnissen der bürgerlichen Emanzipationsbewegungen gehörten, die den Sozialismus allererst möglich machen.

NLR In der *Theorie des kommunikativen Handelns* (Bd. 2, S. 565) schreiben Sie: »... im bürokratischen Sozialismus entspringen Krisentendenzen den Mechanismen der Selbstblockierung planender Verwaltung in ähnlicher Weise wie auf der anderen Seite den endogenen Unterbrechungen des Akkumulationsprozesses.« In welcher Weise stellen Sie sich angesichts dieser formalen Beschränkungen sowohl des Marktes als auch der Planung das Funktionieren der Wirtschaft in einer demokratischen sozialistischen Gesellschaft vor?

HABERMAS Wie soll ich das in wenigen Sätzen beantworten? Nach 50 bis 60 Jahren sowjetrussischer Entwicklung sieht nun auch der letzte, daß Max Weber recht hatte, will sagen: daß die Abschaffung des Privateigentums an den Produktionsmitteln keineswegs Klassenstrukturen als solche abschafft. Ich persönlich glaube auch nicht mehr daran, daß sich ein differenziertes Wirtschaftssystem nach den einfachen Rezepten der Arbeiterselbstverwaltung von innen demokratisch umgestalten ließe. Das Problem scheint eher das zu sein, wie sich in autonomen Öffentlichkeiten die Fähigkeiten zur Selbstorganisation so weit entfalten lassen, daß die zweckorientierten Willensbildungsprozesse einer gebrauchswertorientierten Lebenswelt die systemischen Imperative von Wirtschaftssystem und Staatsapparat in Schach halten und die *beiden* mediengesteuerten Subsysteme von Lebensweltimperativen in Abhängigkeit bringen können. Ich kann mir nicht vorstellen, daß das ohne eine sukzessive Abschaffung des kapitalistischen Arbeitsmarktes und ohne eine radikaldemokratische Verwurzelung politischer Parteien in ihren Öffentlichkeiten möglich wäre. Dann ist es aber eine sekundäre, wenn auch keineswegs triviale Frage, wie sich unter solchen veränderten Randbedingungen Plan und Markt aufeinander einspielen, wie sich die Gewichte in der Interaktion von Staat und Ökonomie verschieben. Das könnte ich auch dann schwerlich antizipieren, wenn ich über bessere ökonomische Kenntnisse verfügte. Denn jeder Eingriff in komplexe Gesellschaftsstrukturen hat so unübersehbare Folgen, daß ohnehin Reformprozesse nur noch als skrupulöse Prozesse von Versuch und Irrtum und unter der sorgfältigen Kontrolle derer, die die Folgen zu tragen haben, verantwortet werden können.

NLR Die gesamte Tradition der Frankfurter Schule hat sich auf die Analyse der entwickeltsten kapitalistischen Gesellschaften konzentriert und dabei den Kapitalismus als globales System außer Betracht gelassen. Haben, Ihrer Meinung nach, Sozialismuskonzeptionen, wie sie während der antiimperialistischen und antikapitalistischen Kämpfe in der Dritten Welt entwickelt wurden, Auswirkungen auf die Ziele eines demokratischen Sozialismus in der entwickelten kapitalistischen Welt? Und umgekehrt: Enthält Ihre eigene Analyse des entwickelten Kapitalismus irgendeine Lehre für die sozialistischen Kräfte in der Dritten Welt?

HABERMAS Ich bin versucht zu sagen: weder noch. Aber das mag eine eurozentrisch beschränkte Sicht sein.

NLR Ist der Übergang von Ihrem ursprünglichen Programm einer »Theorie in praktischer Absicht« zu Ihrer gegenwärtigen Beschreibung Ihres eigenen Werkes als einem Beitrag zum »Selbstverständnis der Moderne« Ausdruck einer grundlegenden Änderung oder nur ein einfacher Reflex der verschiedenen Arten von Büchern, die Sie geschrieben haben? Wen stellen Sie sich als Leser Ihrer Bücher vor – auch diese werden sich aller Wahrscheinlichkeit nach verändert haben? Glauben Sie, daß Sie heute Ihrer Leserschaft näher oder ferner stehen als in den sechziger Jahren?

HABERMAS Jeder verändert sich im Zyklus seiner Lebensgeschichte; andererseits gehöre ich eher zu den stureren Typen, denen man eine starre bürgerliche Identität nachsagt. Deshalb glaube ich nicht, daß ich mich in meinen Grundorientierungen mehr geändert habe, als es nötig ist, um sie unter gewandelten historischen Umständen durchzuhalten. Ich arbeite als Philosoph und Soziologe, deshalb sitzen meine Adressaten im Wissenschaftssystem; ab und zu dilettiere ich als Publizist und schreibe in Tages- und Wochenzeitungen oder in sogenannten Kulturzeitschriften. In beiden Fällen interessieren sich wohl eher die linken Intellektuellen für das, was ich schreibe – und natürlich die Spezis von der anderen Seite. Ich fühle mich weder als Avantgarde, noch träume ich vom revolutionären Subjekt. Im Augenblick bin ich wohl den Einstellungen der politisch aktiven jungen Leute, auch vieler Studenten, ferner als früher. In meinen Augen sind sie unpolitischer geworden, konservativer in ihren Gefühlslagen, untheoretischer und zugleich offener für das in unserem Lande zweifelhafte Erbe der politischen Romantik, des Jungkonservatismus usw. Nehmen Sie das aber besser als die üblichen Vorurteile, die zum allgemeinen Prozeß des Alterns der Neuen Linken gehören – sie mindern auch nicht meine ungehemmte Lust am Diskutieren.

NLR Kann die Linke von Ihnen eine direktere Behandlung des *Sozialismus* erwarten, ein Begriff, der in Ihren Schriften relativ marginal bleibt (in dem Sinn, daß er nirgends für sich selbst untersucht wird), zugleich aber vermutlich für Ihr generelles Anliegen zentral ist? Fühlen Sie sich über die diagnostische

Analyse der bestehenden, von Ihnen abgelehnten Gesellschaftsordnung hinaus in einer logischen Weise verpflichtet zu einer programmatischen Darstellung derjenigen sozialen Ordnung, zu deren Entstehung Ihr Werk beiträgt? Könnte man sich vorstellen, daß Sie eines Tages für uns ein Gegenstück zu Hegels *Verfassung Deutschlands* oder Kants *Über den Ewigen Frieden* schreiben – eine Mischung zwischen diesen beiden würde uns heute eventuell die Skizze eines demokratischen Sozialismus in einem abgerüsteten Europa liefern! Umfaßte die große Philosophie traditionellerweise nicht auch diese Art konkreter Überlegungen?

HABERMAS Die Vorbilder sind zu groß, aber Ihre Ermahnung muß ich mir zu Herzen nehmen. Ich sollte nicht nur in Interviews von Sozialismus reden – wenn es sonst schon kaum noch jemand tut. Ich gebe Ihnen hier eine Rede, die ich nächste Woche vor Abgeordneten des spanischen Parlaments halte[5] – nur damit Sie sehen, daß ich neben den Dingen, für die ich bezahlt werde, auch noch über normative Fragen, über politisch-praktische Grundsatzfragen nachdenke.

NLR Könnten Sie sich vorstellen, daß Sie wieder eine aktivere politische Rolle übernehmen würden, wie Sie es in den fünfziger Jahren zur Zeit des *Sozialistischen Bundes* taten, unter anderen Bedingungen?

HABERMAS Wenn ich das ausschließen würde, wäre ich ein anderer, als der, der ich sein möchte.

Anmerkungen

1 L. v. Friedeburg, J. Habermas (Hg.), *Adorno-Konferenz 1983*, Frankfurt/M. 1983, S. 138 ff.
2 Th. W. Adorno, *Ästhetische Theorie*, Frankfurt/M. 1970, S. 235.
3 Wellmer (s. Anm. 1), S. 150.
4 J. Habermas, *Moralbewußtsein und kommunikatives Handeln*, Frankfurt/M. 1984.
5 Vgl. in diesem Band S. 141 ff.

7. Noch eine Erblast

Der 40. Jahrestag des 8. Mai 1945 hat unerwartet heftige Emotionen und zwiespältige Diskussionen ausgelöst. Bitburg hat die Nation gespalten. Die Mentalität einer auftrumpfenden Rückkehr zu fatalen deutschen Kontinuitäten kennzeichnet nun nicht mehr nur provinzielle Stammtischrunden. Damit habe ich mich in einem *Zeit*-Artikel befaßt.

Entsorgung der Vergangenheit

Im Januar 1983 hat Hermann Lübbe zum 50. Jahrestag der Machtübernahme der Nazis einen schon damals viel beachteten Vortrag gehalten. Aber erst von der Warte des 8. Mai 1985 kann man die Signalwirkung seiner Thesen so recht würdigen. Die trotz des wachsenden zeitlichen Abstandes zunehmende Intensität der Auseinandersetzung mit der NS-Herrschaft erklärt Lübbe mit einem Bruch in der Entwicklung der Bundesrepublik. Zunächst habe während der Wiederaufbauperiode ein großartiger Konsolidierungs- und Entlastungsprozeß stattgefunden – dank der Diskretion und Versöhnungsbereitschaft, mit der großmütige Nazigegner ihren belasteten Landsleuten begegnet sind. Erst in den späten 60er Jahren, meint Lübbe, sind die kaum vernarbten Wunden von den rebellierenden Jungen und einigen intransigenten Linken wieder aufgerissen worden. Sie haben die nationalsozialistische Vergangenheit ins politische Gegenwartsbewußtsein gehoben. Sie haben die schonende Diskretion beendet und eine Kritik begonnen, die seitdem die Stabilität unserer Republik gefährdet. Bundeskanzler Kohl mag diese oder eine ähnliche Story im Sinne haben, wenn er immer wieder beteuert, er habe aus der Geschichte gelernt. Denn er war es, der den 8. Mai vorausschauend als das Datum ins Auge faßte, an dem die überfällige Rückkehr zur Normalität der 50er Jahre symbolträchtig inszeniert werden könnte. Auch diese Erblast sollte seine Regierung nach bewährtem neokonservativem Rezept ablösen – »Entsorgung der Vergangenheit« hatten H. Dubiel und G. Frankenberg seinerzeit Lübbes Therapie genannt.

Die Veteranenlösung

Die heilen Beziehungen zwischen dem aus der Emigration zurückgekehrten oder im Widerstand bewährten Universitätsrektor und den »sich in gebotener Weise zurückhaltenden Ex-Nazi-Kollegen« hatte Lübbe einleuchtend als Verhältnisse einer »nichtsymmetrischen Diskretion« beschrieben. Genau diese Art von Diskretion hat Kohl zunächst mit Mitterand über den Gräbern von Verdun eingeübt. Das war gewiß nur eine Probe; denn soviel an Asymmetrie, wie es die Kriegsschuld von 1939 erfordert hätte, gab ja die Kriegsschuldfrage von 1914 (selbst im Lichte neuerer Erkenntnisse) nicht her. In anderer Hinsicht war jedoch der Händedruck von Verdun kein schlechtes Modell für die noch ausstehende deutsch-amerikanische Begegnung. Am 40. Jahrestag sollte eine weithin sichtbare Begegnung von Veteranen die Rückkehr zur Normalität besiegeln. Wie einstmals Richthofen und seine Kameraden, sollten sich auch jetzt ritterliche Kriegsgegner gegenseitig Achtung bezeugen, um der Gegenwart die Aura einer zum Schein regulierten Vergangenheit zu verleihen. Natürlich paßte zu diesem Konzept das Konzentrationslager Dachau nicht – als KZ nicht, und erst recht nicht als ein KZ, das sich sofort mit Kommunisten und Sozialdemokraten gefüllt hatte.

Übriggeblieben von diesem Plan ist schließlich der deutsch-amerikanische Händedruck der Veteranengeneräle neben den SS-Gräbern von Bitburg. Diese hastige Szene erscheint uns, nach allem Vorangegangenen, so bizarr, daß uns das rationale Moment in der zur Schau gestellten Irrationalität leicht entgleitet. Kohl konnte guten Gewissens den amerikanischen Präsidenten vor die Friedhofskameras zerren. Er beharrte ja nur auf einer symbolischen Gegenleistung für das Durchpauken einer Raketenstationierung die ihrerseits schon symbolischen Charakter gehabt hatte. Hatte sie doch weniger den Interessen der eigenen Bevölkerung als der symbolischen Vergewisserung von Bündnistreue gedient. Fängt man erst einmal damit an, politische Zweckrationalität durch schicksalsdumpfe Symbolik zu ersetzen, zieht ein Händedruck den anderen nach. Manus manum lavat.

Der Händedruck von Bitburg hätte also beides verschmelzen sollen – die Abkehr von einer destabilisierenden Vergangenheitsbewältigung und die Bezeugung aktueller Waffenbrüderschaft. Kohl wollte die Rückkehr zu deutschen Kontinuitäten. In dieser Absicht ist er gut verstanden worden. Nur das Einverständnis mit dieser Absicht erklärt die sich selbst entlarvenden Reaktionen auf jene Ereignisse, die alles ganz anders haben kommen lassen.

Warum ist die Entsorgung der Vergangenheit auf dem Veteranenwege, wie es wohl im Aktendeutsch heißen müßte, gescheitert? Vordergründig daran, daß es auf deutschem Boden keine amerikanischen Soldatengräber gab und daß der Soldatenfriedhof in Bitburg verschneit war, als man ihn inspizierte. Aber die SS-

Zeichen auf einigen Gräbern und die Gefühle derer, die sich ihrer erinnerten, haben nur sichtbar gemacht, was sonst bei anderer Gelegenheit herausgekommen wäre. Die Geschichte hat diejenigen, die ihr nach neokonservativer Lesart entkommen wollten, eingeholt und blamiert. Dabei hat sich gezeigt, daß sich die Bevölkerung einer modernen Gesellschaft als Ganzes immer weniger im Showbusineß ihrer staatlichen Repräsentanten wiederzuerkennen vermag. Diesmal haben wir die beruhigende Erfahrung gemacht, daß sich mit administrativen Mitteln eine kollektive Regression nicht veranstalten läßt. Die Entblätterung einer Mentalität, die dabei zum Vorschein kam, ist freilich beunruhigend genug.

Erpreßte Versöhnung

Bei seinem Israel-Besuch hatte der Kanzler noch munter die Unschuld eines am Ende des Krieges 15jährigen für sich reklamiert. Bis zu seinem ersten Auftritt in Bergen-Belsen vor einigen Wochen hatte er immerhin gelernt, daß sich Versöhnung nicht forsch fordern läßt – zumal dann nicht, wenn man selbst das Vergessen sucht und fördert. Gleichwohl war es dann ein durchsichtiges Arrangement *erpreßter* Versöhnung, das die peinlichen Umstände alsbald ans Licht brachten. Der Präsident war in eine Falle getappt. Alle Welt musterte neugierig den Schaden, der nicht zu reparieren war, gleichviel ob die abgenötigte Geste der Versöhnung nun bewilligt oder doch noch verweigert würde. Hier im Lande breitete sich ein Bewußtsein aus, das die Paradoxien dieser Fallenstellerei zugleich ausdrückt und verleugnet. Am besten wäre es, riet die FAZ, wenn der Präsident das ihm abverlangte Opfer »aus eigenem Antrieb« brächte. Und einige Tage später: »Wir Deutschen können Verzeihung nicht fordern. Aber es hatte erstaunt, daß die größte Errungenschaft des Christentums, nämlich das Gebot zu vergeben, so schwer es auch falle . . ., überhaupt keine Rolle zu spielen schien.«

In bestimmten Kreisen drängte der Wunsch, die deutschen Kontinuitäten wieder herzustellen, alle Bedenken beiseite. Wieder einmal diente, vom Kellner bis zum Kardinal, die Kollektivschuldthese als unverfänglicher Aufhänger. Als hätte nicht Jaspers schon vor fast vier Jahrzehnten eindringlich unterschieden zwischen einer Schuld, die nur individuell zu verantworten ist, und der gemeinsamen Haftung für Untaten, die ohne kollektives Stillhalten nicht hätten begangen werden können. Niemand hält heute noch die Behauptung kollektiver Schuld aufrecht. Wer sie dennoch nach wie vor bestreitet, suggeriert eine falsche Voraussetzung. Er will nur von der Sache ablenken, nämlich von dem Problem, wie man sich zur eigenen Herkunft im guten wie im bösen einstellen soll. Wie sich verhalten zu der Tradition und zu der Geschichte, mit der die eigene Identität und die der Kinder und Kindeskinder unauflöslich verflochten bleibt? Vielleicht doch nicht so wie Bangemann, der die Nazizeit mit den Verwüstungen eines Orkans vergleicht und (in merkwürdiger Verkehrung von Benjamins Figur der Naturgeschichte) Geschichte an Natur assimiliert. Auch nicht wie Dregger, der rückblickend das ganze deutsche Volk einer braunen Diktatur unterworfen sieht. Diese Abwehr durch Isolierung nimmt anderswo feinere Formen an. Da hat immerhin nur »ein Teil« einen anderen Teil des Volkes unterdrückt. Da ist die Rede von »Ereignissen«, die den deutschen Namen »beschmutzt« haben, oder von Verbrechen die »im deutschen Namen« begangen worden sind. Das Abwaschen und Abschütteln liegt nahe. Man faßt die eigene Vergangenheit mit Fingerspitzen an und macht sie zur Vergangenheit anderer.

Noch aufdringlicher ist der unter Älteren zu beobachtende Wunsch, das subjektive Erleben von damals aus jenem Rahmen herauszulösen, der retrospektiv alles mit einer anderen Bedeutung versehen hat. Diese Sehnsucht nach dem scheinbar unverfälscht Eigenen hat ja (trotz Sebastian Haffners Mitarbeit) das Fernsehen mit uneingerahmten Erinnerungen bedient – mit Erinnerungen an Alltag, Tingeltangel, Abenteuer und Kampf, die vom schonenden Kommentar fast ganz unbelästigt blieben. Dasselbe Bedürfnis, auf das die Serie über die Deutschen im Zweiten Weltkrieg zugeschnitten ist, bricht sich Bahn in den Reaktionen auf die Reaktionen von Bitburg. Dregger sieht das Andenken seines gefallenen Bruders beleidigt. Andere verlangen, »daß den jungen Toten der Waffen-SS von Bitburg die Ehre nicht verweigert werden darf«. Die ausländische Presse, nicht nur die amerikanische, auch die spanische und die englische, wird maßlos gerügt, weil sie sich »außerhalb der politischen Zivilisation« gestellt habe. Man möchte endlich aus dem Korsett einer nachträglich revidierten Lebensgeschichte heraustreten, alle Strophen des Deutschlandliedes wieder singen dürfen. Wer da nach Truppenteilen sortiert, »nährt den Geist des Unfriedens«

Freiheit oder Totalitarismus

Mit dem Geist des Unfriedens hat es freilich sein eigenes Bewenden. Was könnte die Rückkehr zu den deutschen Kontinuitäten besser fördern als die *alten Fronten*? Seit den Tagen des Kaiserreichs hat die Front gegen Linke, Kommunisten, Juden und Intellektuelle im Seelenhaushalt der Deutschen ihre mentalitätsprägende Kraft nie ganz verloren. Sie ist allerdings zweimal empfindlich erschüttert worden – durch Hitlers Pakt mit Stalin und durch die Judenvernichtung. Immerhin – das antikommunistische Gesinnungssyndrom hat sich auch im Innenleben unserer Republik als eine verläßliche Konstante erwiesen. Wenn der clevere Geißler die Bedeutung des 8. Mai auf die Formel bringt, daß damals die braune durch die rote Diktatur ersetzt worden ist, so möchte er damit eine Opposition, die schon unter Hitler in der Opposition gewesen ist, in die totalitäre Ecke drücken. Die SPD und die in ihrem Umkreis halten sich nicht an die Bitburger Veteranen, auch nicht an das peinlich nachgeschobene Zeremoniell auf dem von body-guards besetzten Gelände von Bergen-Belsen. Sie sind nicht selektiv genug. Sie öffnen sich der Erinnerung an *alle* Opfer des Naziregimes – auch an zwanzig Millionen getöteter Sowjetrussen, von denen keineswegs alle im Kampf gefallen sind. Das mußte die unverfrorene Einseitigkeit der regierungsoffiziellen Versöhnungsbemühungen stören, den Sinn der ganzen Inszenierung in Frage stellen.

Die Regierung hatte »Freiheit oder Totalitarismus« als Tagesparole für den 8. Mai ausgegeben. Für den Bundeskanzler in Bitburg diente denn auch das Wort von der »totalitären Herrschaft« als Tarn- und Überleitungsvokabel. Sie ersparte es ihm, den Nationalsozialismus beim Namen zu nennen; der zweideutige Bezug des »Totalitären« ermöglichte es ihm zugleich, sich und uns dem amerikanischen Präsidenten als die ältesten Kämpfer gegen den Kommunismus in Erinnerung zu bringen. Denn so muß man ja Dreggers Brief an die amerikanischen Senatoren *auch* verstehen: »Am letzten Kriegstag habe ich mit meinem Bataillon die Stadt Marklissa in Schlesien gegen Angriffe der Roten Armee verteidigt.« Wem der Sinn dieser Sätze verborgen geblieben war, dem hat's die FAZ erklärt: Damals habe es eben nur einen Sieger gegeben. Bei Licht betrachtet, hätten doch die Westmächte den Krieg zusammen mit den Deutschen verloren; und sie täten gut daran, sich am 8. Mai »dieses Erbes der Niederlage im Siege« zu erinnern.

Immer schon die besseren Verbündeten

Stefan Heym hat sich jüngst der Verhöre erinnert, die er als amerikanischer Sergeant kurz vor dem Ende an der Westfront mit deutschen Kriegsgefangenen zu führen hatte. Er schildert, wie sich diese Offiziere darüber beklagten, daß die Amerikaner nicht doch noch zum guten Schluß mit den Deutschen gemeinsame Sache gegen die Russen machten. Einer, der damals auch so dachte, dient Joachim Fest heute als Kronzeuge. Fest erklärt 1945 zur »größten Niederlage jenes demokratischen Prinzips, für dessen Erhaltung und Ausdehnung die Demokratien in den Krieg eingetreten sind«. Im Bitburger Kontext liest sich dieser Artikel – wie Dreggers Brief und vieles andere – als Ausdruck jungenhafter Enttäuschung darüber, daß die Amerikaner ihren besten Verbündeten die retroaktive Verlängerung der Waffenbrüderschaft in den Zweiten Weltkrieg hinein immer noch verweigern. Da heißt es: »Im Februar 1943, so berichtet Ernst Jünger, tauchte an den Mauern von Paris, mit Kreide geschrieben, das Wort ›Stalingrad‹ auf. Wer weiß, fragte der Dichter sich, ob sie (die Franzosen) dort nicht mitbesiegt werden.« Der Dichter, der hier als Autorität für eine Wunschdeutung des 8. Mai angerufen wird, hat seinen Weimarer Antisemitismus nie widerrufen und in einem Interview vor der Verleihung des Goethe-Preises der Stadt Frankfurt seine Äquidistanz zu allen politischen Ordnungen, ob Demokratie oder Diktatur, bekräftigt. Ich erwähne das nur, weil zwischen Joachim Fest und mir weder die Fakten, auf die er sich bezieht, noch die Ablehnung des bürokratischen Sozialismus strittig sein können. Strittig ist das Maß und die Art von deutschen Kontinuitäten, die wir wollen können. Jene Sorte von Antikommunismus, die in diesen Tagen die tendenziöse Selektivität unserer Versöhnungsbemühungen rechtfertigt, ist in Deutschland stets mit den dumpfesten Ressentiments verknüpft gewesen.

Wir leben nicht in irgendeinem Lande. In den tieferen Schichten kommuniziert dieser Verdrängungsantikommunismus mit jenen Resten von Antisemitismus, den sich in den letzten Wochen die Herren mit den Köfferchen im Speisewagen von Frankfurt nach München in erneuerter Unbefangenheit von der Leber reden. Zehn Tage nach Fests Leitartikel erschien von einem Herausgeberkollegen ein weiterer zum gleichen Thema. Allerdings waren in den USA inzwischen die SS-Gräber entdeckt worden: »Präsident Reagan hatte den richtigen Instinkt . . . Aber eine mächtige publizistische Maschinerie seines Landes pflegt die Verfolgung *bis ins siebte Glied* und ist für jeden Anlaß dankbar, das Zerrbild des häßlichen Deutschen wieder auszugraben und alte Wunden aufzureißen.«

Keine geistig-moralische Führung

Wenn man sich angesichts dieses Scherbenhaufens zu einer optimistischen Deutung aufrappeln will, kann man sagen, daß die Veteranenlösung an der inneren Unwahrhaftigkeit der zugrunde liegenden Idee gescheitert ist. Aus dem Vorgang läßt sich aber auch eine handfestere Lehre ziehen. Gescheitert war das obszöne Unternehmen bereits in dem Augenblick, als die in aller Öffentlichkeit erörterten Umstellungen im Programm den *unvermeidlichen* Opportunismus des Verwaltungshandelns zu Bewußtsein brachten – und damit das Mißverhältnis zwischen dieser Sache und den administrativen Mitteln ihrer Behandlung. Politiker, die nicht mehr aus der Mitte der politischen Öffentlichkeit heraus sprechen, sondern unter Imperativen der Machterhaltung als Angestellte der öffentlichen Verwaltung handeln, müssen an Themen scheitern, die die Identität und das Selbstverständnis des ganzen Volkes betreffen. Nach seinem geistigen Zuschnitt ist dieser Kanzler gewiß besonders ungeeignet für Aufgaben dieser Art. Aber nicht die Personen sind das Problem. Aufgaben der sozialen Integration und der Selbstverständigung sind heute nicht mehr Sache des politischen Systems. Wir haben aus guten Gründen keinen Kaiser und keinen Hindenburg mehr. Die Öffentlichkeit sollte sich geistig-moralische Führung durch den höheren Dienst verbitten. Allerdings hat bei uns der Bundespräsident dank seiner politischen Randstellung eine gewisse Chance, ohne

Rücksicht auf Wählerstimmen Homosexuelle, Zigeuner und Sowjetrussen zu würdigen. Neben bewegenden persönlichen Erinnerungen (wie denen von Riehl-Heyse und Eppler) habe ich die fast Heinemannsche Rede des Bundespräsidenten vor dem Bundestag als eine der wenigen politischen Äußerungen empfunden, die der Herausforderung durch zwölf plus vierzig Jahre gerecht wurden.

P.S. Hermann Lübbe hat im Anschluß an den erwähnten Vortrag seiner engagierten Kritikerin Carola Stern ungefähr folgendes geantwortet: *sie* erhebe den öffentlichen Anspruch, zum Nationalsozialismus die moralisch qualifiziertere Beziehung zu unterhalten; *er* selbst empfinde es als Zumutung, in eine solche Moralkonkurrenz einzutreten. Ich ahne Schlimmes. Gegen den Vorwurf der moralischen Überheblichkeit oder gar des intellektuellen Führungsanspruches kann ich mich vorbeugend nur durch ein Selbstzitat schützen. Selbstverständlich haben Philosophieprofessoren – wie Wissenschaftler und Intellektuelle überhaupt – keinen privilegierten Zugang zur Wahrheit. Das meinte nur Heidegger. Wenn sie zu praktischen Fragen Stellung beziehen, tun sie das entweder in der Rolle des Experten (der ich nicht bin) oder mit dem Recht zur Teilnahme an den unter Staatsbürgern geführten Diskussionen.

Nachweise

Moderne und postmoderne Architektur, in: *Die andere Tradition*, München 1981, S. 8 ff.
Die Kulturkritik der Neokonservativen in den USA und in der Bundesrepublik, Auszüge in: *Merkur*, H. 413, November 1982.
Konservative Politik, Arbeit, Sozialismus und Utopie heute, in: *Basler Zeitung* vom 7. Januar 1984.
Ziviler Ungehorsam – Testfall für den demokratischen Rechtsstaat, in: P. Glotz (Hg.), *Ziviler Ungehorsam im Rechtsstaat*, Frankfurt/M. 1983, S. 29 ff.
Recht und Gewalt – ein deutsches Trauma, in: *Merkur*, H. 423, Januar 1984.
Zwischen Heine und Heidegger, in: *Pflasterstrand*, Frankfurt/M., 4.-17. Juni 1983.
Mit dem Pfeil ins Herz der Gegenwart, in: *taz* vom 7. 7. 1984.
Untiefen der Rationalitätskritik, in: *Die Zeit* vom 10. 8. 1984.
Die Krise des Wohlfahrtsstaates und die Erschöpfung utopischer Energien, Auszüge in: *Merkur*, H. 431 Januar 1985.
Dialektik der Rationalisierung, in: *Ästhetik und Kommunikation*, Heft 45/46, Oktober 1981.
Bemerkungen zu Beginn einer Vorlesung, unveröffentlicht.
Ein Interview mit der New Left Review, in: No. 151, Mai 1985.
Entsorgung der Vergangenheit, in: *Die Zeit* vom 17. 5. 1985.

Jürgen Habermas als Herausgeber

Stichworte zur »Geistigen Situation der Zeit«. es 1000. 860 Seiten

Zu Jürgen Habermas

Das Interesse der Vernunft. Rückblicke auf das Werk von Jürgen Habermas seit »Erkenntnis und Interesse«. Herausgegeben von Stefan Müller-Doohm. stw 1464. 602 Seiten

Kommunikatives Handeln. Beiträge zu Jürgen Habermas' »Theorie des kommunikativen Handelns«. Herausgegeben von Axel Honneth und Hans Joas. Erweiterte und aktualisierte Ausgabe. stw 625. 521 Seiten

Kritik und Politik. Jürgen Habermas oder das politische Defizit der »Kritischen Theorie«. Von Bernard Willms. 207 Seiten. Broschur

Kritik der Verständigungsverhältnisse. Zur Theorie von Jürgen Habermas. Von Thomas McCarthy. Aus dem Amerikanischen von Max Looser. stw 782. 643 Seiten

Die Öffentlichkeit der Vernunft und die Vernunft der Öffentlichkeit. Festschrift für Jürgen Habermas. Herausgegeben von Klaus Günther und Lutz Wingert. stw 1533. 720 Seiten

Zwischenbetrachtungen. Im Prozeß der Aufklärung. Jürgen Habermas zum 60. Geburtstag. Herausgegeben von Axel Honneth, Thomas McCarthy, Claus Offe und Albrecht Wellmer. 528 Seiten. Gebunden

NF 119/4/1.06